CAMBRIDGE

Ideas in Context

剑桥学派思想史文库《语境中的思想》系列丛书

总主编：刘同舫

自由与平等

——从孟德斯鸠到托克维尔的法国政治思想

French Political Thought from Montesquieu to Tocqueville

Liberty in a Levelled Society ?

[比利时] 阿奈莲·德·迪金 著

万小磊　刘同舫 译

·广州·

图书在版编目（CIP）数据

自由与平等：从孟德斯鸠到托克维尔的法国政治思想 = French Political Thought from Montesquieu to Tocqueville—Liberty in a Levelled Society? /［比］阿奈莲·德·迪金（Annelien de Dijn）著；万小磊，刘同舫译. —广州：中山大学出版社，2018.4
（剑桥学派思想史文库《语境中的思想》系列丛书）
ISBN 978-7-306-06290-1

Ⅰ.①自…　Ⅱ.①阿…②万…③刘…　Ⅲ.①政治思想史—法国
Ⅳ.①D095.65

中国版本图书馆 CIP 数据核字（2018）第 016769 号

ZIYOU YU PINGDENG

出 版 人：徐　劲
策划编辑：金继伟
责任编辑：林彩云
封面设计：曾　斌
责任校对：廖丽玲
责任技编：何雅涛
出版发行：中山大学出版社
电　　话：编辑部 020-84110771，84113349，84111997，84110779
　　　　　发行部 020-84111998，84111981，84111160
地　　址：广州市新港西路 135 号
邮　　编：510275　　传　　真：020-84036565
网　　址：http://www.zsup.com.cn　E-mail：zdcbs@mail.sysu.edu.cn
印 刷 者：广州家联印刷有限公司
规　　格：787mm×1092mm　1/16　11.25 印张　235 千字
版次印次：2018 年 4 月第 1 版　2018 年 4 月第 1 次印刷
定　　价：58.00 元

总　序

在全球化背景下，现代文明广泛融合了政治、经济、文化等复杂多元的因素，谈论哲学、探讨思想史等宏大叙事问题似乎显得不合时宜。然而，思想史中的哲学智慧是一切文化的核心，是民族生命的根源与文明潜在的象征。哲学指引着人类命运的未来发展，人类文明始终无法脱离哲学的影子。当代中国处于稳步前进的历史上升阶段，民族文化精神的内在要求融合世界丛林中的先进文明，才能焕发独特风采，创造民族文化特色。在创新发展与开放发展等新思想的指引下，跨越中西学界的传统局限，学术发展将迎来新契机。

近年来，新一轮西学东渐的热潮兴起，国外学术经典与研究著述备受推崇，国内的引荐和译介工作兴盛，大大拓展了国内学人的研究视野，中西方学术文化交流的程度不断加深。中外学术精华的批判性糅合，开创和突破了许多研究领域，增强了民族文化的自信心。当然，我们也不能忽视由于急功近利的心理造成的学术虚假的繁荣现象。在选择和翻译国外学术著作时，迫切需要问题意识和严谨精神。学术研究始于问题，问题既来源于现实世界，也来源于对话探究。雅斯贝尔斯说过，“对话便是真理的敞亮和思想本身的实现”。西学引进无疑是中西方对话的重要方式，是一场世界视域内思想激荡与交流的盛宴，对话碰撞与论辩既激活了创意又磨砺了思想。只有以开放的眼光、谨慎的精神和批判的意识审视国外学术文化，才能真正汲取精华，取长补短，在保有中国特色的基础上使民族文化得到发展。

英国剑桥大学出版的《语境中的思想》系列丛书以思想史演进为核心线索，打破学科界限，将传统思想置于新语境中加以重新解读，其研究内容与探究方式令人惊喜。该丛书共选录了近30年来具有代表性且影响较大的学术著作百余部，其中尤以21世纪后出版的成果居多。这是一套开放性的丛书，它并不局限于单一学科，而是以学术传统与相关新兴学科的出现为探讨背景，通过具体研究经典与传统，以及学者在新语境中与经典的对话，达到传统思想在可转换的具体情境中发展的愿景。该丛书著作选题涵盖哲学、政治、经济、历史、教育、心理等广泛学科领域，但其以思想史为核心主线和潜在线索贯通一体，全然消解了传统研究在哲学史、各门科学史、社会史、政治史和文学史之间人为界分的痕迹。例如，有的著作从国别、经济、人文、政治等不同视角再现文艺复兴、启蒙运动等重大历史事件，由此提出共时与历时语境中的哲学思考；有的著作从德国的历史主义危机展开阿伦特与施特劳斯早期政治思想的研究；有的著作从新科学时代中所渗透的古老智慧发掘英格兰哲学的传统价值；有的著作从现代政治文化视域理解尼采及其在现代政治思想史上的地位；等等。这种在当代语境中打破常规认识、不拘泥于学科界限的学术探究方式可谓一种大胆创新，既凸显问题意识，又使得该丛书不失完整性和系统性。

该丛书主题新颖、问题意识突出、探究视角独特。它按思想史展开编撰，试图将传统思想与具体语境关联起来，以特定问题为主题，消解学科边界，在新语境中解读经典，还原先哲思想，挖掘传统思想的全新内涵。通过直接或间接的方式与学术大师对话，在历史事件中敞开哲学沉思，展现独到见解，这种学术触觉和追问精神正是我们开展理论研究与解决实践问题所迫切需要的。

本人关注、策划与主编该丛书，旨在拓宽学术视野、传递西方学术前沿动态，希望在对话中发掘西方学术研究的思维范式，促进我国学术界对西方文化的深入借鉴与批判，并用以解决中国特色社会主义建设的理论与实践问题。

在宏观把握丛书的前提下，本人有针对性地选取一系列更具典型性、创新性的著作，通过组织团队（以青年学者为主）开展翻译工作，计划相继推出译著，为国内学者探讨西方思想文化提供参考。第一批译著重点选取的是政治哲学主题的成果。

弘扬学术之路任重而道远。肩负起这项伟大的学术事业，学者们责无旁贷。当学术研究真实地嵌入现实，在现实中迸发智慧之光时，学术的魅力也将彰显得更加绚烂，这对我们而言是莫大的鼓舞和动力。愿该丛书作者、编者和译者的探索精神能够感染一些读者，为学界创造丰收硕果。

序　言

尊敬的中国读者，很高兴有机会向你们介绍本书。很少有人像19世纪的法国自由主义者那样对自由的概念进行如此激烈的探讨。自由意味着什么？如何维护自由？哪一种制度框架对自由最为有利？有宪法作为保障就足够了吗？一个民族的风俗习惯在反抗压迫的过程中能起到什么作用？很多思想家如本杰明·康斯坦特、斯塔尔夫人和亚历克西斯·托克维尔对此类问题进行了不懈的思考与探讨，直至今日，人们仍在阅读和评论他们的作品。除了以上家喻户晓的学者之外，还有无数名气略逊但才思不差的博学之士也加入了对此类问题的讨论。他们之间的对话给我们留下了极其丰富的关于自由权及其先决条件的资料，影响范围远超法国。

法国自由派表现出紧迫感与使命感。他们中很多人经历过法国大革命，看到的不是梦寐以求的政治自由，而是恐怖时代的大屠杀和拿破仑·波拿巴时期的军事独裁。而且法国的麻烦远未止于1813年拿破仑的莱比锡大败和后来波旁王朝的复辟。1815年，拿破仑戏剧性地从厄尔巴岛逃回法国，轻易推翻了新建立的路易十八政权，该政权也是在外部势力的介入下建立的屈辱政权。1830年，路易十八的弟弟兼继承人查理十世不得人心，再次遭遇政变被推翻，此事标志着波旁王朝的彻底覆灭。自由派强烈希望七月王朝能终结大革命，但此种幻想最终破灭。1789—1804年间发生的事件在1848—1852年间又诡异地上演了一遍，一场革命结束，取而代之的却是拿破仑的独裁。法国自由主义者针对这些闹剧撰写了众多文章。在法国政治思想史上，复辟时期和七月王朝时期可谓百花齐放、百家争鸣。不同派别的自由主义者不仅同自己共同的对手保皇派就政治问题展开辩论，他们内部也争论不休。他们在不计其数的小册子、报纸文章和大部头书籍中都提出了其政治纲领，期待最终能将法国推上自由与稳定之路。即使在被自由主义者寄予厚望的七月王朝覆灭之后，他们仍不气馁而继续辩论、思考并笔耕不辍。最丰富、最有趣的自由主义思想资料可能形成于第二帝国时期，当时拿破仑三世免掉了很多自由主义者的公职，他们只能通过笔墨表达自己的抗议。如果说法国大革命带来了长达一个世纪的脑力激荡，此次脑力激荡最终带来的不仅是自由主义信条或运动，还有各式各样的自由主义、政治愿景及政治词汇，尽管某些具体的纲领和人员会有所重合。本书的焦点是我称之为“贵族”的、专注于在革命后法国思考自由问题的流派。贵族自由主义的核心是自由权与平等权的对立。贵族自由主义者认为，“民主社会”——没有等级制度的社会——不能提供反对专制的保护措施。民主社会中的市民是一群孤立的个体，他们中没有哪个人在中央政府越权的时候有足够的力量站出来对抗。因此，社会不平等是个体为自由权和安全付出的代价。只有社会中的精英阶层才有可能遏制政府的独裁倾向。精英阶层有财富和势力，能够提供市民个体不能提供的抵抗力量。作为介于市民与政府之间的“中间力量”，精英阶层在必要的时候能够遏制官僚制度，不是因为他们有官命在身，而仅仅是因为他们自身所拥有的势力与影响力。

由此可见，贵族自由主义关注的是平等社会所具有的危险。尽管很多贵族自由主义者对政治民主不怀好意，但他们视普遍选举权及其带来的问题为平等主义自然发展的结果，而不是这些问题的根源。需要指出的是，这种对社会平等的反对主要是政治上的，它追求的不是商业社会或经济自由，事实上，很多贵族自由主义者对市场经济体制只有不屑。尽管如此，贵族自由主义本质上仍然是自由的思维方式。社会等级制度不是像守旧者所说的那样为了制造社会秩序与伦理，而是为了创造制衡权势的有力手段。

简而言之，对 19 世纪的很多自由主义者来说，自由权与平等权远非天然的伙伴，而是水火不容的两种原则。承认自由权与平等权的对立非常重要，对研究 19 世纪政治思想的学者如此，对我们整体上理解该自由主义流派的性质和特点更是如此。尤其是它有助于我们评判当代自由主义与传统自由主义之间的区别。可以肯定的是，今天的自由主义者，无论在法国还是在别国，不会说社会等级制度是自由的必要前提，更不会说民主孕育了专制。问题是，贵族自由主义是什么时候消失的？消失的原因又是什么？综合考虑20世纪自由主义的研究现状，这个问题不易回答。大部分研究自由主义的历史学家往往专注于19世纪早期这一经典时期，甚至对自由主义思想的普遍性研究和对自由主义思想在19世纪之后的发展也一笔带过。

不过，可以肯定的是，贵族自由主义消失的时间比我们想象的要晚得多。事实上，20世纪的重大政治发展——集权主义的崛起——被普遍认为是民主专制的另一种体现，在法国和大西洋对岸的世界都是如此。伯臣·德·茹弗内尔（Bertrand de Jouvenel）1945年的经典著作《论权力：权力成长自然史》（*On Power: The Natural History of Its Growth*）被"冷战"期间的自由主义者弗里德里希·哈耶克推崇为"伟大的书"与"不朽的研究"，而《论权力：权力成长自然史》很大程度上得益于该贵族自由主义的流派。茹弗内尔多次引用孟德斯鸠与托克维尔的观点，没有把纳粹国家描绘为变态，而是把它描述为自中世纪以来西方国家权力增长的自然结果，是传统的制衡权力的贵族障碍受到侵蚀的结果。

鉴于书中对西方民主的敌视与对自由权"贵族根源"的怀念，今天再读茹弗内尔的书籍简直是自绝于人民。若说贵族自由主义的语言在20世纪40—50年代尚可接受，时至今日，它已经完全被抛弃。从这个意义上讲，我怀疑我们是20世纪60年代和70年代政治思想的继承者，可能是它而不是较早的19世纪的自由主义预示（至少在政治理论上）西方真正的民主革命。探究这种对19世纪自由主义中社会（与政治）民主的深深敌意，有助于我们认识到，该思想流派的发展历史充满冲击与失和、分歧与决裂，而不是和平有机的发展。将今天的自由主义置于长期的历史传统中来看待，其所导致的结果是，我们会挑选最能迎合当下世人情感的思想与辩论。这不仅有负于过往的自由主义思想家，而且不利于我们创造一种新的、有活力的自由主义。

最后，十分感谢本书译者广东科技学院万小磊先生与浙江大学马克思主义学院刘同舫院长，同时感谢中山大学出版社为本书的出版做出的努力。

目　　录

绪　　论

自20世纪80年代以来，已有众多关于19世纪自由主义思想史的著作相继问世。自由主义经典作家如邦雅曼·贡斯当和亚历克西·德·托克维尔的著作被重新解读。[1] 与此同时，学者们还发掘了已经被遗忘的19世纪时期自由主义思想家如弗朗索瓦·基佐与T. H. 格林等人的思想。[2] 但是，历史研究的兴趣不再局限于个别自由主义思想家。在过去几十年中，有若干部史学著作问世，分别分析了19世纪不同国家中自由主义运动的话语。比如，维多利亚中期自由主义的思想盛况现在已为人所熟知[3]。我们对19世纪后期英国和荷兰进步自由主义者所关注的意识形态有了更深

---

① E. g. Stephen Holmes. *Benjamin Constant and the making of modern liberty.* New Haven and London: Yale University Press, 1984; Biancamaria Fontana. *Benjamin Constant and the post-revolutionary mind.* New Haven and London: Yale University Press, 1991; Françoise Mélonio. *Tocqueville et les Français.* Paris: Aubier, 1993; George Armstrong Kelly. *The Humane Comedy: Constant, Tocqueville and French liberalism.* Cambridge: Cambridge University Press, 1992; Roger Boesche. *The strange liberalism of Alexis de Tocqueville.* Ithaca and London: Cornell University Press, 1987; SheldonWolin. *Tocqueville between two worlds: The making of a political and theoretical life.* Princeton and Oxford: Princeton University Press, 2001.

② Pierre Rosanvallon. *Le moment Guizot.* Paris: Gallimard, 1985; Aurelian Craiutu. *Liberalism under siege: the political thought of the French doctrinaires.* Maryland: Lexington Books, 2003; R. Bellamy. *Victorian liberalism: nineteenth century political thought and practice.* London: Routledge, 1990.

③ Eugenio Biagini. ed. *Citizenship and community: liberals, radicals and collective identities in the British Isles*, 1865 – 1931. Cambridge: Cambridge University Press, 1996; Eugenio Biagini. *Liberty, retrenchment and reform. Popular liberalism in the age of Gladstone*, 1860 – 1880. Cambridge: Cambridge University Press, 1992.

的了解[①]，同样，我们对各种各样形式的法国自由主义运动的理解也有极大的提升[②]。除了这些史学著作之外，还有一些学者试图把19世纪的自由主义定性为“欧洲现象”[③]。

近年的史料编纂越来越关注19世纪时期自由主义来源的多样性。在过去几十年中，学术界特别是英语世界的人们受一些学者如昆廷·斯金纳和J. G. A. 波考克作品的影响，开始对政治思想史产生兴趣。在对方法论的论述以及关于现代早期政治思想的著作中，这些作者都认为，可以像研究人类史的其他任何领域一样研究政治思想，把传统的哲学活动变成一门历史学科。“文化研究”和“语言学研究”的崛起也很大程度上鼓励人们去研究人类世界普遍的心态与思想。语言凭借自身的创造力不仅反映了现实世界，而且塑造了现实世界，研究社会和政治史的学者对意识形态也产生了浓厚的兴趣[④]。

若说对普遍意义上政治思想的研究是受益于人文学科内部的发展，那么，对自由主义历史的兴趣则应归因于外部世界政治的发展。其中，共产主义的失势无疑是最重要的原因。共产主义制度的意识形态基础因索尔仁尼琴于1973年出版的《古拉格群岛》而颜面大失，1989年柏林墙的倒塌更直接体现了共产主义理论上的漏洞。随着风靡多年的马克思主义浪潮的

---

① M. Freeden. *The new liberalism*: *An ideology of social reform*. Oxford: Clarendon Press, 1978; Henk te Velde. *Gemeenschapszin en plichtsbesef*: *liberalisme en nationalisme in Nederland*, 1870 - 1918. Gravenhage: SDU, 1992; Siep Stuurman. *Wacht op onze daden*: *het liberalisme en de vernieuwing van de Nederlandse staat*. Amsterdam: Bakker, 1992; Stefan Dudink. *Deugdzaam liberalisme*: *sociaal-liberalisme in Nederland* 1870 - 1901. Amsterdam: IISG, 1997.

② Louis Girard. *Les libéraux français*, 1814 - 1875. Paris: Aubier, 1985; André Jardin. *Histoire du libéralisme politique. De la crise de l'absolutisme à la constitution de* 1875. Paris: Hachette, 1985; Lucien Jaume. *L'individu effacé ou le paradoxe du libéralisme français*. Paris: Fayard, 1997.

③ Richard Bellamy. *Liberalism and modern society*: *a historical argument*. University Park: Pennsylvania State University Press, 1992; Alan Kahan. *Aristocratic liberalism*: *the social and political thought of Jacob Burckhardt*, *John Stuart Mill*, *and Alexis de Tocqueville*. New Brunswick and London: Transaction Publishers, 2001.

④ Quentin Skinner. Meaning and understanding in the history of ideas. *Meaning and context. Quentin Skinner and his critics*. ed. James Tully. Cambridge: Cambridge University Press, 1988: 29 - 67; J. G. A. Pocock. Languages and their implications. *Politics*, *language and time*. *Essays on political thought and history*. Chicago and London: University of Chicago Press, 1989: 3 - 41; Richard Tuck. History of political thought. *New perspectives on historical writing*. ed. Peter Burke. Cambridge: Cambridge University Press, 1991: 193 - 205.

衰退，左翼知识分子的关注点开始转向长久以来被忽略的对手——自由主义。在几个欧洲国家，自由派政党的政治复兴也对这一趋势起到了促进作用。对自由主义政治思想的再次关注是这些发展的必然结果。

自由主义的复兴所产生的著述文献，得出的一个最重要的结论是19世纪的自由主义虽然在广义上被理解为一种自由概念占据中心地位的意识形态，实际上却包含一套之前未曾发现的更广泛的政治理论。放任自由主义虽强调对国家权力的限制以及对市民个人被动自由的辩护，但它远非19世纪自由主义的唯一变体。维多利亚时期的自由主义者还宣传更加“民主”的自由主义，认为直接的政治参与对维护自由制度来说是必不可少的。如西登托普所说，自由主义思想不是有一极而是有两极——到19世纪中期便已基本形成。[①] 西登托普把两极分为“英式”（放任自由主义）和“法式”（更加民主的一极），如今这两种思想并存于大部分欧洲国家。[②]

随着人们越来越重视古典共和主义在西方政治思想史中的地位，自由主义者开始重新发掘这种更加民主的自由主义。这一思想传统源自16世纪意大利人文主义者（如马基雅维利）的著作，同时它是基于自由只能依存于自治的观点。如在古时的共和国中，共和主义者强调每一位市民都应热心参与公共事务。他们重视公共精神、道德素质，认为这是持续履行政治义务的必备条件。虽然学者们长期以来一直认为共和主义基本上是一种文艺复兴时期的思想，但是这一观点在过去的几十年里已有所改变。可以明确的是，古典共和主义的语言是16—18世纪欧洲思想的主导模式之一。[③]

早期现代学者重新发现了共和主义，对19世纪的自由主义研究产生了重要影响。19世纪政治思想的学者，特别是英语国家和荷兰的学者，已发现在1789年之后的“民主”自由主义中还存在一些共和主义的语言。

---

① Larry Siedentop. Two liberal traditions. *The idea of freedom. Essays in honour of Isaiah Berlin.* ed. Alan Ryan. Oxford: Oxford University Press, 1979: 174.

② 尤金尼奥·比亚吉尼、史蒂芬·贺姆斯和席珀·斯特曼分别指出，在英国、法国和荷兰存在“民主”或“激进”的自由主义。

③ J. G. A. Pocock. *The Machiavellian moment. Florentine political thought and the Atlantic republican tradition.* Princeton and Oxford: Princeton University Press, 1975; Quentin Skinner. *Liberty before liberalism.* Cambridge: Cambridge University Press, 1998; Quentin Skinner and Martin van Gelderen. ed. *Republicanism: a shared European heritage.* Cambridge: Cambridge University Press, 2002 (2).

显然，西登托普的民主自由主义深受更早时期共和主义话语的影响。同共和党人一样，19 世纪的自由派经常强调自治的重要性，而不是宣扬一种消极的自由观念。他们认为公共精神对维持积极的政治参与是必不可少的，从而回应了共和主义话语的一个重要主题。此外，19 世纪许多自由主义者同共和主义者一样，不仅没有宣扬利己的个人主义，反而强调集体观念和爱国主义。[①]

这继而激发了人们重新审视共和主义与自由主义之间的关系。现代早期政治思想学者曾把共和主义定义为与 19 世纪的自由主义相矛盾的意识形态[②]，但在最近的文献中，对 19 世纪自由主义的修正使得这种对立略显脆弱。研究 19 世纪政治思想的一些专家现在都强调它们之间的相似性，甚至将它们合二为一。史蒂芬·贺姆斯认为，"自由主义和共和主义并不对立"。尤金尼奥·比亚吉尼认为，维多利亚时期的自由主义同时具有"个人主义"和"共和主义"的特点，这些特点之间并不对立，因为它们只是同一思想的不同方面。[③]

我们对 19 世纪自由主义的历史复杂性和其在早期现代政治思想中根源的理解已因近年出现的民主自由主义的文献而大大加深。本研究中，笔者的目标是通过阐释 19 世纪的另一种自由主义来进一步探索这种复杂性。笔者的研究表明，除了放任自由主义、民主自由主义和受共和主义影响的自由主义之外，还存在另一种自由主义，可以称之为"贵族自由主义"。它是起源于 18 世纪、流行于 19 世纪的一种思想，在诸多方面同民主自由主义针锋相对，其目的本身就是反对共和主义。

"贵族自由主义"一词难以准确定义。我用它来指代一系列特别的理念，这些理念出自一群思想家（不一定是贵族出身），他们的灵感主要是来自孟德斯鸠的《论法的精神》（1748）。这些思想家和政论家对自由的概念有同样的理解，而这种理解在许多方面与共和主义者所宣扬的思想都不相同，具体的不同之处接下来我将会详细讨论。我们需要着重谨记的

① J. W Burrow. *Whigs and liberals: continuity and change in English political thought*. Oxford: Clarendon Press, 1988.

② 昆廷·斯金纳和波考克在各自作品中都强调过共和主义与自由主义的这种对立。

③ Stephen Holmes. *Passions and constraint: on the theory of liberal democracy*. Chicago: University of Chicago Press, 1995: 5; Eugenio Biagini. Neo-roman liberalism: republican values and British liberalism, ca. 1860 – 1875. *History of European Ideas*, 29 (2003), 58.

是，贵族自由主义者相信人们应该通过遏制中央权力而不是人民的自治来保护自由。他们的理想是建立一个多元的而非自治的社会，在政府和人民之间存在着“中间机构”（通常认为由贵族组成但也并非必然如此）。贵族自由主义者相信，缺少中间机构的平等化、原子化社会不能保护人们来反对暴政。

这种对贵族自由主义的描述不同于阿兰·卡含在对雅各布·布克哈特、约翰·穆勒和亚历克西·德·托克维尔的社会与政治思想的研究中提出的定义。尽管卡含把这些思想家称作“贵族自由主义者”，但他并不认为他们共享孟德斯鸠《论法的精神》所启发的自由的概念。相反，卡含有意揭露布克哈特、穆勒和托克维尔所宣扬的“精英统治”的意识形态，这种意识形态厌恶人民和中产阶级，蔑视平凡人，强调个性和多样性。在卡含的定义中，贵族自由主义本质上包含一套“精英价值观”，而不是一种认为中间机构占中心地位的思想流派。①

在对贵族自由主义的研究中，笔者会专注于法国在“短暂的”19世纪——从1814年波旁王朝的复辟到1870—1875年第三共和国的建立期间——发生的政治辩论。如此关注法国似乎显得有些奇怪。从弗朗索瓦·傅勒发表《思考法国大革命》开始，历史学家往往强调法国政治文化中多元论思想的不足。据说19世纪的法国人采纳了雅各宾派构想的“民意”政府，而不是限制中央权力。整个19世纪，法国人还受到大革命的影响，强调团结和人民主权。② 孟德斯鸠的影响和他对三权分立的偏爱被大革命排除在外——只有托克维尔是唯一的例外。③ 法国政治文化内在的偏执导致法国例外论的产生，使法国人难以在19世纪建立稳定、开明的政体。④

法国自由主义历史学家倾向于强调后革命自由派因软弱而无法抵抗革命的遗毒。19世纪自由主义的历史在很大程度上是一群失败、孤立的人白费口舌的历史，这反映在最近一些关于法国政治文化领域托克维尔所处

---

① Alan Kahan. *Aristocratic liberalism: the social and political thought of Jacob Burckhardt, John Stuart Mill, and Alexis de Tocqueville*. New Brunswick and London: Transaction Publishers, 2001: 4-5.

② François Furet. *Penser la Révolution française*. Paris: Gallimard, 1978; Pierre Rosanvallon. Etat et société. Du XIXe siècle à nos jours. *Histoire de la France; L'Etat et les pouvoirs*. ed. André Brugière and Jacques Revel. Paris: Seuil, 1989: 491-617.

③ Lucien Jaume. *L'individu effacé ou le paradoxe du libéralisme français*. Paris: Fayard, 1997: 282.

④ François Furet. *La Révolution française*. Paris: Hachette, 1988 (2); Pierre Rosanvallon. *La monarchie impossible. Les Chartes de 1814 et de 1830*. Paris: Fayard, 1994: 7-10.

地位的文献中。在这些文献中，他被描述成古怪、常被误解的思想家。[1]一些19世纪的自由主义学者得出令人吃惊的结论：自由主义本身在法国并不自由。即使那些自称是自由主义者的人，相比自由也更重视团结和一致。皮埃尔·罗桑瓦隆声称雅各宾派的遗产被19世纪的自由主义者如弗朗索瓦·基佐和阿道夫·梯也尔复原，认为该过程是“对雅各宾主义的自由重组”[2]。在对19世纪法国自由主义的彻底、深入研究中，吕西安·若姆也得出同样的结论：该时期运动中的领军人们把国家权力置于市民权之上。[3]

这并不意味19世纪法国存在的反民主和多元话语在现有的文献中完全被忽视，只是强调它是少数派的一种典型的传统。在对19世纪法国自由主义的讨论中，若姆提到了他所描述的“名人的自由主义”，他发现在一些亲英自由主义者的作品中也存在这样的观点，如奥古斯特·德·斯塔埃尔、普洛斯珀·德·巴郎特、西斯蒙第和圣-马克·吉拉丹等人都非常欣赏英国贵族的开明大度和政治担当，他们拒绝雅各宾政府的遗产并相信有必要改造这些利益集团。然而，若姆强调在法国自由主义中这种观点一直属于少数派：“特殊权力、必要的赦免、受人唾弃的特权以及凌驾于一般规则之上的权力、自由，这些思想时不时会冒出来，特别是在发生危机之后，但很快就会变成雷区。”[4]

罗桑瓦隆在新书《法国政治模式》中提出了类似的观点，雄心勃勃地修订法国例外论。在大革命之后，罗桑瓦隆对法国“中间机构”的肯定比人们通常的理解更加强烈。他写到法国历史时指出，“在革命民主的一元论和社会对多元的追求之间存在着积极的对立”[5]。罗桑瓦隆认为，这些追求表达了民间对雅各宾派政治模型的反对，而不是一种特定形式的自由

---

① Mélonio, Françoise. *Tocqueville et les Français*. Paris: Aubier, 1993: 299 - 304.

② Pierre Rosanvallon. *Le modèle politique français. La sociétécivile contre le jacobinisme de 1789 à nos jours Paris*. Seuil, 2004: 17; Roger Henry Soltau. *French political thought in the nineteenth century*. New York: Russell & Russell, 1959: ix - xxxi.

③ Lucien Jaume. *L'individu effacé ou le paradoxe du libéralisme français*. Paris: Fayard, 1997: 537 - 554.

④ Lucien Jaume. *L'individu effacé ou le paradoxe du libéralisme français*. Paris: Fayard, 1997: 281 - 319.

⑤ Pierre Rosanvallon. *Le modèle politique français. La société civile contre le jacobinisme de 1789 à nos jours*. Paris: Seuil, 2004: 18.

主义。在书中提及的“反动史”被认为是社会史而不是思想史。罗桑瓦隆像若姆一样得出结论：雅各宾派的遗产对19世纪政治思想还有影响，“如果最初的雅各宾派组织被充分改善，它的政治文化将会保留在法国人的心中，人们会记住主权和公众利益的概念”[①]。

19世纪法国政治文化中的这些概念，自然而然地妨碍了人们系统研究贵族自由主义在19世纪法国流行的盛况。然而，在本研究中，我将证明，强调政治权力的划分与碎片化曾是法国政治思想的重要潮流——至少其重要性不弱于雅各宾派的遗产。我还认为，一些法国政论家和政治思想家对中间机构如贵族的积极看法，源自18世纪中期孟德斯鸠所清晰阐述的一套政治理论。笔者希望与许多（主要是讲英语的）学者一样，对法国例外论进行批判。[②]

接下来简单介绍一下本研究采用的方法。本研究主要（虽非全然）关注的是19世纪的法国自称“自由主义者”的那些人的思想和他们所关心的问题。“自由主义者”这个词是在19世纪20年代引入法国的，整个19世纪，这些自由主义者存在共同的情感和信念。他们非常怀念大革命，特别是大革命的初期。自由主义者往往还会支持某些效仿英国和美国建立起来的政治制度，在行政机构和两院制的立法机构之间分权。他们就政府形式问题宣扬一种不可知论，声称君主立宪制和总统共和制大同小异，这在相当长时期激怒了19世纪的法国人。在这个意义上，我们可以说19世纪的法国存在着或多或少统一的自由主义运动。[③]

不过本研究并非旨在对该运动的整个思想体系及“自由主义”进行全面的概述。在与本书所属的系列丛书所采用的方法保持一致的同时，本研究还关注了这些19世纪的自由主义者在革命后的法国如何使用孟德斯鸠在《论法的精神》中所提出的一套政治术语。其中心问题为：在18世纪中期的政治和思想环境中形成的贵族自由主义话语如何被采用并适应于后

---

① Pierre Rosanvallon. *Le modèle politique français. La société civile contre le jacobinisme de 1789 à nos jours*. Paris：Seuil，2004：432.

② E. g. Isser Woloch. *Revolution and the meanings of freedom in the nineteenth century*. Stanford：Stanford University Press，1996：30；Dale van Kley. *The French idea of freedom. The Old Regime and the Declaration of Rights of* 1789. Stanford：Stanford University Press，1994：5 – 20.

③ Sudhir Hazareesingh. *Political traditions in modern France*. Oxford：Oxford University Press，1994：chapter 8.

革命时期的政治和思想需求？为了回答这个问题，需要大量的引用，让读者从引用中体会到政治语言的特色和基调。

关注语言及其连续性与不连续性的同时也意味着本书中所提及的某些政治思想家的另一些思想理论可能不被提及。例如，笔者并无意于详细介绍亚历克西·德·托克维尔的思想，只是把它用作某种话语的代表从某个具体的角度来研究。尽管如此，同对他的所有作品进行全面深入的研究相比，笔者相信该方法会另辟蹊径，让读者对他的作品产生不同的解读。笔者试图通过将这些话语置于更大的19世纪法国自由思想的语境中来说明这些政治话语特性。通过讨论不同流派自由主义的流行，我们既可以说明贵族自由主义的特性，又可以解释为什么它的箴言被有些政论家接受而被另外一些人所否定。

为了实现这一目标，笔者研究了大量的小册子，有的作者是著名政治思想家（如邦雅曼·贡斯当、弗朗索瓦·基佐、托克维尔），有的作者已经完全淹没在历史长河之中。这些册子中大部分都是为了回应某些具体的政治问题并提出明确的政治改革。然而，这些作者经常试图通过引用更加宏大的理论来支持自己的提议，所以，对史学家来说，这些出版物成为有趣的思想来源。特别是在复辟时期，尽管报纸日渐兴起，它们还是政治交流的重要途径，小册子在政治辩论中是一种重要的表达方式，因为它们可以让政论家避开审查制度。

笔者还分析了一些重要的政治评论。尽管政治评论通常流行时间短暂，相比英国的期刊如《爱丁堡评论》显得也很不专业，但它们给学者提供了重要的思想来源。笔者研究了温和保皇党人的期刊《保守党人》和它更显激进的继承者《保卫者》，探讨了成功的自由主义期刊《法国依托》和它的继承者《水星》杂志，查阅了工党的《批评者》《欧洲批评者》以及纯理论期刊《哲学、政治和文学档案》。此外，笔者还分析了国会《档案》中搜集的对这段时期国会重要辩论的书面报告。

最后，笔者简要概述这项研究的结构。在第1章，笔者将孟德斯鸠的贵族自由主义置于18世纪政治辩论的语境中；在第2～5章，讨论他的主张是如何在复辟时期（从1814年波旁国王回到法国到1830年被最后驱逐）被采用并改变的。这些章节特别关注保皇党和自由主义者如何在后革命的时代就保护自由而展开的激烈讨论。在接下来的章节中，笔者将研究复辟时期的政论家所发明的政治词汇如何被1830年之后的重要自由思想家所运用；第 6 章讨论七月王朝时期的法国自由主义，主要是亚历克西·德·托克维尔的作品；第 7 章论述复辟时期的政论家发明的话语对 19 世纪 50 年代到 60 年代反对拿破仑三世统治的自由主义政治思想家的影响。

基于这项研究，笔者会在接下来的章节证明贵族自由主义在 19 世纪法国话语中是一种传统的变体。笔者并不否认其他形式自由主义的存在，不过笔者会证明，一些 19 世纪的政论家（至少 19 世纪 70 年代以前的政论家）使用过很明显出自孟德斯鸠的贵族自由主义的论据。笔者认为，19 世纪的政治家、政治思想家在《论法的精神》中，发现了对后革命时期法国所面临问题的有力分析和解决这些问题的答案。

第一章 18 世纪法国的政治思想：贵族自由主义的发明

18 世纪法国的古典共和主义

在过去几十年中，我们对 18 世纪政治思想的了解程度呈指数般增长。古典共和主义理论起源于文艺复兴时期的意大利，是早期欧洲最重要的政治语言之一。[①] 有影响力的共和主义思想家如尼可罗·马基雅维利和詹姆士·哈林顿并非坚定地反对世袭君主制。但出于对古代城邦国家的仰慕，他们声称，一个人只有恪守法律才能获得自由。共和主义者认为，受人支配便意味着不自由，即使统治者并未滥用其手中的权力。自由要求每个市民热衷并积极参与公共事务，这种自由观具有重要的意义，它意味着自由取决于全体市民特定的道德状况。公共精神是一种把公共利益置于个人利益之前的能力，被称为市民的美德，它对市民积极参与公共事务至关重要，而自私和冷漠会对自由构成长久的威胁。[②]

除了政治和道德要求，共和主义者认为自由与自治密不可分，这预设了一种特定的社会理想。一些共和主义思想家相信，如果社会中财富差距过大，自由不可能长久。一旦某些市民过于强大或富有，他们就有能力影响或限制同胞们的独立和自由。在共和国，奢侈品和商业必须被禁止。共

---

① Quentin Skinner and Martin van Gelderen. ed. *Republicanism: a shared European heritage*. Cambridge: Cambridge University Press, 2002: 289 - 307.

② Quentin Skinner. *Liberty before liberalism*. Cambridge: Cambridge University Press, 1998.

和主义的创始人宣扬了特别朴素的社会理想：贫穷的农业社会。如此，社会中成员之间的平等会通过定期的土地分配——所谓的土地法——和某种法律制度得以实现。共和主义理论家非常重视继承法，这些法律对防止财产过于集中在某个人或某个家族手里至关重要。[①]

正如J. G. A. 波考克所强调的，古典共和主义虽是反专制的意识形态，但其本身也是非常反动的。它过于迷恋农业乌托邦，而后者在本质上与18世纪欧洲的商业社会格格不入。[②] 共和主义者对现代商业社会的憎恶几乎同专制王权一样。他们认为，商业社会所带来的财富和奢侈品不利于他们良性自治的理想，因为它造成了国家内部的贫富差异，这是很危险的。此外，追求商业使市民不再关心公共利益而只关注个人利益。

共和主义的理想首次被介绍到法国是通过17、18世纪英国政论家（如阿尔杰农·西德尼、埃德蒙·鲁德罗和博林布鲁克）的作品[③]，但法国人很快就形成了本土的共和主义。法国的共和主义思想于18世纪下半叶达到全盛[④]，其中最有影响力的共和主义思想家之一是加布里埃尔·博诺·德·马布利。他的《评法国史》第一部于1765年发表，对法国历史的共和主义版本进行了辩护[⑤]，其代表作《论市民的权利和义务》（创作于1758年，并发表于1789年）同样宣传了良性自治的理想。马布利的英国代言人劳德·斯坦霍普造访一位法国人时，说服他相信了君主专制必然会带来暴政，比如在法国就是如此。为了使法国重返自由和让国民参与自

---

① J. G. A. Pocock. *The Machiavellian moment. Florentine political thought and the Atlantic republican tradition*. Princeton: Princeton University Press, 1975; Eric Nelson. *The Greek tradition in republican thought*. Cambridge: Cambridge University Press, 2004.

② J. G. A. Pocock. *Virtue, commerce and history: essays on political thought and history, chiefly in the eighteenth century*. Cambridge: Cambridge University Press, 1985: 103 - 124.

③ K. M. Baker. Transformations of classical republicanism in eighteenth-century France. *The Journal of Modern History* 2001 (73): 35.

④ Marisa Linton. *The politics of virtue in Enlightenment France*. New York: Palgrave, 2001; Jean Marie Goulemot. Du r épublicanisme et de l'idée républicaine au XVIIIe siècle. Le siècle de l'avènement républicain. ed. François Furet and Mona Ozouf. Paris: Gallimard, 1993: 25 - 56. 古勒莫认为共和主义在18世纪的法国尚未形成政治学说，不过是一个文化理想。

⑤ 第二部分虽然在1771年莫普改革时就已完成，但直到1788年才得以出版。

身的管理，马布利认为，有必要恢复法国议会①。

然而，马布利既不是18世纪法国唯一的一位共和主义作者，更不是名气最大的一位。出于对经典作家如西塞罗和李维的仰慕，也得益于在日内瓦（那里的市民长久以来一直比较认同罗马的市民道德）的成长经历，让-雅克·卢梭对共和理想的热情甚至比马布利更强烈。卢梭呼吁直接民主，认为恢复法国议会等代表制度并不会为法国带来自由。尽管如此，他的法律主权概念与马布利的思想源于同样的共和主义流派，卢梭同马布利和英国的共和主义者一样认为，自治是实现个人自由的必要条件。②

在1771—1774年莫普危机中，古典共和主义成为议会反对波旁专制政权的武器，尽管并不是主要的武器。行政长官把自己当作罗马议员，当议会在1771年莫普改革中受到攻击的时候，激进的维护者毫不犹豫地拿起古典共和主义流派提出的意识形态武器。莫普改革最激烈的反应来自马布利和卢梭的一个学生——波尔多的大律师塞基。他在最早发表于1770年的作品《卡顿——关于自由与政治美德的谈话》中提到了古典共和主义作品中所有的主题，他谴责现代社会中奢侈品和专政的增长破坏了可以维持自由的政治美德。这些主题在他发表于1776年的《国民手册》中有进一步的论述。③

法国思想家甚至比英国人对共和主义理论中的斯巴达社会理想更感兴趣。卢梭、马布利和塞基都强调社会平等，特别是地产的平等分配对维护自由的重要性。在1749年出版的《希腊史要》中，马布利对莱克尔加斯大加赞扬，因为他引入平等法并废除了金银，奢华就永远不会腐化斯巴达人。莱克尔加斯废除了不准买卖财产和制定遗嘱的禁令，造成财富积累和贫穷比例失衡，最终使得斯巴达共和国注定灭亡。后来，马布利进一步论

---

① K. M. Baker. Transformations of classical republicanism in eighteenth-century France. *The Journal of Modern History*, 2001 (73): 38-39; Johnson Kent Wright. *A classical republican in eighteenth-century France: the political thought of Mably*. Stanford: Stanford University Press, 1997.

② Maurizio Viroli. The concept of ordre and the language of classical republicanism in Jean-Jacques Rousseau. *The languages of political theory in early-modern Europe*. ed. A. Pagden. Cambridge: Cambridge University Press, 1997: 159-178; Marisa Linton. *The politics of virtue in Enlightenment France*. New York: Palgrave, 2001; Helena Rosenblatt. *Rousseau and Geneva: from the First Discourse to the Social Contract*, 1749-1762. Cambridge: Cambridge University Press, 1997.

③ K. M. Baker. *Inventing the French Revolution. Essays on French political culture in the eighteenth century*. Cambridge: Cambridge University Press, 1990: 128-152.

证了在《论市民的权利和义务》中对继承法重要性的强调。卢梭同样相信奢华和社会不平等有腐化作用。他在创作于 1765 年却未发表的《科西嘉制宪意见书》中详细解释了通过土地法，特别是通过继承法来限制庄园规模的必要性。[1] 卢梭最忠实的学生塞基，则在所有作品中都强调社会平等和市民道德之间的联系。[2]

封建理想：亨利·德·布兰维里埃

在 18 世纪的法国，共和主义——用基思贝克的话说——已经变成"反对越来越行政化国家的语言，而行政国家不仅有益于现代商业社会，而且其本身也受益于现代商业社会"[3]。但共和主义并不是唯一的，更不是最重要的政治流派，18 世纪也见证了贵族自由主义的重要复兴。16 世纪，贵族们普遍批判君主专制，经常引用混合宪法的概念来维护贵族们参政的权力。在路易十四统治时期，这些对贵族自由的主张均已消失，但在他去世之后却又卷土重来。[4] 然而，18 世纪的贵族自由主义并不是一种连贯的意识形态。正如下文所述，它的支持者尽管都认同贵族是保护自由的必要条件，但在革命前的辩论中却持有相当不同的立场。

国王和贵族以某种方式合作而共同掌权的想法，在 17 世纪末由弗朗索瓦·德·费奈伦大主教再次提出。费奈伦为自己的学生、太阳王的孙子和继承人——勃艮第公爵所撰写的著名教育论文《忒勒马科斯》，理想化地把王权、贵族描述为忠实于公共利益的仁善阶层。《政府计划》或《绍讷计划》包含费奈伦和博维尔、谢夫勒斯两位公爵于 1711 年在绍讷起草的具体改革方案，同样也代表贵族—宪法思想的复兴。《绍讷计划》提议仿照郎格多克建立多层级的代表大会，但这些大会必须享有比现有的代表

---

① Eric Nelson. *The Greek tradition in republican thought.* Cambridge: Cambridge University Press, 2004: 176 - 194.

② K. M. Baker. *Inventing the French Revolution. Essays on French political culture in the eighteenth century.* Cambridge: Cambridge University Press, 1990: 128 - 152.

③ K. M. Baker. Transformations of classical republicanism in eighteenth-century France. *The Journal of Modern History*, 2001 (73): 35.

④ Cf. Arlette Jouanna. *Le devoir de révolte. La noblesse française et la gestation de l'Etat moderne* (1559 - 1661). Paris: Fayard, 1989.

大会更多的权利。作者还呼吁恢复法国议会，每三年开一次会，只要有必要，会期长短不限。这些提议是出于恢复法国贵族权力的欲望。在贵族中吸收的常驻管理者要从新晋官员手中收回权力，司法部门和治安官的权力也要削减。[①]

当费奈伦在研究《绍讷计划》的时候，亨利·德·布兰维里埃正在对王族专制进行更激烈、更有影响力的批判。作为一名贵族兼学者，布兰维里埃的作品涉及哲学、占星术、古代史和宗教史。不过，他最著名的还是在法国史和宗谱学方面的著作。与费奈伦一样，布兰维里埃的著作也是为路易十四的继承人所创作的。他最重要的著作《法国议会历史文献》创作于1716—1722年间，是为了回应法国贵族和议会之间的政治纠纷。1727年，《法国议会历史文献》得以发表，同时还有一部较早时期关于法国历史的短篇作品《历史论文集》在《法国古代政府史》（第14卷）中发表。他的这部遗著在相当长的时期内对法国政治的辩论都有重大的影响。[②]

在《法国古代政府史》上、下卷中，布兰维里埃都专注于讨论法国早期历史。《法国古代政府史》讲述了从征服高卢到雨果·卡佩987年登上王位期间法国政府的历史，重点论述了曾经统治法国的不同王朝的兴衰。尽管布兰维里埃原初打算写到17世纪并搜集了大量关于议会会议的资料，但《法国议会历史文献》最终以查理曼大帝当政和创立议会开始，以路易十一结束。这两部书的主题大致相同，在这两部书中，布兰维里埃都引用法国历史来批判皇权专制的加剧。特别是两本书都颂扬理想化的“封建政府”——它承诺给法国人（至少是法国贵族）自由，却在历史上总是被法国国王暴力篡取。布兰维里埃如此控诉法国历史上君主所起到的作用，以至于很难让人相信他是在为路易十四的继承人写作。

布兰维里埃认为，封建自由首先是一种财产权。他强调贵族封建主不仅对土地具有绝对的所有权，而且对生存于土地之上的居民即农奴拥有绝对所有权。封建主的军事责任（可以视作对所有权的限制）在《法国古代政府史》中一直不被重视。封建财产权起初是在法兰克人对高卢的征服中确立的，后来由查理曼大帝建立真正的封建制度，他在远征伦巴底人的

① Nannerl O. Keohane. *Philosophy and the state in France: the Renaissance to the Enlightenment*. Princeton: Princeton University Press, 1980: 343 - 346.

② 目前为止对布兰维里埃思想演进最好的传记该属 Harold Ellis. *Boulainvilliers and the French monarchy. Aristocratic politics in early eighteenth-century France*. Ithaca: Cornell University Press, 1988.

过程中认识到“伦巴底人警察制度”的妙处，并仿照这种制度创立了封地制度。卡佩统治期间的封建权力并未被篡夺，相反，它们从征服高卢的起初便存在，而且还得到查理曼大帝的支持。[①]

法兰克贵族的自由权并非局限于财产权。布兰维里埃在作品中多次强调，法兰克人和他们的后代自古就享有参政的权利。在《法国古代政府史》中，他解释了保证贵族参政权的制度是如何在战神广场确立的，法兰克人在征服高卢之后在那里集会。在查理曼大帝时期，战神广场被男爵议会取代。布兰维里埃强调这种代表机构并非新的制度，而是古时候法兰克人参与立法权的一种表现。为赞扬查理曼大帝更加安全地确立了议会制度，布兰维里埃写道：

> 查理曼大帝认真思考了在他以后的国王都没有兴趣弄明白的一个道理，即法国人民从来就是一个自由的民族，天性如此，他们很早便有权选择自己的君王，同他们一同管理政府；实际上就像御前议会，激励整个民族为大家共同决定的事业获得成功而努力。[②]

布兰维里埃明确指出，这种法兰克人自治的权利与封建的财产权一样在法国贵族当中得到了保留。在《法国古代政府史》中，他解释了法兰克人在征服高卢人并把高卢人变成农奴和臣民之后，自己是如何保持自由和平等的。正如他在《法国古代政府史》中所写：“自从征服高卢之后，法国土著就成为了真正的贵族和唯一的贵族，而高卢人的命运只能由征服者决定。”[③] 在《法国议会历史文献》中，他再次强调高卢人没有参政：“平民百姓被视为草芥，因为人民是奴隶。如果觉得奴隶一词表达难听，可以称他们为手工劳动者或土地耕作者。”[④]

布兰维里埃的封建理想包含两种相互矛盾的自由，但布兰维里埃并没有对二者进行区分：参政权有很强的共和主义色彩，尽管领地所有权存在

---

① Henri de Boulainvilliers. *Histoire de l'ancien gouvernement de la France, avec XIV Lettres historiques sur les parlements ou états généraux de la France.* Amsterdam and The Hague, 1727 (I): 105 – 120.

② Henri de Boulainvilliers. *Histoire de l'ancien gouvernement de la France, avec XIV Lettres historiques sur les parlements ou états généraux de la France.* Amsterdam and The Hague, 1727 (I): 218.

③ Henri de Boulainvilliers. *Histoire de l'ancien gouvernement de la France, avec XIV Lettres historiques sur les parlements ou états généraux de la France.* Amsterdam and The Hague, 1727 (I): 38 – 39.

④ Henri de Boulainvilliers. *Histoire de l'ancien gouvernement de la France, avec XIV Lettres historiques sur les parlements ou états généraux de la France.* Amsterdam and The Hague, 1727 (I): 244.

一定的变化，但还可以视为体现了“积极的个人主义”，即便是贵族的而不是资产阶级的个人主义。这两种权力在法国历史上都同样由于专制王权的崛起而被推翻。封建自由权在法国国王手中的毁灭是布兰维里埃作品的主题，在《法国议会历史文献》中也有详细论述。

农奴的解放使得贵族的财产权受到侵犯，布兰维里埃称之为非法行为，而国王和第三阶级都是其帮凶。据布兰维里埃统计，到 18 世纪，超过 4 万农奴家庭获得了之前只有高卢人征服者才享有的特权。国王们很热衷于摧毁独立的封地，从腓力二世开始，国王就与法学家结盟，最终瓦解了最初的封地制度。随着时间的推移，法律逐渐被修改，封地的所有权依赖于国王的意志而不是封建主和诸侯自古以来的特权。[①]

在这些贵族失去财产权的同时，他们的立法权也受到打击，之前主要由贵族组成的议会已被第三阶级的法律学者主导。布兰维里埃承认导致该现象出现的部分原因是贵族阶层的无知，他们缺少在越来越复杂的司法系统中行使执法权所需的法律知识，但法国的国王们却乐见此事。腓力二世把议会变成法庭，不再涉及重大国家事务。[②] 路易十一延续这种做法，取消贵族特权并把特权给予议会里的第三阶级。在封建时代末期，国王的统治既不依赖封建主又不依赖三级会议，议会不仅丧失了立法权，还丧失了投票权。[③]

对于谁是封建自由权的毁灭者，布兰维里埃毫不含糊地指出，是法国国王们。布兰维里埃对君主制的憎恶十分明显，他几次强调法国历史没有王朝的延续性，波旁王朝可以被视为采用非法手段获取的王权。但他最想说的是，所有的法国国王——除了查理曼大帝之外都力图颠覆他们臣民的自由权。他在《法国议会历史文献》中写道，法国的国王们着迷于“使自己的人民屈服，消灭贵族并实施独裁专制”[④]。在《法国古代政府史》的结论部分，他再次强调法国贵族应该把自己沦为末等市民的事情怪罪于

---

① Henri de Boulainvilliers. *Histoire de l'ancien gouvernement de la France, avec XIV Lettres historiques sur les parlements ou états généraux de la France.* Amsterdam and The Hague, 1727 (I): 346.

② Henri de Boulainvilliers. *Histoire de l'ancien gouvernement de la France, avec XIV Lettres historiques sur les parlements ou états généraux de la France.* Amsterdam and The Hague, 1727 (II): 1-61.

③ Harold Ellis. *Boulainvilliers and the French monarchy. Aristocratic politics in early eighteenth-century France.* Ithaca: Cornell University Press, 1988: 164.

④ Henri de Boulainvilliers. *Histoire de l'ancien gouvernement de la France, avec XIV Lettres historiques sur les parlements ou états généraux de la France.* Amsterdam and The Hague, 1727 (III): 135-160.

路易十一和路易十四，因为他们不顾先例和法律，使自己的权威凌驾于臣民的财产权和自由权之上且“毫不留情”。①

布兰维里埃非常悲观，他把巨大的不连续性引入法国君主制研究。按照惯例，现代早期的法国史学家认为法国的君主制是连续的并且是古老的。布兰维里埃对此给予否认，强调君主制的现代性并认为它是法国沦为“服从”“奴役”和“独裁”铁腕时代的结果。② 与独裁君主制相反，他宣称历史上的封建时代是自由的理想时代。他在《法国古代政府史》序言中谈到法国政治系统的变化问题时提醒自己的同胞：

> 我借助、引用对过去几个世纪的记忆，不是因为我盲目偏爱古代，而是因为把维持君主制一千三百多年的手段从君主制中剔除出去而用一些有利于独裁的手段替代它们，这是荒谬的，它更加适合波斯人、土耳其人或其他东方民族而不适合我们。③

从这一角度上看，布兰维里埃的贵族自由主义和共和主义对专制主义的批判有相似之处。④ 他对贵族参政权的维护和对君主专制的批判与共和主义的话语非常接近，提出的政治改革的主要措施——恢复议会——在马布利宣传的政治计划中也占有重要地位。同马布利和卢梭的共和主义一样，布兰维里埃的贵族自由主义本质上是反动的改良主义。他过于美化封建自由主义，所呼吁的社会政治模式相对于 18 世纪的法国社会之落伍不亚于古时候的共和国。事实上，布兰维里埃是承认和接受这一点的。他在《法国议会历史文献》中写道，不论通过何种非法途径，要想把体面的行政长官和第三等级的代理人重新贬到农奴阶层是不可能的。⑤

尽管有诸多相似，布兰维里埃的封建自由权还不能说完全等同于共和

---

① Henri de Boulainvilliers. *Histoire de l'ancien gouvernement de la France, avec XIV Lettres historiques sur les parlements ou états généraux de la France.* Amsterdam and The Hague, 1727 (III): 206.

② Harold Ellis. *Boulainvilliers and the French monarchy. Aristocratic politics in early eighteenth-century France.* Ithaca: Cornell University Press, 1988: 161.

③ Henri de Boulainvilliers. *Histoire de l'ancien gouvernement de la France, avec XIV Lettres historiques sur les parlements ou états généraux de la France.* Amsterdam and The Hague, 1727 (I): preface.

④ Johnson Kent Wright. The idea of a republican constitution in Old Regime France. *Republicanism: a shared European heritage.* ed. Quentin Skinner and Martin van Gelderen. Cambridge: Cambridge University Press, 2002 (I): 289 - 307.

⑤ Henri de Boulainvilliers. *Histoire de l'ancien gouvernement de la France, avec XIV Lettres historiques sur les parlements ou états généraux de la France.* Amsterdam and The Hague, 1727 (III): 204.

主义的理想国。特别是他所维护的封建权力——法兰克人对高卢人的所有权，违反了法国共和主义者提倡的平等精神。布兰维里埃主要想表达的是没有贵族就没有自由，正如他在《法国议会历史文献》中所写，1605 年西班牙驱逐摩尔人和 1685 年法国废除南次敕令表明，一旦贵族被消灭，皇权就会肆无忌惮。他认为："人民不会有安全感，除非生活在按照古罗马帝国摧毁者所提供的治理模式的国家中，完全没有英格兰的痕迹，或至少生活在那些有足够多伟大的领主和亲王的国家，它们可以成为被蹂躏人民的避难所。专制王权是不会制造领主和亲王的，除非别有所图或者君王无知。"[①]

君主立宪制：孟德斯鸠《论法的精神》

《法国古代政府史》出版 21 年后的 1748 年，布兰维里埃的贵族同胞——孟德斯鸠在他的《论法的精神》中也把贵族当成维护自由权的手段。在孟德斯鸠职业生涯的这一时期，他还是以 1721 年发表《波斯人信札》的作者的身份而闻名于世，这部著作让他一夜成名。在该著作中，他对摄政期间的法国社会进行调侃和批判性分析。孟德斯鸠于 1734 年出版《罗马盛衰原因论》，表明他不满足于成为一位小说家，而是致力于成为严肃的政治思想家。如他在《论法的精神》序言中所说，他花费 20 多年心血铸成的巨著（《论法的精神》）帮助其了却了心愿，让他成为 18 世纪最受尊敬的、最有影响力的政治理论家。[②]

《论法的精神》旨在说明完善的法律不应该是主观的而应该有逻辑支撑。正如孟德斯鸠在本书的副标题中所描写的，他研究了"法律与政府的组成、风俗、气候、宗教和商业等的关系"。尽管孟德斯鸠从多个方面阐述了该原则，但《论法的精神》的第一部分（前 8 部书）主要是对政治制度进行分类并分析不同政治制度在结构上的差异。孟德斯鸠区分了共和制、君主制和独裁专制，认为这三种类型的政府都有自己的"性质"和

---

① Henri de Boulainvilliers. *Histoire de l'ancien gouvernement de la France, avec XIV Lettres historiques sur les parlements ou états généraux de la France*. Amsterdam and The Hague, 1727 (III): 186.

② Robert Shackleton. *Montesquieu: a critical biography*. Oxford: Oxford University Press, 1961.

“原则”，因而互不相同。共和制的确立和维护需要社会具有某些特点，当然这些特点与君主制和独裁制所要求的社会特点不同。[①]

孟德斯鸠对共和政府的定义是“人民或部分人民自治”。孟德斯鸠认为，这样的共和自治政府只能存在于小规模的城邦国家，如古希腊时期的城邦国家，是因为小规模城邦国家的“公共利益能够被充分了解和感受，距离每个市民的距离相对比较近”。为了实现共和，自治要以良好的市民素养为前提。人民必须将法律加于己身，必须随时准备为了公共利益牺牲个人利益，这样的自我牺牲只有在平等和节俭的社会才是可能的，原因在于“财富会赋予市民一种权力，而他不能将这种权力纳为己用，因为如此的话他就不再与他人平等”（V，3）。政治平等要以社会平等为前提，“在民主体制下对共和的热爱就是对民主的热爱，对民主的热爱就是对平等的热爱”（V，3）。

与自治的共和国不同，在专制和君主制的政府中，权力都掌握在至高无上的统治者手中。孟德斯鸠把专制定义为政府中“一人独揽大权而不顾法律法规，一切皆凭个人好恶而随心所欲”。孟德斯鸠将君主制定义为政府中“一人掌权，但要根据既定的法律来统治”（II，1），从这个意义上讲，独裁专制和君主制是有很大不同的。与传统的亚里士多德式的政治学不同，孟德斯鸠并不认为君主制与独裁专制的区别依赖于统治者的人格以及对法律的尊重或藐视[②]，这两种政府之间的重要区别主要体现在结构性质上。独裁者可以独揽大权、随心所欲，而君主的权力总是受到孟德斯鸠口中“中间力量”（如贵族和议会）的牵制。中间力量通过给皇家政府设置障碍，防止王权过分侵犯法律，他们就像“权力流动的调解渠道”（II，4）。

这使得孟德斯鸠宣称，在君主制中维护自由权首先要依赖贵族——一个与该国家其他民众阶层不同的、作为拥有特权地主阶级的世袭贵族（V，9）。国家中的不同元素可以起到中间权力的作用，如在西班牙和葡萄

---

① *The spirit of the laws.* A. Cchler, B. Miller and H. Stone. ed. Cambridge：Cambridge University Press，1989；Pléiade edition of the *Oeuvres complètes.* ed. Roger Callois. Paris：Gallimard，1949－1951，2 vols. 以下段落中括弧内的罗马与阿拉伯数字分别表示《论法的精神》的卷数和章数。

② 关于孟德斯鸠对君主制与独裁专制差异的创新性见解，可见 R. Koebner. Despot and despotism：vicissitudes of a political term. *Journal of the Warburg and Courtauld Institute* 1951（14）：275－302.

牙，神职人员的权力是反对强权的唯一阻碍（II，4）。而在法国，议会即“法律的保管者”（II，4），拥有有效的阻碍作用，它通过劝谏拖慢行政权力（V，10）。但阻碍效果最好的还是贵族，孟德斯鸠曾写道：“最天然中间的、次级的权力属于贵族。”“从某种程度上看，贵族是君主制的关键，他们的格言是：没有君主就没有贵族——没有贵族就没有君主，只有一个独裁者。”（II，4）

孟德斯鸠认为，对维持自由权来说，重要的是中间权力使得君主制比专制政府稳定得多。他写道：“相比独裁专制，君主制政府存在巨大优势，因为统治者可以在宪法许可范围内发号施令，有利于国家更加稳定和宪法更加不可动摇，使统治者们更加自信。”（V，11）专制国家发生暴乱的危险远大于君主制国家是因为专制国家没有天然的领导者。在君主制国家，事情很少走向极端，“领导人会为自己担心，他们害怕被抛弃，中间的独立力量也不希望民众占据上风”（V，11）。这表明，君主通过分权同时提高了自由权和国家的稳定性。

贵族是君主制的本质特点，而专制国家的特点是社会自由和原子化。孟德斯鸠明确指出独裁专制溶解了社会结构，“在专制国家，每个家庭都是一个独立的帝国”（IV，3），“人们只相信上级给下级的惩罚”（V，17）。独裁者的臣民之间并没有真正的特权或等级区分，如约翰·劳通过抨击社会等级制来鼓励独裁时所言，“他想清除中间阶层并取消政治群体”（II，4）。矛盾的是，这让独裁国家有些类似于共和国，它们的特点具有平等性，“在共和政府，所有人都是平等的，他们在专制政府里是平等的；在前者中是因为他们很重要，而在后者中是因为他们都如草芥”（VI，2）。

与布兰维里埃一样，孟德斯鸠认为，君主制的模式和独裁专制的结构不同，贵族是维护自由权的工具，这种模式起源于封建史中。在《论法的精神》第11卷中，他解释了日耳曼部落征服欧洲时君主制政府是如何形成的（XI，8）。在《论法的精神》最后两卷中这点得到进一步的说明，孟德斯鸠深入研究了法国早期历史和封建法律，认为“这些法律有无限的好处和坏处，容易导致无政府状态，而这种无政府状态又倾向秩序与和谐”（XXX，1）。他对与封建主有关的司法权特别感兴趣，并反驳了这一观点：权力在中世纪早期的政治动荡中被颠覆（XXX，22）。

毋庸置疑，孟德斯鸠对16、17世纪法国的反贵族政策表现出强烈的批判意识。与一些同时代人一样，他警告通过削弱贵族权力，国王并没有促进自由权，而是适得其反。一旦缺失中间力量，君主制自然会演变为民主制或独裁专制。他说道："如果废除君主制国家中领主、神职人员、贵族或某些城镇的特权，大众的或者独裁的国家就会呈现（II，4）。"[①] 孟德斯鸠尤其批判路易十四和"一个内心渴望专制的人"黎希留对法国独立群体的攻击（V，10；V，11；IX，7），这些攻击从根本上改变了法国的国家性质："几个世纪以来，欧洲国家的法庭在不断打压领主们世袭的管辖权和教会的管辖权。我们不想诘难这些英明的行政长官，但对于这会在多大程度上改变政体持保留意见。"（II，4）

孟德斯鸠的贵族自由主义和布兰维里埃的贵族自由主义有很大不同。如上文所述，布兰维里埃的封建自由权包含贵族的财产权和立法参与权。他写《法国古代政府史》的目的之一便是呼吁恢复这些参与机制，特别是恢复议会，然而，孟德斯鸠并未支持贵族与国王共治，在对封建制度的讨论中他从未提及代议制与参与权。[②] 在《论法的精神》中，孟德斯鸠也从未呼吁加大国会对皇权的约束，他甚至明确否认在君主制国家除了皇族之外还有其他的权力来源："我已说过中间、次级和附属权力，在君主制下君主是所有政治权力和民事权力的来源。"（II，4）"中间力量"的功能仅仅是让皇权不那么随心所欲。

从这个意义上讲，孟德斯鸠的君主制模式与他在《论法的精神》第11卷中极力推崇的英国政府形式有巨大不同。孟德斯鸠认为，通过引入改革如代议制立法机构和两院制，特别是职能分权，英国已经成为当代世界最自由的国家。为了避免立法、行政和司法权集中于一人或一个机构，英国人发明了一套精密的分权制衡制度来保护自由权。通过抽签从普通民众中选出一些人行使司法权，这避免了它变成威胁自由权的独立力量。行政权和立法权相互制衡，立法机构本身也被分为两院，相互制约（XI，6）。

孟德斯鸠认为，分权可以被保留是因为行政权和立法权分属不同的社会团体，比如在威尼斯，立法、行政和司法权被划分到不同的议会，但这些议会都由来自相同群体的贵族长官组成，所以它们其实"是同一种权

---

① 孟德斯鸠在第八卷第六章中又重提此话。

② Iris Cox. *Montesquieu and the history of French laws*. Oxford：The Voltaire Foundation at the Taylor Institution，1983.

力”。英国的制度却很不一样，在英国，权力由国王、贵族和平民共同分享（XI, 6）。如孟德斯鸠在第19卷中表示，要维持如此复杂的系统，更为重要的是依靠分权带来的热情。因为立法和行政之间的利益冲突会导致英国政治系统内部产生对立派系，这可以保持权力的平衡，遏制权力扩张的本能（XIX, 27）。

英国政体的平衡是职能权力和党派间的平衡，英国的模式与法国式的君主立宪制大有不同。孟德斯鸠甚至认为，从某种意义上讲，英国的政体同君主制截然相反，因为它明显缺少中间机构，这使得其自由权非常脆弱。[①] 因而，孟德斯鸠明确警告大陆国家如法国不要模仿英国的做法便不足为奇了。他写道：“在一些欧洲国家，有些人妄想废除领主们所有的司法权。他们不知道这正是英国的国会想做的。”（II, 4）在第11卷中，他同样强调，英国的邻居们没有理由去嫉妒这种“极端”的自由，因为英国的体制不能轻易移植到大陆（XI, 6）。

自由权在典型的大陆君主制下得以维持，并不是通过固定的体制间的相互制衡，而是通过制度化的反抗行为。[②] 特别是贵族的荣誉感可以防止专制，因为它鼓励服从君王但防止盲从，孟德斯鸠引用奥尔泰子爵的著名故事说明了这一点。这位16世纪的贵族在圣巴多罗买大屠杀中违抗了查理九世的命令，拒绝屠杀胡格诺教徒，因为他相信屠杀无辜的人是不光彩的，即使这一命令直接来自国王。孟德斯鸠认为，这个故事说明贵族在国家中已经形成了在某种程度上独立的群体，可以在一定程度上阻止君王的恣意妄为（IV, 2）。他曾经说过，“正如想要覆盖整个地球的海洋被岸上的草地和碎石阻挠一样，似乎有无限权力的君王们也受阻于最微小的障碍，有时不得不收起自己的骄傲而放低姿态”（II, 4）。

换言之，不同于布兰维里埃的贵族自由主义，孟德斯鸠的君主模式并不意味着向封建社会的回归。布兰维里埃认为，从路易十一和路易十四开始，君主专制明显与自由政府格格不入，它要求贵族们参与皇族的统治，

---

① Montesquieu: ‘Les Anglais, pour favoriser la liberté, ont ôté toutes les puissances intermédiaires qui formaient leur monarchie. Ils ont bien raison de conserver cette liberté; s’ils venaient à la perdre, ils seraient un des peuples les plus esclaves de la terre’: II, 4.

② Elie Carcasonne. *Montesquieu et le problème de la constitution française au XVIIIe siècle.* Paris: Slatkin, 1928: 82; Bernard Manin. Montesquieu et la politique moderne. *Cahiers de philosophie politique*, 1985: 214 – 229.

导致孟德斯鸠向遥远的过去寻找自由的模式。而孟德斯鸠相信，就防止皇族滥权而言，自由权在君主专制的环境中也是可能的。尽管他批判路易十四和黎希留逐渐侵蚀中间权力，但他确信君主的权力即使不被分享也可以被限制。孟德斯鸠所描述的贵族自由主义是保守的，而布兰维里埃版本的贵族自由主义则是反动的。孟德斯鸠在《论法的精神》序言中写道："如果我可以做到让每个人都有新的理由热爱自己的责任、君王、祖国和法律，每个人在自己的国家、政府和岗位上更加感受到幸福，我会认为自己是世界上最幸福的人。"①

布兰维里埃和孟德斯鸠的贵族自由主义如此不同，是缘于他们各自不同的写作目的。布兰维里埃意在批判皇权专制的崛起，而孟德斯鸠的目的是回击共和主义者的抨击以维护君主制，证明 18 世纪法国的君主制与古老的古典共和制一样可以维护自由权。《论法的精神》中对政府的分类首先应理解为对共和模式的批判，其次才是对 18 世纪法国专权趋势的谴责。

从早期作品可以明显看出，孟德斯鸠与同时代人一样非常赞赏古典共和制。他在创作于 1725 年之前的《道德思想》中评论道：

> 对祖国的热爱使得希腊和罗马历史显得高贵，而这是我们所缺少的。当想到我们动机之狭隘，手段之卑劣，贪欲之无耻，而不是热爱荣耀，人们会为这种反差而震惊，就好像自从希腊和罗马贵族消失之后整个人类就世风日下。②

孟德斯鸠在《论法的精神》中也赞扬过古代的共和国。他认为，共和国建立在"对法律和祖国的热爱"之上，这种美德要求"持续地将共和国的利益置于个人利益之上"，"所有私德都始自这种情感"（IV，5）。在古代，这些崇高的共和国曾见证过一些"于今日不能复现却能震撼我们卑微灵魂之事"（IV，4）。因此，有些评论者曾把孟德斯鸠描述为一位共和

---

① Montesquieu. *Spirit of the Laws*. Cambridge：Cambridge University Press，1989：xliv.

② Montesquieu. *Oeuvres complètes*. 1949（1）：27.'C' est l'amour de la patrie qui a donné aux histoires grecques et romaines cette noblesse que les nôtres n'ont pas... Quand on pense à la petitesse de nos motifs，à la bassesse de nos moyens，à l'avarice avec laquelle nous cherchons de viles récompenses，à cette ambition si différente de l'amour de la gloire，on est étonné de la différence des spectacles，et il semble que，depuis que ces deux grands peuples ne sont plus，les hommes se sont raccourcis d'une coudée.

主义作者，如艾琳娜·卢索把孟德斯鸠对民主共和中关于美德的评论视作“当今时代对社会道德的寻求”，并认为“他对古人的褒扬暗含对今人道德之控诉”①。

然而，孟德斯鸠应该称得上共和模式的批判者而不是支持者。他对共和制的批判始于共和派对自由权的理解。② 他在其著作《思想》中几次批判这个广为流传的观点：自由权只存于共和而不见于君主制。

> 一个民族的自由不在于有这样或那样的政府，而在于按法律规定谁享有政府。若土耳其人被威尼斯共和国所征服，那他们肯定把自己视作奴隶，印度人民也认为荷兰公司的统治是一种残酷的奴役。政治自由权同温和君主制的关系与其同共和制的关系并无差异，它与王座的距离不远于议院；每个人都充分相信某一个人或多数人的震怒不会让他丧命或破财。③

在《论法的精神》第 11 卷中，孟德斯鸠详细讨论了自由权概念的意义，进一步批判了此观点。他解释道，共和主义的自由权概念是基于一个错误的假设：人们只有自治的时候才是自由的，强调“人民的权力与人民的自由被混为一谈”（XI，2）。孟德斯鸠认为，政治自由权与“哲学”自由权或“意志自由”是不同的，不是可以做任何自己想做的，而是要实行法治，给市民以“安全感”（XII，2）。他进一步说明，“自由权是指可以做法律允许的任何事情，谁制定法律并不重要，重要的是法律得到拥护，没有人可以凌驾在法律之上”。独立不同于自由，如果市民可以不受法律约束而从事法律禁止的行为，自由权将不复存在。从这个角度上看，也许可以理解孟德斯鸠为何把自由权定义为做一个人想做的正当事情的能力：“在拥有法律的社会，自由权仅包含做一个人应该想做的事情的权力，决不能被强迫去做他不想做的事情。”（XI，3）

孟德斯鸠对自由权表达了明确的观点，他认为自由权不是消极的，它不是存在于任何类型政府中的概念。如果统治者可以肆意妄为，那真正意

---

① Elena Russo. The youth of moral life: the virtue of the ancients from Montesquieu to Nietzsche. *Montesquieu and the spirit of modernity*. ed. David Carrithers and Patrick Coleman. Oxford: The Voltaire Foundation at the Taylor Institution, 2002: 101 - 123.

② ‘L'Esprit des lois: tradition et modernité. 1748: *l'année de l'Esprit des lois*. ed. Cathérine Larrère and Cathérine Volpilhac-Auger. Paris: Champion, 1999: 141 - 160.

③ Montesquieu. *Oeuvres complètes*. I, *pensée* (631): 1152.

义上的自由权或安全感便不可能实现。独裁政府中，君主可以随意变更法律，这必然是专制，专制的定义就是统治者可以随心所欲（II，1）。即使君王没有专制滥权，这样的危险总是存在的，因为掌权者天性如此："从古至今，掌权者往往都会滥权，无所不用其极。"（XI，4）因此，权力应受到法律的限制。

孟德斯鸠相信无论共和制还是君主制都能实行法治，但同时他又相信在当代社会，共和模式已经过时。[①] 他在第一部已出版的关于古典时期的作品《论罗马盛衰的原因》中强调，罗马共和国与当代欧洲的区分在于世俗和思想的差异性。他在《论法的精神》中进一步阐述，共和国应有的小规模和它们要求市民必须具备的美德使得共和政府不适合现代国家。孟德斯鸠宣称，一个国家为了实现自治，市民必须能够集体决策，而这在现代欧洲大国中是不现实的（VIII，16）。更重要的是，现代市民的心态普遍腐化，不具备自治要求的美德。与集体利益相比，现代市民更关心个人利益。为了公共利益而放弃个人幸福的公共美德"只存在于古人和传闻中"（III，5）。

孟德斯鸠认为，当代社会君主立宪制更适合用来保护自由权。[②] 他在《论法的精神》中多次向读者强调君主制与共和制的差异。他在第 8 卷中指出，与共和制不同，君主立宪制才是适合大中型规模国家的政体形式，如 18 世纪欧洲国家的政府形式（VIII，17），因为它更适应现代市民的心态。孟德斯鸠强调，君主制不像共和制一样要求现代市民具有极高而又不现实的公德。他写道："在君主制下，政治只需要一定的美德就能完成更大使命，正如最好的机器只需要最少的动作、最少的推动力和最少的轮子。"（III，5）君主制下的臣民出于荣誉感——对荣誉自私的爱，愿意为集体利益做出牺牲，"荣誉感能让政体的所有部分团结起来运作，每个人

---

① *Montesquieu and the spirit of modernity*. ed. David Carrithers and Patrick Coleman. Oxford: The Voltaire Foundation at the Taylor Institution, 2002: 21.

② Melvin Richter. *The political theory of Montesquieu*, *Introduction*. Cambridge: Cambridge University Press, 1977; Thomas L. Pangle. *Montesquieu's philosophy of liberalism. A commentary on The Spirit of the Laws*. Chicago: University of Chicago Press, 1973; Céline Spector. *Montesquieu: pouvoirs, richesses et sociétés*. Paris: Presses Universitaires de France, 2004; David Carrithers, Michael A. Mosher and Paul A. Rahe. eds. *Montesquieu's science of politics. Essays on The Spirit of the Laws*. Lanham: Rowman and Littlefield Publishers, 2001; Michael Sonenscher. ed. *Sieyès: political writings, including the debate between Sièyes and Tom Paine in* 1791. Indianapolis: Hackett Publishing, 2003.

为共同利益而奋斗，同时相信他们也是为了自身的利益而奋斗”（III，7）。

孟德斯鸠的君主制模式蕴含一种社会理想，但这种理想尤其区别于共和模式所推崇的朴素与贫穷。他认同该共和国的公理：只有当法律激起市民对“平等”和“节俭”的热爱，自治共和国才能生存（V，4－6）。而正如孟德斯鸠所言，君主制能包容奢侈和不公。社会等级、财富和特权的不平等对君主制来说是至关重要的，“君主制政体下必然会有等级制，甚至有世袭贵族”（III，7），“根据君主制国家的体制，财富在他们之间的分配是不平等的”[1]，不平等有利于保护而不是损害君主制下的自由。由此，孟德斯鸠甚至维护备受哲学家鄙视的封建特权：“若治下之人有贵贱之分，那政府也必然有特权。”（VI，1）他还强调，被大部分共和主义者视为威胁自由权的商业在君主制下是一种有益的力量，“法律必须支持宪法允许的所有商业，如此臣民才有能力满足君王和朝廷的需求且不至于倾家荡产”（V，9）。

君主制和共和制之间的不同在孟德斯鸠对这两种形式的政府所要求的财产法的讨论中变得非常清晰。从上文中我们可以看到，对社会平等的追求如何使得共和主义的思想家如此重视鼓励财产分割的继承法。在《论法的精神》第5卷《法律如何在民主国家确立公平》中，孟德斯鸠指出，在共和国，嫁妆、捐赠、遗产、遗嘱和所有其他转移财产的手段都要受到调控，以促使财产在所有市民之间的平等分配（V，5）。他在《论法的精神》第27卷《古罗马继承法的起源与变迁》中更详细地阐述了这一观点，清晰介绍了整个罗马法律体系如何鼓励财产分割，以及在共和国灭亡和帝国建立之时，继承法也随之被改变的情况。

孟德斯鸠解释道，君主制国家的继承法应鼓励把地产集中在贵族手中。[2] 君主制下的法律需要“维护”贵族，“不是为了制造划分君主和平民之间的界线，而是为了制造联系他们的纽带”。这意味着法律应该保持精英集团的世袭特征，没有世袭就没有贵族。更重要的是，继承法应当把地产集中在同一个家族的手中。孟德斯鸠呼吁财产限嗣继承，“让家族的财产集中在君主制政府中充分发挥作用，即便它们可能不适合其他政府”。

---

① 法语原文是“Par la constitution des monarchies, les richesses y sont inégalement partagées.”

② Eric Nelson. *The Greek tradition in republican thought*. Cambridge: Cambridge University Press, 2004: 155－195.

赎回权[1]可以“让贵族家族收回被亲戚挥霍转让掉的地产”。长子继承权也有必要存在，“在君主制下，应该允许一个人把自己大部分财产留给他的某个子女，这也仅仅适用于君主制”（V，9）。

孟德斯鸠强调，财产权应该专属于贵族：“所有这些特权应由贵族专享，不能赋予普通大众，除非有人想与治理原则背道而驰或者想削弱贵族和百姓的力量。”与布兰维里埃不同，孟德斯鸠并未试图采取立法的方式保障这些贵族特权。他解释道，尽管这些特权会带来不便，但它们在君主制下对维持贵族的荣誉感和自由权是很必要的，“这些是贵族特有的短处，但毕竟利大于弊”（V，9）。

通过对君主立宪制的描述，孟德斯鸠给读者提供了与共和理想针锋相对的政治模式。他在《论法的精神》第 11 卷中再次明确说明了这一点，声称君主制是自由科学中相对较新的发明。他指出，现代君主制是日耳曼人在征服高卢罗马帝国时所带来的政府腐化的结果，这在古代世界是闻所未闻的。虽然希腊人或罗马人曾有过君主统治者，但他们对君主被中间权力牵制的那种政府形式并不熟悉。他写道：“古人完全没听说过基于贵族阶层建立的政府。”（XI，8）孟德斯鸠在亚里士多德的《政治学》中找到了支撑这种观点的依据，亚里士多德清晰表明对君主制的讨论存在某种尴尬，认为古人“无法正确看待君主制”（XI，9）。

综上所述，孟德斯鸠的贵族自由主义与布兰维里埃的贵族自由主义差异很大。孟德斯鸠的目的不是批判君主制，而是维护君主制的现状以及对抗共和主义者的攻击[2]，在此过程中，孟德斯鸠给自由权下了定义。他认为自由只能存在于皇权统治之下，而不会出现在共和模式中，前提是君王的权力受到中间力量的制衡。

1748 年之后的贵族自由主义

孟德斯鸠与布兰维里埃的理论在 18 世纪法国的政治辩论中引起了较

① 法语原文是“retrait lignager”，指的是不动产卖家的某些亲戚有权从买家手中重新购回该房地产。

② 可对比 Denis Richet. Autour des origines idéologiques lointaines de la Révolution française：élites et despotisme. *Annales ESC*，1969：1－23. 该文章强调孟德斯鸠思想本质上是反对君主制的。

大的轰动。孟德斯鸠对贵族和贵族的荣誉精神在君主制中所起作用的论述在神父科伊尔的《贵族商人》（1756）出版之后成为人们激烈讨论的对象。科伊尔在该册子中明确反对孟德斯鸠，要求政治上鼓励贵族参与海事、批发甚至零售行业。他的思想很快在巴黎引起公愤，引发了激烈的争论。1756 年 3 月，舍瓦利耶·达尔克在他发表的《贵族军人》中第一次反驳科伊尔的思想，并维护孟德斯鸠对贵族荣誉感的看法。科伊尔和舍瓦利耶的文章一年之内经历了几次修订增补，社会上出现了至少 30 种不同版本的巴黎思想界代表人物创作的小册子，许多思想家如米拉波在自己的作品中都提到这次辩论。①

不料，布兰维里埃的《古代政府史》比孟德斯鸠对贵族和荣誉感的辩护更具争议。有人认为，布兰维里埃单枪匹马通过自己作品引起的关于封建制度的起源和第三等级在旧君主制中的位置的争议，再次引起了人们对 18 世纪法国历史生成过程的兴趣。阿贝·杜博长篇大论地批驳他对封地起源和君主制篡夺封建权力的论述，引发了一场大辩论，孟德斯鸠也加入其中。布兰维里埃有关贵族和第三等级之间种族差异的观点也引起了不少争议。他认为，解放农奴是一种侵犯贵族所有权的违法行为，此种言论导致了第三等级维护者的大规模抗议，布兰维里埃本来维护贵族的言论却经常授人以柄，被用以讽刺贵族政府残暴的本性。②

布兰维里埃有关贵族权力和特权的激烈言论基本上都被否定了，不过基本可以肯定的是，他的封建理想在 18 世纪的法国对政治辩论的影响比孟德斯鸠对君主立宪的复杂辩护更为广泛。在 18 世纪下半叶紧张的政治

---

① Jay M. Smith. Social categories, the language of patriotism, and the origins of the French Revolution: the debate over noblesse commerçante. *The Journal of Modern History* 2000 (72): 339 - 374; John Shovlin. Toward a reinterpretation of revolutionary antinobilism: the political economy of honour in the Old Regime. *Journal of Modern History* 2000 (72): 35 - 66; Ulrich Adam. Nobility and modern monarchy—J. H. G. Justi and the French debate on commercial nobility at the beginning of the Seven YearsWar. *History of European Ideas* 2003 (29): 141 - 157; Jay M. Smith. Recovering Tocqueville's social interpretation of the French Revolution: eighteenth-century France rethinks nobility in *Tocqueville and beyond. Essays on the Old Regime in honor of David D. Bien.* ed. Robert M. Schwartz and Robert A. Schneider . Newark and London: University of Delaware Press, 2003: 52 - 70.

② J. Q. C. Mackrell. *The attack on 'Feudalism' in eighteenth-century France.* London: Routledge, 1973: 17 - 47.

环境中，布兰维里埃描绘的封建自由和他对君主滥权的批判很有市场。[①]有选择性地引用古代封建宪法，剥除引发公愤的种族歧视，在1771年莫普改革引起的君主制和旧制度精英之间的激烈冲突中占有重要地位。与布兰维里埃一样，议会派分子也认为恢复议会是法国遏制独裁的唯一途径。[②]

古代自由在加隆因呼吁成立贵族议会而激起的辩论中也占有重要地位。1787年7月至1788年9月底出现了数以百计的小册子，把法国历史描述为“政府独裁”篡夺国民宪法权利的高潮。解决这一问题的途径仍然被认为是重申或完善法国古代宪法并恢复议会。[③]

然而，1788—1789年政治危机导致的影响比那些爱国小册子的作者预想的要严重得多。人们呼吁建立议会并将其转变为国民会议，旧制度中的君主制并未完全恢复成被推翻前封建条件下的原始模样，以封建自由的名义攻击君主独裁的做法失去了存在的理由。从前的贵族改革者，如伊曼纽尔·昂特赖盖突然发现自己站在四面楚歌的国王一边。昂特赖盖的《论议会》作为大革命前最受欢迎的册子之一，其对君主制历史角色的批判不弱于布兰维里埃的《法国古代政府史》。随着大革命愈演愈烈，昂特赖盖反倒成为坚定的君主制维护者、反革命理论家，甚至暗中勾结被流放的波旁皇室。[④]

即使旧制度的垮台削弱了布兰维里埃对封建制度的说服力，但这并不适用于孟德斯鸠的君主立宪。随着古典共和的理想在革命派特别是雅各宾派的话语中变得越来越突出[⑤]，越来越多反对革命的人开始转向孟德斯鸠。他们在《论法的精神》中找到了对自由与平等革命公式的批判和另一种可能。

雅克·内克尔是最早论述孟德斯鸠式的革命话语批判的政治理论家之

---

① 当然，立宪主义的复兴不能说全是布兰维里埃一人的功劳。18世纪的反专制主义者也可能阅读和借鉴过这些16世纪时期反暴君派所著的文章。

② Elie Carcasonne. *Montesquieu et le problème de la constitution française au XVIIIe siècle*. Paris: Slatkin, 1978: 379-467; Durand Echeverria. *The Maupeou Revolution. A study in the history of libertarianism. France*, 1770-1774. Baton Rouge and London: Louisiana State University Press, 1985: 62.

③ *The Old Regime and the Declaration of Rights of* 1789. ed. Dale Van Kley. Stanford: Stanford University Press, 1994: 72-113.

④ Paul Beik. *The French Revolution seen from the Right. Social theories in motion*, 1789-1799. Philadelphia: The American Philosophical Society, 1956: 11-13, 17-19, 48-51.

⑤ Marisa Linton. *The politics of virtue in Enlightenment France*. New York: Palgrave, 2001: 6.

一。1790年他被解职之后回到瑞士，继续关注并评论法国政治。继1791年发表《论内克尔先生的行政管理法》之后，在1792年，内克尔发表了更加全面的政治专题论文《大国中的行政权力》，他批判了1791的宪法过于敌视皇权，而提议效仿英国宪法，给行政权力更多的尊重。《行政权力》在法国激起了评论者们极大的兴趣，尽管他们并不认同它的大部分论据。它后来被译成英文和德文，对德国政治思想家产生了巨大影响。[①]

内克尔不仅批判了1791年宪法确立的过度分权，还批判了国民会议中的平等主义意识形态——他后来在《论法国大革命》中详细阐述了这一话题。[②] 在《绝对平等是否为自由的必要条件》一文中，内克尔批判了这种想法："没有绝对平等就没有自由，平等是法国宪法的主体和基本思想。"[③] 他提醒读者，自由和平等之间的等式并无历史渊源，法国大革命起初追求的只是前者而不是后者。"绝对平等的苛刻原则"于1790年6月19日才在法国立足，只不过是立法禁止使用贵族头衔，而这个规定在国民会议中也未达成共识。[④] "法国大革命最初的思想与许多其他思想一样只是为迎合大众而被强加于国民会议。"[⑤]

内克尔认为，自由和平等这个革命公式有很深的缺陷。贵族制尽管异于旧制度中的种姓制，却构成自由的必要前提，这被英国的例子所证明。如果等级制被破坏，君主制和自由就不能被维持。

> 没有公共秩序就没有自由，在王国中没有行政权力、没有王权的威严就没有公共秩序，在王权和人民之间没有调节阶层，王权的威严就不能长久。因此，在君主制政府中，平等如果走向极端，将与自由背道而驰。[⑥]

内克尔呼吁模仿英国成立"贵族议会"，将其作为"王权和人民之间的中间机构"[⑦]。其他批评法国大革命的人同样认为，自由与平等格格不入而非天生一对。1796年，瑞士政治思想家、哲学家弗朗索瓦-路易

---

① Henri Grange. *Les idées de Necker*. Paris: Klinksieck, 1974: 63-71.

② Necker's 1796 treatise De la Révolution française.

③ Jacques Necker. *Du pouvoir exécutif dans les grandsétats*. 1792 (I): 364.

④ Jacques Necker. *Du pouvoir exécutif dans les grandsétats*. 1792 (I): 366.

⑤ Jacques Necker. *Du pouvoir exécutif dans les grandsétats*. 1792 (I): 369.

⑥ Jacques Necker. *Du pouvoir exécutif dans les grandsétats*. 1792 (I): 379.

⑦ Jacques Necker. *Du pouvoir exécutif dans les grandsétats*. 1792 (I): 386.

斯·德·斯切尼在他的两卷本著作《论平等》中竭力批驳卢梭的《社会契约论》。斯切尼强调，革命者试图把卢梭的平等主义搬到现实中，大革命使平等和人民主权问题成为政治辩论的中心问题。一个民族试图把抽象的平等主义付诸实施，这是史无前例的。①

斯切尼批判《社会契约论》有诸多原因。他认为，平等是一个“反社会”的准则，它忽视了人与人之间天然的差异并会对社会秩序造成破坏。平等“会带来无休止的对抗、痛苦、憎恶和仇恨”②，作为政治主张的平等，其危害不亚于此。他借用孟德斯鸠的话解释道，平等与民主和独裁皆能共存，但君主制中必须有社会等级。他甚至比孟德斯鸠更进一步声称，即便是因立法机构的代议性质而与“民主国家”不同的“共和国”，也同样不能容忍平等主义。社会等级预防代议制沦为独裁，“秩序一旦形成，人们就会通力合作：这些差异会产生权利而被维护，并形成既尊重又提防统治者的力量”③。

追求平等的法国革命者最终踏上了旧制度中独裁君主们的老路。斯切尼写道：“社会中人们之间的差距越小，统治者则显得越有权威；相反，人们的差距越大，专制则越不被接受。”专制的历史充分证明，“当国王们试图加强自身的权威时，他们似乎出于本能并趋向制造平等，而每次遇到的阻碍总是来自最有权势的阶层”④。为了强调这一点，斯切尼引用了约瑟夫二世（他通过“被压迫的平等之路”⑤ 获取独裁权力）和法国君主制本身（法国君主们摧毁贵族的结果类似于东方的独裁专制）的例子。他认为，“独裁与平等相得益彰，一方的变化总会影响到另一方”⑥。一位名为安东尼·费朗的旧议会家族成员持有非常类似的观点。安东尼·费朗同情

① F. L. D'Escherny. *De l'égalité ou principes généraux sur les institutions civiles, politiques et religieuses; précédé de l'éloge de J. J. Rousseau en forme d'Introduction.* Paris, 1814 (I): 31.

② F. L. D'Escherny. *De l'égalité ou principes généraux sur les institutions civiles, politiques et religieuses; précédé de l'éloge de J. J. Rousseau en forme d'Introduction.* Paris, 1814 (I): 155.

③ F. L. D'Escherny. *De l'égalité ou principes généraux sur les institutions civiles, politiques et religieuses; précédé de l'éloge de J. J. Rousseau en forme d'Introduction.* Paris, 1814 (I): 174.

④ F. L. D'Escherny. *De l'égalité ou principes généraux sur les institutions civiles, politiques et religieuses; précédé de l'éloge de J. J. Rousseau en forme d'Introduction.* Paris, 1814 (I): 220-222.

⑤ F. L. D'Escherny. *De l'égalité ou principes généraux sur les institutions civiles, politiques et religieuses; précédé de l'éloge de J. J. Rousseau en forme d'Introduction.* Paris, 1814 (I): 222.

⑥ F. L. D'Escherny. *De l'égalité ou principes généraux sur les institutions civiles, politiques et religieuses; précédé de l'éloge de J. J. Rousseau en forme d'Introduction.* Paris, 1814 (I): 222.

革命，但不太同意把法国议会更换为国民大会。他在创作于1811年并发表于1817年的《革命理论》中，试图对革命现象进行科学研究。他指出，革命始于人类积压的情感，就像火山的“反抗”是因为潜藏在地壳表面之下的火焰。通过对不同时期不同革命进行细致的比较研究，他希望找出革命的原因和这些积压的情感，防止此类动乱在未来再次发生。[①]

费朗讨论的革命情感包括对人民主权和平等的渴望。[②] 同斯切尼一样，费朗认为绝对平等并不适合常规政府。平等带来民主进而导致革命或专制，平等是自由最大的敌人，是专制最坚定的支持者。[③] 费朗写道，伟大的天才如孟德斯鸠总是反对平等，因为他们认识到，“人，特别是全能的人需要相互制衡之物以使他感受到身居高位的不便”[④]，即不平等是自由和稳定的必要条件——“贤明和平等的自由真正依赖的是维持政治秩序所必需的这些不平等”[⑤]。

从这个角度而言，革命者未能在法国建立自由就不足为奇了。正如费朗提醒读者的一样，孟德斯鸠在《论法的精神》中警告道，专制君王的政策会破坏贵族的独立，最终产生一个若非暴政便是民主的国家。费朗认为，革命史也充分说明了这一点。尽管绝对的封建制度本身并不稳定，但封建残余思想在旧君主制中扮演了重要的角色，限制了君主的权力。费朗写道，当法国的封建残余思想被彻底清除之时，为之陪葬的还有自由。雅各宾共和国的失败也印证了孟德斯鸠强调过的自由与平等的不兼容。

> 孟德斯鸠的预言得到了印证。面对民主和专制这两条道路，法国花费十年时间通过犯罪手段尝试了民主，然后又通过卑劣手

---

① Antoine de Ferrand. *Théorie des révolutions, rapprochée des principaux événemens qui en ont été l'origine, le développement ou la suite; avec une table générale et analytique*. Paris, 1817 (I): preface; Paul Beik. *The French Revolution seen from the Right. Social theories in motion*, 1789 - 1799. Philadelphia: The American Philosophical Society, 1956: 19 - 20, 40 - 43, 55 - 57.

② Antoine de Ferrand. *Théorie des révolutions, rapprochée des principaux événemens qui en ont été l'origine, le développement ou la suite; avec une table générale et analytique*. Paris, 1817 (II): 248 - 265.

③ Antoine de Ferrand. *Théorie des révolutions, rapprochée des principaux événemens qui en ont été l'origine, le développement ou la suite; avec une table générale et analytique*. Paris, 1817 (II): 261.

④ Antoine de Ferrand. *Théorie des révolutions, rapprochée des principaux événemens qui en ont été l'origine, le développement ou la suite; avec une table générale et analytique*. Paris, 1817 (II): 262.

⑤ Antoine de Ferrand. *Théorie des révolutions, rapprochée des principaux événemens qui en ont été l'origine, le développement ou la suite; avec une table générale et analytique*. Paris, 1817 (II): 264.

段维持了十年的专制，之后这种专制因愚蠢自取灭亡。①

简而言之，1789 年之后各门各派的政治作家都认为，孟德斯鸠的贵族自由主义是对革命性共和主义的批判，是比后者和其平等主义政治理想更好的选择。当革命高涨之时，以自由为名呼吁恢复社会等级的声音很容易被忽视。但革命激变一旦结束，这种情况就会发生变化。在 1814 年波旁王朝复辟之后的几年里，贵族自由权成为后革命时代重要的政治概念之一。当时贵族自由主义的复兴主要始于一群被忽略的主张复辟的思想家，他们是反对革命的保皇派。

① Antoine de Ferrand. *Théorie des révolutions, rapprochée des principaux événemens qui en ont été l'origine, le développement ou la suite; avec une table générale et analytique.* Paris, 1817 (II): 304 - 305.

第二章 自由与不平等：保皇派的话语

那些在七月王朝或第二帝国时期成熟起来的政论家和政治思想家认为，复辟时期的意识形态纷争极大地提高了人们的思想认识水平。[①] 1841年，历史学家、自由派天主教政治思想家路易斯·德·卡尔内回顾了1814—1830年的政治，认为这段时间在“伟大的政治派系间”存在争论，演说家和政治家维护的是伟大的政治原则而不是自身的蝇头小利。[②] 亚历克西·德·托克维尔也认为，复辟时期是充满“大问题”和“大党派”的时代，同七月王朝和第二帝国时期形成鲜明的对比。[③]

复辟时期的激烈争论在很大程度上是由反革命的后继者、保皇党人中卓越的政治思想家（被政治对手称为极端保皇党）挑起的。尽管路易十八的支持者起初对1814年的方案很失望（波旁王朝的复辟没有恢复旧制度中的君主制，而是引进了英国式的君主立宪制和两院制），但他们很快适应了新形势。保皇党们形成了有一定纪律的议会派系和选举联盟，并创立了自己的政治期刊《保守党人》去影响民意。[④]

在复辟时期，保皇党人一跃成为一股重要的政治力量，并在复辟后的选举中获得重大胜利，然而，这一胜利给路易十八带来的喜悦很快就荡然无存。他认识到保皇派有意成为一支独立的政治力量而不甘心做国王大臣

---

① De Dijn. Aristocratic liberalism in post-revolutionary France. *The Historical Journal* 2005（48）: 661－681.

② Louis de Carné. *Du gouvernement représentatif en France et en Angleterre*. Paris, 1841: 249－279, 264.

③ Larry Siedentop. *Tocqueville*. Oxford: Oxford University Press, 1994: 21.

④ J. J. Oechselin. *Son idéologie et son action politique*. Paris: R. Pichon, 1960.

们的追随者，于是，他便毫不留情地解散议会，这让许多保皇党人感到沮丧，并开始相信即使波旁国王的权力也应该受到限制。然而，在1820年一次新的选举胜利之后，国王的大臣们清醒地认识到，没有保皇党的支持，他们的统治难以为继。不久之后，以维莱尔伯爵为首、完全由保皇派组成的政府便登上了政治舞台。除了1827—1828年间由让·巴蒂斯特·马蒂尼亚克领导的中立政府执政之外，保皇党人一直主导政府，直到复辟时期末期。[①]

保皇派在政治思想上的地位同样突出，他们得到了19世纪早期一些杰出的政论家和政治思想家的支持。遗憾的是，许多作家如今已经被彻底遗忘了[②]，但是在当时他们风靡一时，甚至一些作者所创作的宣传保皇党事业的小册子在复辟时期也成为了畅销书。1814—1830年，保皇派的政论家和政治思想家深入探讨了后革命时期政治制度的问题和解决问题的方法。较为温和的保皇派思想家诸如他们反革命的前辈们，在分析问题的时候也多次使用了孟德斯鸠的《论法的精神》。

自由与不平等：保皇派对自由的理解

在大革命时期，众多保皇派理论家都曾放弃追求自由的政治理想。面对因反对保皇派的权威而制造的混乱，这些反革命的思想家转而开始支持极权思想。[③] 如反革命理论家路易斯·德·博纳尔德在《论政治与宗教权力》（1796）中把君主专制鼓吹为理想的政府形式。博纳尔德认为，除非涉及道德问题，否则国王应如一家之长有无限的权力。与孟德斯鸠看法相反，博纳尔德认为，独裁与君主制并没有本质区别：君主制是最天然的政府形式，君主制中有必要设置贵族阶层为国王服务而不是限制国王的权

---

① Emmanuel de Waresquiel and Benôıt Yvert. *Histoire de la Restauration*, 1814 – 1830; *Naissance de la France moderne*. Paris: Perrin, 1996: 331 – 476.

② Jean-Paul Clément. *Chateaubriand. Biographie morale et intellectuelle*. Paris: Flammarion, 1998; David Klinck. *The French counterrevolutionary theorist Louis de Bonald* (1754 – 1840). New York: Peter Lang, 1996; Jean Tulard. *Joseph Fiévée, conseiller secret de Napoléon*. Paris: Fayard, 1985.

③ Paul Beik. *The French Revolution seen from the Right. Social theories in motion*, 1789 – 1799. Philadelphia: The American Philosophical Society, 1956.

力，君主制的和谐体现了社会权力如家庭权力的天然和谐。[①] 反革命思想家的观点证明了保皇党想再次在法国建立“绝对权力”的企图。[②]

整个复辟时期，保皇派的代表人物都极力反对这样的指控，宣称自己根本不愿重返专制，强调自己是自由的坚定支持者。著名作家、杰出的保皇派政治家夏多布里昂在《保守党人》中声称，保皇党人“有独立的观点与性格，让独裁者望而生畏”[③]。另一位杰出的保皇派记者约瑟夫·菲埃魏强烈反对那些说保皇派热爱独裁专制的观点，他指出：“当权力不受限制时，它也就失去支撑，这足以说明人们不应渴求绝对权力。”[④] 1817年，菲埃魏再次强调自由已经成为“法国社会（包括保皇派与自由派）的主流意识”[⑤]。自由在复辟时期的保皇派话语中占据如此重要的地位，以至于博纳尔德认为必须“掩饰自己对政府和国家中央集权的喜爱”[⑥]，尽管他从未明确否认自己在革命时期对极权的宣扬。

几位保皇党政论家明确表示，他们支持的自由与革命党支持的共和主义自由相去甚远。1832 年，坚定的保皇党人柯赫兹·德·莱塞作为一位曾经的行政长官，发表了一篇名为《论自由》的文章，详细批判了革命派把共和自治与自由混为一谈的行为。柯赫兹·德·莱塞把自由定义为做任何自己想做而不伤害他人的事情的权利[⑦]，“市民”或“个人”的自由不应该混同于人民主权或“政治”自由，这种混同是很危险的。政治自由不仅不同于甚至经常有损于市民自由。《论自由》用一些例子证明：即使所谓的自由民族的自由也受到当权者的极力压迫，如斯巴达人和罗马人。

柯赫兹·德·莱塞认为，保护自由权在君主制国家与在自治共和国一样容易，把君主制等同于奴隶制是错误的。[⑧] 他还指出，在没有自治的国

---

① Louis de Bonald. *Oeuvres complètes*. Paris, 1859 (3); David Klinck. *The French counterrevolutionary theorist Louis de Bonald* (1754 - 1840). New York: Peter Lang, 1996.

② A. J. Note secrète exposant les prétextes et le but de la dernière conspiration. *La Minerve française* 1818 (3): 3 - 14.

③ René de Chateaubriand. Politique. *Le Conservateur*, 1819 (4): 365.

④ Joseph Fiévée. Du pouvoir souverain et de l'isolement des français. *Correspondance politique et administrative* 1815 (1): 96.

⑤ Joseph Fiévée. *Histoire de la session de* 1817. Paris, 1818: 9.

⑥ David Klinck. *The French counterrevolutionary theorist Louis de Bonald* (1754 - 1840). New York: Peter Lang, 1996: 192.

⑦ A. Creuzé de Lesser. *De la liberté*. Paris, 1832: 1.

⑧ A. Creuzé de Lesser. *De la liberté*. Paris, 1832: 228.

家比在共和国中更容易保留自由，因为没有秩序就没有自由，“我支持的不是独裁而是秩序，没有秩序就没有自由”①，从古至今，不自由的国家制度经常能保证高度的市民自由权。如大革命时期大谈特谈自由，但作为个体的法国人却仍然是奴隶；相反，在拿破仑的统治之下即便公众自由被篡夺，但热爱秩序的市民却享受到充分的个人自由。

作为对革命思想的回应，柯赫兹·德·莱塞维护了根本上消极的自由概念。大革命时期共和自治曾被宣传为自由的唯一基础，但他认为自由与共和自治不同，甚至是对立的个人状态。然而，他的消极的自由概念并不被大多数保皇派政论家所接受。② 虽然多数保皇派政论家认同自由不等于自治，但他们认为自由不是消极的概念，也不是独立于任何政治保证的状态。相反，他们与孟德斯鸠一样，认为自由不可能存在于一个没有贵族的社会中，贵族作为有权力、影响力和财富的市民阶层，可以成为人民和政府之间的“中间力量”。保皇派认为，在人人平等的社会中，国家一定会沦为独裁或无序，自由也会随之消失。

夏尔·柯迪在《论英国刑法管理》和《论英国政府精神》（1820）这两本小册子中对自由概念进行了有趣而广泛的讨论。③ 柯迪并不是一位活跃的政客，他是巴黎皇家法院的律师，尽管在复辟初期他被视为自由主义者，但随着时间的流逝他逐渐走向了右派。柯迪支持1820年上台的维莱尔伯爵保皇派政府，到1826年，他和博纳尔德一起被视为保皇党中极端反自由的代表。④ 重印两次的《论英国政府精神》被公认为他做出的对复辟时期政治辩论的最重要的贡献。虽然这本书的主体部分是详细分析英国的社会政治模型，但最后一章大致讨论了柯迪的自由概念。

柯迪起初宣称，法国人有一种错误的自由观——认为自由在于劳动群众的统治，在于把管理交给“任性的民众”，但进一步思考之后，他便明

---

① A. Creuzé de Lesser. *De la liberté*. Paris, 1832: 126.

② Gerd van den Heuvel. Liberté' in *Handbuch politisch-sozialer Grundbegriffe in Frankreich* 1680 – 1820. ed. Rolf Reichardt and Hans-Jürgen Lüsebrink. Munich: Oldenbourg, 1996 (XVI): 85 – 121.

③ Charles Cottu. *De l'administration de la justice criminelle en Angleterre, et de l'esprit du gouvernement anglais*. Paris: Slatkin Reprints, 1822.

④ Prosper Duvergier de Hauranne. *Histoire du gouvernement parlementaire en France*, 1814 – 1848. Paris: Michel Lèvy frères, 1857 – 1871 (X): 399 – 400; Eugène Hatin. *Histoire politique et littéeraire de la presse en France, avec une introduction historique sur les origines du journal et la bibliographie générale des journaux depuis leur origine*. Geneva: Slatkin, 1967 (VIII): 517.

确了自由完全不是这么回事。当国家的市民享有某些权力和自由，而且当这些权力和自由受法律保护的时候，这个国家才是自由的。柯迪关于现代自由的观点在许多方面与他的政治对手本杰明·康斯坦特相似[1]，认为自由不取决于群众而取决于司法官；自由意味着不能随意被逮捕或拘留，除非是合法的；可以毫无束缚地公开自己的宗教信仰和批评政府的所有行为，除非国家的公正判定需要；可以拒绝缴税或遵守某些法律，不能被剥夺参与公职的权力，不能因出身受到歧视。柯迪强调，贵族的存在并不像革命党声称的那样会对自由构成威胁。“哪里符合以上原则哪里就有自由；一些纯粹荣誉性的特权不会损害这些自由，而会成为其他市民竞相模仿的榜样。”[2]

柯迪还认为，贵族不仅不对自由构成威胁，而且还是自由的必要条件：“这句话貌似荒唐，但我相信任何一个人认真、客观思考之后都会懂得其中的深意——没有贵族就不存在温和政府，更不存在真正的自由。”[3]如果君王和人民之间没有第三阶层，政府就成为独裁政府，如在土耳其和拿破仑时期的法国，所有的决定都源自军队。因此，有能力保护人民免受君主滥权之苦且有能力保护君主免受暴民之害的贵族是温和或自由政府的必要条件。柯迪指出，在有贵族传统的英国很容易实现自由，法国却因革命党人试图把自由建立在民主之上而南辕北辙。[4]

柯迪对自由的定义明显受到孟德斯鸠《论法的精神》的启发。同孟德斯鸠一样，他把自由定义为个人安全而不是人民自治，他同样相信对这种自由的保护离不开贵族的存在。柯迪还在作品中明确表示其受到《论法的精神》的影响。尽管他并未在《论英国政府精神》中提及孟德斯鸠，但该册子的题目表明他有意借助孟德斯鸠的威信。后来，柯迪又撰写了一本

---

① Benjamin Constant. *Political writings*. trans. and ed. Biancamaria Fontana. Cambridge: Cambridge University Press, 1988: 310 – 311.

② Charles Cottu. *De l'administration de la justice criminelle en Angleterre, et de l'esprit du gouvernement anglais*. Paris: Slatkin Reprints, 1822: 233: 'Partout où ces principes sont en vigueur, il y a de la liberté; et ce n'est point y porter atteinte que d'établir quelques légères prérogatives purement honorifiques, et qui pourraient devenir pour tous les autres citoyens un noble sujet d'émulation'.

③ Charles Cottu. *De l'administration de la justice criminelle en Angleterre, et de l'esprit du gouvernement anglais*. Paris: Slatkin Reprints, 1822: 236.

④ Charles Cottu. *De l'administration de la justice criminelle en Angleterre, et de l'esprit du gouvernement anglais*. Paris: Slatkin Reprints, 1822: 247.

小册子，旨在支持改革选举制以便增加贵族的影响力，他在该册子中提醒读者，孟德斯鸠是如何“完全通过自己的天分就认识到在自由国家比在其他任何地方都更需要赋予贵族充分的政治权力”[1]。

保皇派政论家认为，保护个人自由才是民主国家的标志，明确反对革命派把自由理解为共和自治的想法。在柯迪看来，自由需要建立在社会等级之上，因为只有贵族才能防止君主制沦为独裁。该论断导致保皇派政论家可以从另一角度攻击共和派对自由的定义。在革命派的话语中，自由被等同于社会和政治平等，社会和政治平等被视为自治的前提条件。然而，从保皇派的角度来看，自由与平等完全不能相容，甚至是对立的两面，一旦社会等级消失，国家就失去了对抗独裁的保护力量。正如保皇派外交部长马蒂厄·德·蒙莫朗西在议会中所讲的，“绝对平等是自由最不可调和的敌人”[2]。

萨尔万迪·纳尔西斯·阿希尔在他的小册子《二十月——革命与革命党》（1831）中详细阐述了该观点。[3] 集小说家、政治家和新闻工作者身份于一身的萨尔万迪在复辟时期曾站在自由反对派阵营。在《政治观点》（1819）中他曾对保皇派多加批判。惊骇于七月革命的恐怖，萨尔万迪在1830年之后走向了右翼。当他经常光顾德罗藏公爵夫人的保皇沙龙之后，他就开始强烈批判法国社会中的平等化倾向。他的册子《二十月——革命与革命党》在19世纪30年代印刷了两版，并在1849年重印，这与他转向右翼有关。《二十月——革命与革命党》是为了谴责七月革命所带来的政治制度的民主化，具体表现在取消世袭爵位，降低选举权门槛并将市政管理民主化。[4]

尽管萨尔万迪的册子主要是为了批判1830—1831年之间具体的政治改革，但他同时还广泛深入地讨论了自己批判七月革命的理论依据。他认

---

① Charles Cottu. *De la nécessité d'une dictature. Par M. Cottu, conseiller à la cour royale de Paris.* Paris, 1830: 22 – 23.

② Mathieu de Montmorency in *Archives parlementaires de* 1787 *à* 1860. *Recueil complet des débats législatifs des Chambres françaises. Deuxième série* (1800 *à* 1860), ed. J. Madival and E. Laurent. Paris, 1867 – 1871 (67): 311.

③ 1831年版的题目为Seize mois（译者注：直译为《十六月》），笔者用的是1849年第三版的题目。

④ Louis Trénard. Salvandy, disciple de Chateaubriand. *Romantisme et politique*, 1815 – 1851. *Colloque de l'Ecole Normale Supérieure de Saint-Cloud* (1966). Paris: Colin, 1969: 73 – 98.

为，“民主”——社会和政治平等——和自由即使不相矛盾也是各不相同的，社会制度即使没有变得更加自由也可以更加民主。萨尔万迪写道：“人们常说，封建君主制在黎希留和路易十四的统治之下最接近平等但却并没有更加靠近自由，这种说法有一定道理。”① 由于民众无力反对君王滥权，没有开明精英的社会便滑向了独裁。他们甚至欢迎独裁，因为普通人乐于见到权势阶层被专制的君王打压。民主国家也有可能沦为无序状态，但是这种状况长久下来也将导致独裁：“民主只有一条维护秩序、逃避宿命的途径，这就是独裁；民主走向独裁的过程解释了为什么民主最后总是灰头土脸躲在自身阴影的情形。”②

保皇派政论家为了证明自己的观点，像反革命的前辈一样引用了1789年的事件。他们指出，革命党人起初是为了消灭贵族，他们甚至试图根除法国所有的社会等级，结果只是造成了无序和专制，大革命所宣扬的理想——自由与平等——实际上是互不相容的③。保皇派认为，法国大革命的失败——未能在平等的基础上建立自由——远不能说明孟德斯鸠的贵族自由主义是多余的，只不过证明了其所开具“药方”的合理性。

关于对革命派平等主义的批判问题，在弗朗索瓦·勒内·德·夏多布里昂给保皇党的刊物《保守党人》的一篇投稿中就有相关论述。大部分旁观者都认为大革命是反对压迫政权的正当抗议，但夏多布里昂却认为革命的目标是平等，结果却损害了自由。绝对平等或社会平等远不像革命党声称的那样是自由的天然伴侣，而是“建立法治政府的最大障碍，因为绝对平等能与扫平一切的专制兼容，却不能与分权的君主制兼容，即平等是民主与专制的天然准则”④。

夏多布里昂警告世人，大革命的结束并未完全消除这种威胁，法国仍受扰于一大群热爱平等而非自由的民主派人士。他写道：“在革命派的作品中，可以看到他们对贵族与神职人员等所有社会优越性的强烈厌恶；会意识到明显的分割财产的愿望，从而产生了土地法，进而发展为民主，最

---

① N. A. Salvandy. *Vingt mois ou la révolution et le parti révolutionnaire*. Paris, 1849: 43.

② N. A. Salvandy. *Vingt mois ou la révolution et le parti révolutionnaire*. Paris, 1849: 70.

③ Mellon. *The political uses of history: a study of historians in the French Restoration*. Stanford: Stanford University Press, 1958: 58 - 100.

④ René de Chateaubriand. Politique. *Le Conservateur*, 1819 (4): 364.

终导致独裁。”①

《复辟——大革命的终结而非成功》详细论述了类似的思想，这本册子是为了回应基佐的政论小册子《复辟以来的法国政府》而作。基佐在该册子中赞扬大革命使得高卢人（第三等级）战胜了他们的压迫者法兰克人（贵族阶层），终结了贵族对其他人口的统治。化名为 P. L. B 的匿名保皇派政论家认为，大革命消灭贵族的努力远不能证明他们热爱自由，反而损害了自由政治制度的根基。革命党取消贵族只能为独裁铺路而非有利于自由。他写道：“毋庸置疑，次级阶层总是存在的，他们在自己的小圈子中不能获得真正的安全，反而是与他们相关的上级阶层会维护自身的利益，正如大家在英国看到的一样。”②

自由与长子继承权：保皇党的社会理想

受孟德斯鸠《论法的精神》的启发，保皇派政论家和政治思想家不仅把自由与贵族、平等与专制联系起来，还把自由与长子继承权联系起来。他们与孟德斯鸠一样，认为要维持贵族的存在就必须支持某种具体的法律制度，通过长子继承和限嗣继承把土地世代留在同一批人的手中。他们认为，要维持稳定、自由的体制要求社会被大地主主导，大地主的财产不仅是一种商品，而且还是可以传给下一代的遗产。相反，保皇派们坚信财产的流动对自由构成了威胁，土地往往变成了普通商品，这必将削弱传统统治精英的地位。

例如，保皇派新闻记者约瑟夫·菲埃魏在复辟早期的作品中极力维护不动产权。他在《政治与行政通讯》中批判了中立的黎希留公爵政府，原因是他没有抵制法国发生的不动产分割。土地所有者承担着沉重的税务，而商业财产却变得神圣，并享有昔日领土的贵族们所享有的税收优惠。菲埃魏认为，法国社会愈演愈烈的土地分割是过去 25 年法国诸多问题的主

---

① René de Chateaubriand. Politique. *Le Conservateur*, 1819 (4): 364.

② P. L. B. *De la restauration considerée comme le terme et non le triomphe de la révolution*; *et de l'abus des doctrines politiques*, *en réponse à l'ouvrage de M. F. Guizot*, *intitulé*: *Du gouvernement de la France depuis la restauration*, *et du ministère actuel*. Paris, 1820: 31.

因之一。[①] 夏多布里昂同样在他名为《政治》的文章中强调长子继承权的重要性，认为保皇党“明显憎恶民主平等并坚定追求社会等级，因为没有社会等级就没有君主制，期望大庄园扩张而建立家族并维护国王和人民的利益”[②]。

尼古拉斯·贝尔加斯在文章《论财产》（1821）中对不动产的法律保护问题展开了更加广泛的论述。贝尔加斯出身于资产阶级家庭，当过律师，1789 年便撰写了一本强烈批判贵族的小册子《论世袭贵族之傲慢》。在该册子中，他明确批判孟德斯鸠的说法——贵族必须作为中间阶层存在。[③] 随着大革命日益激进，贝尔加斯的思想立场逐渐发生改变，最终像博纳尔德一样，变成了一位重要的反革命理论家。[④]

在复辟时期，贝尔加斯继续在小册子中支持保皇党。1821 年，他发表了名为《论财产》的小册子，并在其中呼吁恢复国有财产。[⑤] 大革命过程中，逃亡贵族的财产被后继政府没收并出售，1814 年宪章保障了国有财产的新主人对财产的合法拥有权，遭受财产损失的逃亡贵族对此痛恨不已，保皇派提出要补偿他们的损失。尽管宪章明确禁止归还国有财产，但一些激进的保皇派依然呼吁归还国有财产。贝尔加斯的册子是为了支持第二种主张，在 1815 年第一次发表时受到政府的审查，使贝尔加斯声名狼藉。贝尔加斯论述和描写的范围很宽泛，他在《论财产》中表达的对财产、国有财产和政治的思考，被一位当代学者描述为“对孟德斯鸠君主制政府主要思想的非凡评述”[⑥]。

贝尔加斯从多个方面解释为什么没收流亡贵族的财产会危害法国的社会与政治稳定。他写道，没收流亡贵族的财产破坏了社会秩序，无疑是对

---

① Joseph Fiévée. Situation politique de la France dans l'intérieur. *Correspondance politique et administrative* 1818 (19): 11; Benoît Yvert. La pensée politique de Joseph Fiévée. *Revue de la société d'histoire de la Restauration et de la monarchie constitutionnelle* 1990 (4): 11 -25; Jeremy Popkin. Conservatism under Napoleon: the political writings of Joseph Fiévée. *History of European Ideas* 1984 (5): 385 -400.

② René de Chateaubriand. Politique. *Le Conservateur*, 1819 (4): 365.

③ Nicolas Bergasse. *Observations sur le préjugé de la noblesse héréditaire*. London, 1789.

④ E. Lamy. *Un défenseur des principes traditionnels sous la Révolution. Nicolas Bergasse, avocat au parlement de Paris*, 1750 -1832. Paris: Perrin, 1910.

⑤ Nicolas Bergasse. *Essai sur la propriété*. Paris, 1821.

⑥ Louis de Carné. *Vues sur l'histoire contemporaine*. Paris, 1833 (I): 233.

盗窃行为的纵容。占据国有财产让人们感受到没有什么权利是神圣的，其产生的情绪对所有的财产权利都构成了威胁，因为没收流亡贵族的财产违反所有的道德并削弱了宗教信仰。贝尔加斯尤其担心国有财产对革命后政治体制稳定与自由的影响。他认为，没收流亡贵族的财产会伤害土地贵族，不利于法国社会君主立宪的稳定。要阻止君主制沦为独裁需要恢复国有财产，并引进长子继承和限嗣继承。

贝尔加斯的论辩主要围绕地产与商业财产之间的根本对立展开。动产没有固定的属性，可以毫无痕迹地流动。商人时而希冀、时而恐惧、时而渴望积累财富，时而害怕失去财产。只有拥有不动产之后才会产生一种完全不同的心态，才会使得商人变得更加平静而不那么贪财。节制是地主们最典型的特点，即使土地能带来财富，那也是非常缓慢的，无论流动产还是地产占主导都会对社会结构产生重要影响。贝尔加斯认为，商业社会一定是公平的。社会中也许存在巨大的财富差距，但财富频繁易手不能为贵族的存在根基提供土壤。相反，在一个财富都被集中在少数几个家庭手中的经济制度下，很容易滋生贵族，他们习惯占有财富并承担相应的责任。[①]

贝尔加斯认为，强大、有特权、不依赖政府意志的阶层对于保护人民、反对政府滥用权力来说是十分必要的。贝尔加斯写道："这虽然有些奇怪但却不失真实，没有土地贵族就没有自由。在君主制中，如果每个人都是同一阶层的普通群众就不可能有自由。"[②] 地产能激发人们对自身身份的荣誉感。贝尔加斯同孟德斯鸠一样，认为这种情感是预防独裁的重要手段，荣誉感"既是权力的坚定支撑，又是预防权力滥用的绝佳手段"。这是一种精神力量，让人独立地服从命令，它可以预防君主制中的独裁却不会妨碍政府。贝尔加斯为说明这个道理引用了《论法的精神》中的一个例子："奥尔泰子爵拒绝在圣巴多罗买大屠杀当天处决胡格诺教徒，不正是因为这不符合荣誉规则吗?"[③]

贝尔加斯同匿名的 P. L. B. 一样借助法国大革命的历史来说明这些政策的合理性。贝尔加斯认为，当政府依托国有财产发行纸币的时候大革命就会失控。财产的自由流动损害了君主制的中流砥柱——荣誉感，大革

① Nicolas Bergasse. *Essai sur la propriété*. Paris, 1821: 38 - 42.
② Nicolas Bergasse. *Essai sur la propriété*. Paris, 1821: 48 - 49.
③ Nicolas Bergasse. *Essai sur la propriété*. Paris, 1821: 58 - 60.

命由此误入歧途，从此之后，法国社会就一直不断变迁。他写道："法国人张口闭口离不开自由，但我看到的只是一个国王、两个议院与一群民众，当然还需要其他的事物，不仅为确立自由还为建立君王长久的权威。"① 贝尔加斯认为，需要交还流亡贵族们的财产，一旦他们的财产被剥离，自由与稳定都是不可能的。他写道："孟德斯鸠抱怨当时的国会损害了君主的司法权；我相信我们不能倒行逆施，但难道说需要找到相应的替代手段是我的误解吗？"②

保皇派政论家的社会理想是通过法定的长子继承与限嗣继承维持土地的集中。保皇派从未提出要恢复旧制度中的社会秩序，虽然在旧秩序中这种社会理想已经或多或少得以实现。19 世纪早期浪漫文学作品中常见的对封建时代的回忆却鲜见于保皇派的话语中。相反，保皇派政论家通过引用现代而非古代社会的例子来支持被强大地主主导的社会理想。正如保皇派在文章和小册子中所指出的那样，在英国存在一个强大的贵族，特别是强大的土地贵族，他们受到继承法的保护以确保地产不被分割。得益于这种社会结构，英国享有一个稳定、开明的制度，经得住法国大革命带来的动荡。

这说明保皇派的立场与孟德斯鸠不同。孟德斯鸠把法国描述为君主立宪的最佳典范，却认为英国的社会典型缺少中间机构。孟德斯鸠认为，法国在大革命之后对自由的热爱不再温和，社会结构也不再稳定。保皇派把英国而不是法国看作自身的社会和政治理想，他们对法国人的自我印象已经改变，其改变也可以视作保皇派对自身思想意识的有意改进。通过把英国社会写进自身的理想，保皇派挪用了法国人自 18 世纪初就被视为现代自由发源地的社会模型。③ 当西斯蒙第——一位杰出的、有瑞士和意大利血统的经济学家和政治思想家——在 1818 年颂扬英国人是"消极的"个人自由（与"积极的"、古共和国中政治参与权相对）的发明者时，他重复了那些长久以来常用于法国政治话语的词汇。④

虽然法国政治思想中对英国模式的仰慕由来已久，但我们应该看到，

---

① Nicolas Bergasse. *Essai sur la propriété*. Paris, 1821: 49.

② Nicolas Bergasse. *Essai sur la propriété*. Paris, 1821: 42.

③ G. Bonno. *La constitution britannique devant l'opinion française de Montesquieu à Bonaparte*. Paris: Perrin, 1931.

④ J. C. L. Sismondi. *Histoire des républiques italiennes du moyenage*. Paris, 1815 - 1818 (18): 353 - 406.

保皇派更加关注英国的社会经济结构，并将其视作自由的基础，这给现有的关于英国自由的话语增加了新元素。在 18 世纪，亲英派思想家如孟德斯鸠本人都借用英国的制度来解释为什么他们的邻居比法国自由得多，并且认为英国的混合宪法和代议制使自由成为可能。这个观点在复辟时期得到自由派思想家们的认同。斯塔埃尔夫人在《论法国大革命》（1818）中热烈颂扬了英国的这些制度和它们对维护自由的重要性。[①] 相反，与斯塔埃尔夫人同时代的保皇派认为，英国自由的秘密在于社会结构而不是它的制度。他们感兴趣的不是宪法如何运作，而是其中允许英国贵族经济和政治力量继续存在的要点。

上述观点在夏尔·柯迪的《论英国政府精神》（1820）中有清晰论述。在复辟初期，柯迪曾被政府派到英国学习陪审团制度，该书便是此次出访的成果。该书的最后一章旨在讨论抽象的自由概念，其中主体部分详细讨论了英国的法律和风俗。如《论英国政府精神》书名所示，柯迪不希望把自己的分析局限于陪审团制度，他概述了英国的政治体制和其所依据的传统与习俗，认为该话题对法国人最重要。他写道，如果法国人想要巩固新的制度（仿英的制度），他们就必须理解并模仿英国制度的“精神”。[②]

柯迪尤为重视的是英国继承法，并在第一章进行了讨论。他指出英国的制度是建立在长子继承权的基础之上，这就意味着大部分财产都会流向长子。英国的制度既是基于传统习俗又是基于当时的继承法，即使法律允许立遗嘱之人自由选择，长子通常也是首选。柯迪认为，该制度对英国的社会阶层分化具有巨大影响，会使得个体家族通过几代人积累并巩固大量的财富。这种继承制度把贵族同他们的庄园和家乡密切联系起来，有利于社会稳定。英国社会的特点是存在富有的地方贵族，他们在当地的政治和社会生活中扮演重要角色，这不同于旧制度中人地分离的在外地主。[③]

土地贵族的主导地位带来了诸多益处。这种主导地位可以用来解释英

---

① Germaine de Staël. *Considérations sur la Révolution française*. ed. *Jacques Godechot*. Paris: Tallandier, 1983: chapter 4.

② Charles Cottu. *De l'administration de la justice criminelle en Angleterre, et de l'esprit du gouvernement anglais*. Paris: Slatkin Reprints, 1822: ix – x.

③ Charles Cottu. *De l'administration de la justice criminelle en Angleterre, et de l'esprit du gouvernement anglais*. Paris: Slatkin Reprints, 1822: 1 – 19.

国司法管理的优越性，它确保了小政府的实现，即在英国万事万物皆自主，政府仅仅需要有限地干涉[①]，它使得自由与稳定这个组合在英国成为可能。国家层面上，英国政治制度使得不同的社会阶层之间存在永恒的斗争。[②] 更重要的是在地方上有强大势力的贵族存在，其在必要时有能力抗拒中央政府。遍布全国的地主阶层形成了“强有力的堤坝，既能抵御民主的泛滥又能阻止专制权力的侵蚀”[③]。英国的例子告诉我们，维护自由取决于存在一个贵族机构，它在对抗国王并维护自身特权的同时也会保护人民的权利。[④]

其他的保皇派政论家同柯迪一样把英国的社会政治模型理想化了。莫里斯·卢比肯是一位保皇派小册子的作者，被称作“信奉基督教的经济学家”，他在自己作品中说明了这一点。[⑤] 1815—1819 年，卢比肯受到自身侨居英国经历的启发，出版了上下两卷题为《论英国》的专著。他在上卷中解释了自己对英国政治制度的看法，在下卷论述了英国的经济制度。卢比肯远称不上亲英分子，他强烈批判英国缺少宗教自治机构的现象，认为宗教改革导致英国人道德沦丧与智力下降，英国的资产阶级成了“最粗鲁、最可耻的人”[⑥]。但是，英国政治制度中的其他因素弥补了神职人员的缺位。卢比肯认为，地产的集中是英国社会最显著的特点。英国仍然是“封建社会”，它的经济、社会和法律框架鼓励把土地集中在少数人手中；英国的财产法既阻止财产的分割又限制财产易主；贵族家庭的长子对父亲的财产享有绝对的权利；限嗣继承是依照惯例，并在近代受到鼓励；下议院的关闭进一步加剧了地产的集中，使得“封建主义”在英国得到巩固。[⑦]

---

① Charles Cottu. *De l'administration de la justice criminelle en Angleterre, et de l'esprit du gouvernement anglais*. Paris: Slatkin Reprints, 1822: 218 - 232.

② Charles Cottu. *De l'administration de la justice criminelle en Angleterre, et de l'esprit du gouvernement anglais*. Paris: Slatkin Reprints, 1822: 151.

③ Charles Cottu. *De l'administration de la justice criminelle en Angleterre, et de l'esprit du gouvernement anglais*. Paris: Slatkin Reprints, 1822: 18.

④ Charles Cottu. *De l'administration de la justice criminelle en Angleterre, et de l'esprit du gouvernement anglais*. Paris: Slatkin Reprints, 1822: 235.

⑤ Alfred Nettement. *Histoire de la littérature françise sous le gouvernement de juillet*. Paris: Jacques Lefort, 1859 (2): 511 - 512.

⑥ Maurice Rubichon. *De l'Angleterre*. Paris, 1815 - 1819 (I): 163.

⑦ Maurice Rubichon. *De l'Angleterre*. Paris, 1815 - 1819 (I): 1 - 11.

作为经济学家的卢比肯，关心的主要是财产法对经济的影响。他认为，正是财产法促进了英国的繁荣①，但《论英国》也解释了财产法对政治的重要影响。由于长子继承和限嗣继承支持财产集中，所以英国贵族才能够保存力量。没有哪个国家的贵族比英国贵族更有势力②，自由在英吉利海峡对面的英国比在欧洲大陆安全得多，富有且强大的贵族能够在必要的时候反对最高统治者。③ 卢比肯提醒读者，法国也曾经与英国一样，在法国，长子继承权也曾允许土地贵族长期存在，是“唯一能阻止王权滥用、防止绝对权力的障碍”④，限嗣继承和长子继承是自由的重要保证。卢比肯认为，所有的民事法的集合都没有古老的限嗣继承对公众自由的影响大。

复辟时期的整个讨论中，保皇派政论家都在参照英国。保皇派杂志《辩护人》积极评价了卢比肯的《论英国》，这表明它很热衷了解英国的社会结构。⑤ 博纳尔德在给该杂志的投稿中解释道，英国的自由依赖于土地贵族的存在而不是它的民主制。在他看来，英国的自由不在于过半的市民或他们的代表能向另一半人征税和施加法律或向国王本人提议建立法律。这对少数人来说是奴役，对大多数人来说是专制，对所有人来说更不是自由。相反，英国是自由的，因为土地贵族有必要的力量去充当“君主制的最后壁垒”，保护它免受“民主的蚕食”⑥。《辩护人》这一杂志还大幅摘录了保守思想家哈勒的作品，他把英国继承法描述为欧洲其他国家的榜样。长子继承法和限嗣继承法鼓励大庄园流向少数人手中，这与当时流行均分一切的精神相反。只有这些法律允许恢复土地贵族——“天然的贵族”⑦。

专制的危险：保皇党对法国社会的批判

保皇派政论家经常借用孟德斯鸠的话维护一种明显受《论法的精神》

---

① Maurice Rubichon. *De l'Angleterre*. Paris, 1815 - 1819 (II): 1 - 11.

② Maurice Rubichon. *De l'Angleterre*. Paris, 1815 - 1819 (II): 220 - 221.

③ Maurice Rubichon. *De l'Angleterre*. Paris, 1815 - 1819 (II): 220 - 221.

④ Maurice Rubichon. *De l'Angleterre*. Paris, 1815 - 1819 (II): 191.

⑤ Carl von Haller. Qu'est-ce que la noblesse?. *Le Défenseur* 1820 (1): 603 - 614.

⑥ Louis de Bonald. Sur un passage de l'Esprit des lois. *Oeuvres complètes* (II): 875 - 888.

⑦ Carl von Haller. Qu'est-ce que la noblesse?. *Le Défenseur* 1820 (3): 30 - 35, 49 - 60.

影响的社会和政治理想。他们并非仅仅抽象地讨论这些思想，他们的贵族自由主义鼓舞他们对法国社会的状况进行持续地抨击。保皇派认为，法国在大革命以后再次面临滑向专制或混乱的危险。多种因素，如宗教改革、大革命和商业的崛起等，促进了法国社会的平等和原子化。不恢复贵族就不可能建立稳定、开明的制度。因而，为了稳定宪章中的君主立宪制，必须进行社会改革。

对选举制的辩论成了这一观点的首例，自由派与保皇派对选举制的辩论（哪些人享有投票资格？众议院应该部分还是全部更新?）几乎贯穿整个复辟时期。[1] 在辩论中，保皇派多次引用孟德斯鸠的观点，呼吁把投票权限定在有产阶层中。在1816年，保皇派强烈反对《选举法案》，根据该法案，任何人交300法郎均可投票，保皇派指出，这可能会让中产阶级占据优势，如保皇派辩论家弗朗索瓦德拉·布尔多奈认为，《选举法案》因损害法国地主贵族的社会地位而具有危险性，因为在君主制中“为更好地支持国王且更好地保护人民，一切皆须巩固权力等级和财产的稳定”[2]。

关于选举制度的辩论，最有趣的是夏尔·柯迪在复辟时代末期发表的言论。1827年后关于选举制的辩论言辞越来越激烈，自由派的支持率越来越高，保皇派似乎要永远沦为少数派。为应对这一问题，保皇派政论家鼓吹对选举制进行实质性改革，以便给最富有的市民特别是地方贵族以更占优势的地位。夏尔·柯迪的提议称得上是最激进的。[3] 1828年到1830年间，他发表了一系列小册子来宣传更加复杂的选举制度。柯迪提议让一些固定数额的、基于财富产生的世袭选民选举出议员，以便反击自由派在选举中的胜利。为了把选举大军变成贵族团体，潜在的选民应为自己的后继者铺路。柯迪甚至想赋予这些世袭选民以头衔：骑士、男爵、公爵、侯

---

① Waresquiel, Emannuel de, and Benoît Yvert. *Histoire de la Restauration*, 1814 – 1830. *Naissance de la France moderne*. Paris: Perrin, 1996; Prosper Duvergier de Hauranne. *Histoire du gouvernement parlementaire en France*, 1814 – 1848. Paris: Michel Lèvy frères, 1871 (10): 115 – 127.

② François de La Bourdonnaye. *Archives parlementaires*, 1816 (17): 738. où tout doit tendre à consolider la hiérarchie du pouvoir, à vieillir la propriété pour donner au trône plus d'appui et au peuple plus de garantie.

③ Prosper Duvergier de Hauranne. *Histoire du gouvernement parlementaire en France*, 1814 – 1848. Paris: Michel Lèvy frères, 1871 (10): 310 – 417.

爵和伯爵等。①

柯迪认为，选举制的改革无论是对保护君主制还是对保护法国的自由都是必要的。他相信法国政治不稳定的原因在于最强大的机构——众议院——处在小资产主（君主制的真正敌人）手中。为了使君主制得以长久，政府不得不在选举中舞弊并寻求“神职人员”的支持，对此，主张限制教皇权利的柯迪并不赞同。这种情形最终会引发资产阶级与王权的斗争以及自由的丧失，这一切都是由于选举法的缺陷。该选举法是“反社会”的，是“无政府秩序”的罪魁祸首。②

为了避免选举法缺陷造成的困境，君主制必须制造新的选举团，选举团应由一群忠于君主立宪的世袭业主组成。柯迪宣称，既利于人民又利于国王的“国家贵族”是存在的，它能让君主不再担心中产阶级的反抗精神，并确保公众的自由权不因国王的孤注一掷而受到威胁。③ 自由并非意味着市民从所有“政治特权”中解放出来。相反，“绝对平等化的民族是被奴役的民族”④。一个民族只有能把自己团结在“重要机构或杰出的英雄人物周围时”，它才能对抗“专制”⑤。

对选举制的辩论给保皇派政论家提供了表达对法国社会平等化担忧的机会，在复辟末期关于地方行政改革的辩论中也出现了类似言论。1828年，由马蒂尼亚克子爵领导的中左派政府引进了《慕尼黑法案》，此法案在众议院内外引起激烈争论。⑥ 文森特·德·福布朗——一位曾在复辟初

---

① Charles Cottu. *Des moyens de mettre la Charte en harmonie avec la royauté, par M. Cottu, conseiller à la cour royale de Paris.* Paris, 1828; *Du seul moyen de sortir de la crise actuelle. Par M. Cottu, conseiller à la cour royale de Paris.* Paris, 1829; *Des devoirs du roi envers la royauté; par M. Cottu, conseiller à la cour royale de Paris.* Paris, 1830; *De la nécessité d'une dictature.* Paris, 1830.

② Charles Cottu. *Des moyens de mettre la Charte en harmonie avec la royauté, par M. Cottu, conseiller à la cour royale de Paris.* Paris, 1828: 69.

③ Charles Cottu. *Des moyens de mettre la Charte en harmonie avec la royauté, par M. Cottu, conseiller à la cour royale de Paris.* Paris, 1828: 87.

④ Charles Cottu. *Des moyens de mettre la Charte en harmonie avec la royauté, par M. Cottu, conseiller à la cour royale de Paris.* Paris, 1828: 82 - 83.

⑤ Charles Cottu. *Des moyens de mettre la Charte en harmonie avec la royauté, par M. Cottu, conseiller à la cour royale de Paris.* Paris, 1828: 82 - 83.

⑥ Duvergier de Hauranne. *Histoire du gouvernement parlementaire en France*, 1814 - 1848. Paris: Michel Lèvy frères, 1871 (10): 105 - 174; Rudolf von Thadden. *La centralisation contestée.* trans. Hélène Cusa and Patrick Charbonneau. Paris: Actes Sud, 1989: 239 - 317.

期担任内政部部长的忠实保皇派政论家，在他的小册子《论地方与市政府》（1828）中解释了保皇派的观点。福布朗呼吁分权，主张把权力交给地方精英。尽管在现有制度下地方议会的成员由国王任命，但福布朗仍提议在议会中给地方名流如主教、市长和军队指挥官等一席之位。他还指出，议会应当由政府官员终身主持，并接受某种头衔（福布朗建议称之为“地方主管”）。[①]

福布朗同柯迪一样，认为这些改革对维护自由与稳定很有必要。在他看来，“大人物”和“卓越团体”都是“维护”君主制的必要条件。福布朗从历史的角度说明自己的观点：1789 年君主制的没落是因为缺少“强大的人物或团体”。这不仅仅适用于君主制，即使是共和国，没有强势人物的庇护也可能难以生存。共和国中的人民不受制于强势人物，它将不可避免地滑向无序，最终导致暴政专制。福布朗认为，“每个国家都需要强势人物来维护自由”[②]。他还曾说：“事物和世人的绝对平等化是君主制和公众自由权的克星。”[③]

对法国社会平等化最有力的批判形成于保皇派政论家改革原有继承法的运动中。1804 年，《拿破仑法典》在法国引进了遗产分割制。在这种制度下的家长不能随心所欲处置自己的遗产，必须在子女中均分（可处置部分除外）。[④] 保皇派相信该制度是法国社会中愈演愈烈的财产分割的主因。他们认为，这不仅对农业不利，更重要的是有损法国社会的社会成分。保皇派认为，革命的继承法防止了土地贵族在法国东山再起。长子继承权应该取代法国的遗产分割制度，把主要的不动产交给长子，既有利于把财产集中在少数人手中，也有利于革命后制度的自由与稳定。[⑤]

保皇派在无数的小册子和文章中声称，革命继承法所鼓励的财产分割对革命后政治制度的自由和稳定构成了重大的威胁，甚至是最大的威胁。弗希尼利在保皇党杂志《保守党人》上长篇大论地对法国社会的窘境进行

---

① Vincent Marie Viennot de Vaublanc. *Des administrations provinciales et municipales*. Paris, 1828: 42 - 44.

② Vincent Marie Viennot de Vaublanc. *Des administrations provinciales et municipales*. Paris, 1828: 25.

③ Vincent Marie Viennot de Vaublanc. *Des administrations provinciales et municipales*. Paris, 1828: 45.

④ Phillippe Sagnac. *La législation civile de la Révolution française* (1789 - 1804). *Essai d'histoire sociale*. Paris: Hachette, 1898: 57 - 154, 330 - 354.

⑤ Oechselin, J. J. *Le mouvement ultra-royaliste sous la Restauration. Son idéologie et son action politique*. Paris: R. Pichon, 1960: 171 - 180.

了悲观描述。贵族出身的弗希尼利对法国社会的状况表示深深的担忧。失去了土地贵族，法国政治制度一直摇摆不定，即使在波旁王朝复辟之后仍是如此。在法国社会，“死气沉沉的土地和人民缺少将它们联系在一起的环节，也缺少保护他们的力量”，与强势的地主维护中央权威并保护人民的社会形成强烈的反差，我们应该恢复土地贵族作为补救。弗希尼利认为，只有如此，法国才能再次实现“真正意义上的自由”①。

保皇派政论家、天主教思想家费利西泰·德·拉默奈在《从宗教与社会和民事秩序的角度论宗教》（1826）中对法国社会的状况发出类似的抱怨。他在该书的第一部分概述了革命后的社会状况，对社会中“民主”充满了担心。在宗教改革与大革命的影响下，法国社会成为“庞大的民主国家”“三千万个体的集合”②。拉默奈还认为，法国社会现有的法律制度尤其是新继承法妨碍新贵族的产生。拉默奈强调这种情形对自由非常不利，法国政府和行政机构必须施行“专制”，否则就可能导致无政府状态的混乱。③

路易·西蒙德，一位在美国致富之后定居于日内瓦并在1822年入瑞士籍的法裔商人，对革命性继承法所带来的影响作出了最犀利的批判。西蒙德撰写过几本游记并给英国著名期刊《爱丁堡评论》多次投稿。虽然他并不十分热衷法国政治，但他于1820年发表在《爱丁堡评论》上题为《法国》的文章，明显受到保皇派理论家如贝尔加斯和柯迪的影响。④

西蒙德认为，地产分配是法国革命最重要的成果。他使用各种统计数据证明革命后的法国有一半人口属于小产业主，这把法国人民变成了“各民族中的怪胎”。这在法国人心中产生了一种重要的心理影响：除了平等，法国不存在任何政治热情。恢复等级制与恢复什一税和领主特权被联系在

---

① A. de Frénnily. De quelle manière un état peut périr. *Le Conservateur* 1819 (2): 345 - 385; *Le Conservateur* 1819 (3): 25 - 40.

② Félicité de La Mennais. *De la religion considérée dans ses rapports avec l'ordre politique et civil*. Paris, 1826: 25.

③ Félicité de La Mennais. *De la religion considérée dans ses rapports avec l'ordre politique et civil*. Paris, 1826: 15 - 47.

④ Louis Simond. France. *Edinburgh Review* 1820 (67): 1 - 39. Biancamaria Fontana. *Rethinking the politics of commercial society: the Edinburgh Review*, 1802 - 1832. Cambridge: Cambridge University Press, 1985: 38 - 39.

一起："他们认为市民自由权可以不要，但平等是必须要有的。"[①] 然而，财产分配对自由权的危害更加直接。法国的政治机器变得非常简单，它只包含两种对立的势力：人民和国王、军队。西蒙德写道，这个国家不存在"中间团体"，当其中的一种势力侵犯另一方时，既不能围绕宪法团结起来，也不能抵御专制或混乱。拿破仑执政时间再长一些的话可能更有利，因为他已经明白自己必须"建立一个值得国家尊重和信任的中间阶层，以填补自身与混乱民众之间的鸿沟"[②]。

西蒙德认为，法国人民应当立刻着手恢复中间力量。历史证明，没有中间力量的政治制度十分危险。西蒙德提醒读者："国民代表大会想给法国确立一个没有中间力量的君主制——皇家民主制——顾名思义便知多么荒唐。虽然后来建立了共和，但这是什么样的共和，大家心知肚明！"[③] 要解决法国困境可尝试地方分权，"一个精明的市政和部门管理机构能够在松散、不相关的民众之间建立起相互联系和利益的集合，这就能使得自由制牢固并长久"[④]。西蒙德还建议法国人改变继承法，从而使得财产更具永久性。他强调，改变继承法不是为了某一个特定阶层的利益服务，而是为整个社会的利益服务。不过西蒙德承认，恢复长子继承权整体上并不受法国人民的欢迎。尽管如此，为维护他们的自由权，这些"牺牲"是必要的。

1817 年，保皇派对长子继承权的渴求得到了黎希留公爵领导的温和政府的部分满足。政府下达一道皇家法令，要求参议院议员在分配财产时必须偏袒爵位继承者。但这一法令却鲜有实施，这似乎对大部分保皇派来说是远远不够的。在 1820 年，当纯粹的保皇党政府上台之后，长子继承权的问题又被提上政治日程。从 1824 年起，政府成员开始准备该问题的法案。1826 年，维莱尔伯爵政府向国会提交《继承法法案》，法案提议在法国小范围内重新确立长子继承权，但这只适用于较富裕阶层和死者生前未留遗嘱的情况。该法案规定，在每年缴税达 300 法郎的地主没有留下遗

① Louis Simond. France. *Edinburgh Review*, 1820 (67): 11.
② Louis Simond. France. *Edinburgh Review*, 1820 (67): 12.
③ Louis Simond. France. *Edinburgh Review*, 1820 (67): 34.
④ Louis Simond. France. *Edinburgh Review*, 1820 (67): 36.

嘱便去世的情况下，他们财产中的可处置部分应当交给长子。[①] 保皇派内政部长夏尔·伊格纳茨·德佩罗奈在1826年2月10日向参议院提交了该法案，引发了自由派与保皇派之间的激烈辩论。

一些保皇派如约瑟夫·维莱尔首相，将《继承法法案》作为经济措施为其辩护。维莱尔宣称，地产的分割有损于法国农业的繁荣。通过增加耕地的持有规模，长子继承权会鼓励农业创新和机械化[②]，但保皇派辩论家更多的时候强调的是该法案的政治目标。梅尔菲尔侯爵明确指出，参议院认为该法案的首要任务是维护法国的稳定与自由。梅尔菲尔认为，理论和实践都证明长子继承权对温和君主制（有中间力量、能团结王权与人民的君主制）来说至关重要。温和政府的生存取决于有影响力的精英存在，而后者又取决于土地财富。梅尔菲尔提醒读者：孟德斯鸠建议在君主制中实行长子继承权。[③] 布雷协尔在小册子《论财产均分与长子继承权》（1826）中同样指出长子继承权的目的——创造“无数的、遍布法国的、类似于地方贵族的事物”——是确保“秩序的唯一保障和自由权的唯一希望”[④]。

外交家、参议院保皇派成员马克-勒内·德·蒙塔朗贝尔更加清晰地强调了该法案的政治意义。他说：“讨论开始之时，有贵族告诉过你们，大革命是为了赢得平等。依我看来，复辟给我们带来了自由。相比平等我更爱自由，我支持一切能够巩固我们的制度并保护它们免受民主侵犯的事物。因此，我毫不犹豫地赞同该提案。”[⑤]

他描述了革命性继承法所带来的恶劣影响，并提醒读者，法国引入财产均分法是出于对共和的热爱和对君主制的憎恶。革命性继承法以不同的方式破坏了君主制，尤其阻止了“政治阶层”的存在，阻止了有足够财产和闲暇去关注并参与公共事务的阶层。[⑥] 在革命性继承法的影响下，法国很快就会充斥着小农业主，变成“养兔场，在那里，每个人、每个不幸福

---

① Waresquiel, Emannuel de, and Benoît Yvert. *Histoire de la Restauration*, 1814 – 1830. *Naissance de la France moderne*. Paris: Perrin, 1996: 381 – 382; Alfred Nettement. *Histoire de la Restauration*. Paris: Jacques Lecoffre, 1869: 284 – 308.

② Joseph Villèle. *Archives parlementaires*. 1826 (47): 444 – 451.

③ Marquis de Maleville. *Archives parlementaires*. 1826 (47): 254.

④ J. J. Brehier. *Du partage égal et du droit d'aînesse, dans leurs rapports avec nos institutions et l'état de la société en France*. Paris, 1826: 95.

⑤ Marc-René de Montalembert. *Archives parlementaires*. 1826 (47): 519.

⑥ Marc-René de Montalembert. *Archives parlementaires*, 1826 (47): 520.

的小农都有自己的巢穴，为了生存，他们不得不离开自己的巢穴，通过辛苦劳动勉强维持生计”①。

在平等化的社会中，政府权力的扩张是不可避免的。革命性继承法产生了“大量贫穷的并只关心自家人生计的小业主”，他们中很少有人去关注或监督公权力，一个“受害于无限的财产分配”的民族会受制于专职的政府职员。在这样的国家中，（个体毫无政治立场、财富短暂且偶然、人民卑微且无影响力）集权和官僚主义势不可挡。② 为了强调这一点，蒙塔朗贝尔引用了英国的例子。英国没有集权的危险，为什么呢？因为“他们拥有巨大的土地财富，这些土地财富不会短期内消失；社会存在一些地方势力，存在无数富有的强大的政治阶层，并能在家族中传承下去”③。

缺少政治阶层的后果不只是集权。更糟糕的是，平等化的社会无法避免“奴役”。地产的多次分割破坏了“所有的大型土地财富”“所有的地方势力”和“所有的独立性存在”；它创造了一个强势的贵族之外，在王权与人民之间不存在政治阶层的国家；它把法国社会溶解为“一群死气沉沉的个体集合，没有影响力、国家精神和相互信任，没有团结或达成一致的手段，因此他们对公共事务毫无兴趣”。君权没有任何障碍，国王会随心所欲、恣意妄为。“我们的继承法有一个可悲的好处，它既适用于共和国又适用于专制政府，却不适合这个让我们强大并繁荣的君主立宪政府。”④

拥护长子继承权的保皇派们对法国社会的平等化深感担忧。他们认为革命后的社会缺少土地贵族意味着法国缺少针对无序和专制双重危险的保护措施。他们呼吁恢复长子继承权的做法是“开明的”，即便这听起来有些奇怪。显然，孟德斯鸠的贵族自由主义在革命后的法国依旧非常活跃。如一位当代学者所说，保皇派呼吁恢复长子继承权的想法是受“孟德斯鸠学派君主立宪理论”的启发。⑤

尽管保皇派非常热衷长子继承权，但《继承法法案》还是在 1826 年 4 月 7 日的众议院会议上被占多数的自由派驳回。该法案的失败是维莱尔

① Marc-René de Montalembert. *Archives parlementaires*, 1826 (47): 520.
② Marc-René de Montalembert. *Archives parlementaires*, 1826 (47): 521.
③ Marc-René de Montalembert. *Archives parlementaires*, 1826 (47): 520.
④ Marc-René de Montalembert. *Archives parlementaires*, 1826 (47): 520.
⑤ Louis de Carné. *Vues sur l'histoire contemporaine*. Paris, 1833 (II): 64.

保皇派政府的一次惨败，并导致其在1827年选举中惨败，最终致使维莱尔政府在1828年垮台。[①] 1830年的七月革命更是断绝了保皇派在法国恢复土地贵族的想法。不过，一些政论家在1830年后仍不死心地继续呼吁恢复长子继承权。萨尔万迪在他的《二十月——革命与革命党》结论部分支持了一种限制版的长子继承权——长子优先权，以此作为解决七月革命带来的政治制度民主化问题的途径。他写道，土地贵族是"王权的必要基础"，但它更重要的是"自由制度"的支柱。[②] 这种思想对后来的法国政治思想家而言，仍旧有某些程度上的影响。

小　结

保皇派通常被描述为保守派甚至是反动派思想家。他们不把自由视作最终的政治理想，只呼吁恢复古老的权利和自由，这样评价他们似乎有一定的道理，他们的话语通常被认为与现代自由主义的发展无关。正如一位学者所说，保皇派是"旧制度中的开明者"，鼓吹"一种倒退的乌托邦"[③]。不过，这种对保皇派话语的评价也有失偏颇。保皇派不仅不是无知的反动派，而且他们维护的还是孟德斯鸠式对如何在革命后世界中维护自由的理解。

在保皇派看来，自由与平等是不相容的理想，平等化使得社会失去防御专制的闸口，法国大革命除了证明这一点之外并无其他成就。保皇派还认为，开明的制度决定社会必须由稳定的地主贵族主导，他们还引用英国的例子来说明这一点。从该理论出发，保皇派强烈批判法国社会的状况。他们认为，有必要通过在法国进行社会改革来恢复贵族，使法国避免无序

---

① Waresquiel, Emannuel de, and Benoît Yvert. *Histoire de la Restauration*, 1814 - 1830. *Naissance de la France moderne*. Paris: Perrin, 1996: 381 - 402.

② Salvandy, N. A. *Vingt mois ou la révolution et le parti révolutionnaire*. Paris, 1849: 609.

③ Jean-Christian Petitfils. Postérité de la Contre-révolution. *La Contre-révolution*. ed. Jean Tulard and Benoît Yvert. Paris: Perrin, 1990: 388; René Rémond. *La droite en France de* 1815 *à nos jours. Continuité et diversité d'une tradition politique*. Paris: Aubier, 1954; Jean El Gammal. 1815 - 1900. L'apprentissage de la pluralité' in *Histoire des droites en France*, vol. I: *Politique*. ed. Jean-François Sirinelli. Paris: Gallimard, 1992: 491 - 518; Jacques Prévotat. La culture politique traditionaliste. *Les cultures politiques en France*. ed. Serge Berstein. Paris: Seuil, 1999: 33 - 67.

和专制的双重危险。

通过这些言论，保皇派向自由派发出严重的挑战。正如接下来的章节所显示的，保皇派的言辞遭到复辟时期自由作家和理论家的强烈反击，许多后革命自由主义的重要文本应被视作 1814—1830 年间自由派与保皇派之间激烈辩论的一部分。我们会清楚地看到，在 1830 年复辟王朝灭亡很久之后，保皇派的理论对 19 世纪的法国自由主义仍存在重要影响。

第三章 平等社会：自由派的回应

与同时代的保皇派不同的是，复辟时期自由派政论家的作品时至今日仍被广泛阅读和评论。[①] 人们已公认 19 世纪早期，用劳伦斯·雅可布的话说是“法国自由主义思想史上一个重要且有创造力的时期”[②]。复辟时期自由主义之所以重要且新颖，主要缘于这代人需要培养新的自由观以便与雅各宾的共和主义相区分，因为后者导致了大革命的惨败。复辟自由主义在与保皇派贵族自由主义交锋的过程中逐渐趋于完善。尽管这些革命后自由主义者的立场与保皇派非常接近，但他们在自己的政治理论中对保皇派的批判绝不亚于对雅各宾派的批判。

贵族自由主义的不合时宜

在大革命后不久，很多自由主义者如雅克·内克尔转而支持英国政治模式，因为这种政治模型已经证明，它可以在艰难的环境中维护自由和高度的政治稳定。对英国模式的仰慕让几位重要的自由主义思想家采取了与

---

① André Jardin. *Histoire du libéralisme politique. De la crise de l'absolutisme à la constitution de* 1875. Paris: Hachette, 1985.

② Laurence Jacobs. Le moment libéral: the distinctive character of Restoration liberalism. *The Historical Journal* 1988 (33): 490.

保皇派贵族自由主义非常相近的立场。[①] 他们认为，如果说英国比法国更能维护自由与稳定，那首先归功于他们的混合宪法，它使得上议院可以维持更民主的下议院与国王之间的平衡。复辟之初，很多自由主义者主张革命后的政治体制应仿照英国上议院引进一种世袭的议院。他们认为，这种贵族制度作为对抗皇族专制和大众暴乱的壁垒是必不可少的。

1814—1815 年的制宪过程反映了人们对政治体制中贵族元素重要性所达成的共识，自由主义政治家和政论家在制宪中扮演了重要角色。1814 年宪章引进的世袭上议院是在自由主义者而不是保皇派的请求下得以制度化的。[②] 制宪委员会中一位名为雅克-克劳德·波纳特的自由主义成员在回忆录中写道，几篇关于上议院的文章得到了一致认可。[③] 1815 年春，当拿破仑从厄尔巴岛回到法国时，世袭制的重要性再次得到证明。拿破仑"百日王朝"的《帝国宪法补充条款》保留了上议院，尽管人员有所变动。[④]

为了将世袭议院合法化，自由派政论家如本杰明·康斯坦特引用了孟德斯鸠的《论法的精神》。在拿破仑王朝的最后几个月，康斯坦特因一篇反对帝国制度的文章《论征服与篡取精神》（1813—1814）而名噪一时。在波旁王朝复辟之后，他继续发表小册子《反思宪法》（1814）讲述自己的法治观，并在"百日王朝"期间对其进行修订，以《政治原则》为名再次发表（1815）。[⑤] 在后来的小册子中康斯坦特主张分权，以其作为限制人民主权的手段。他构想行政、立法和司法三者的职能分权并创新性地融入了中立权、调停权概念，分权由国王掌握行使。不过，他也清晰地意识到，三职能部门之间的平衡应近似于不同社会机构之间的平衡。他详细

---

① George Armstong Kelly. Liberalism and aristocracy in the French Restoration. *Journal of the History of Ideas* 1965 (26): 509-530; J. R. Jennings. Conceptions of England and its constitution in nineteenth-century French political thought. *The Historical Journal* 1986 (29): 65-85.

② Annelien de Dijn. Balancing the constitution: bicameralism in post-revolutionary France, 1814-1831. *European Review of History* 2005 (12): 249-268.

③ *Mémoires du comte Beugnot, ancien ministre* (1783-1815). ed. Albert Beugnot. Paris, 1866 (1): 512; Clausel de Coussergues. *Considérations sur l'origine, la rédaction, la promulgation et l'exécution de la Charte*. Paris, 1830: 138.

④ Paul Bastid. *Les institutions politiques de la monarchie parlementaire française* (1814-1848). Paris: Sirey, 1954: 241-251.

⑤ Kurt Kloocke. *Benjamin Constant. Une biographie intellectuelle*. Geneva and Paris: Droz, 1984: 181-214.

解释了贵族的、世袭的议会对君主立宪来说是必不可少的。

为了说明这一点，康斯坦特展开了在右翼期刊《保卫者》看来颇具“保皇派”特征的一些论述。[1] 他在《政治原则》第四章中说到，没有贵族议会就有可能产生专制与混乱。中间机构如贵族很有必要，它既利于自由又利于稳定，他写道：“让一人政府生存下去却没有世袭阶层，这必然导致纯粹的独裁。”

任何事物都可以在专制即纯武力之下生存一段时间，但任何通过专制维持的制度都有风险，它都有可能被颠覆。没有世袭阶层的一人政府包含以下元素：孤独的统治者、执行命令的士兵和服从命令的人民。孟德斯鸠强调，为了进一步支持君主制，需要一个中间机构，即便是在选举君主制也需要这样的中间机构。[2]

其他的自由主义者同康斯坦特一样对两院制有很大的热情，如康斯坦特的密友西斯蒙第。他在《审视法国宪法》（1815）一书中为《帝国宪法补充条款》进行了激烈辩护。西斯蒙第同意康斯坦特的说法：两院制是革命后政治制度的必要特色。他认为，与“政府”和“国民”或民主力量并列，有必要存在第三种贵族“中间”力量。它应该代表社会中的保守力量，防止大多数人把意志强加于少数人。世袭贵族的财富和个人名望也会将它变成对抗皇权的壁垒。换句话说，拿破仑组织上议院说明他有自由的意愿。[3]

在革命后的法国，康斯坦特的另一位著名伙伴斯塔埃尔夫人同样相信世袭贵族在创造一个稳定自由的制度中会扮演重要角色。大革命时期，斯塔埃尔夫人坚定支持共和，但晚年的时候却越来越保守。从她的遗著《反思法国大革命》（1818）中很容易看清这一转变。该书是复辟时期最有争议的一本书。[4] 斯塔埃尔夫人把大革命的失败归咎于这个事实：所有尝试

---

① T. B. M. B. Constant, et son dernier ouvrage intitulé: des motifs qui ont dicté le projet de loi sur les élections. *Le Défenseur* 1820 (1): 488 – 497.

② Benjamin Constant. *Political writings.* trans. and ed. Biancamaria Fontana. Cambridge: Cambridge University Press, 1988: 198.

③ J. C. L. Sismondi. *Examen de la constitution françoise.* Paris, 1815: 56.

④ Germaine de Staël. *Considérations sur la Révolution française.* ed. Jacques Godechot. Paris: Tallandier, 1983; Ezio Cappadocia. The liberals and Mme de Staël in 1818' in *Ideas in history. Essays presented to Louis Gottschalk by his former students.* ed. Richard Herr and Harold T. Parker. Durham: Duke University Press, 1965: 182 – 197.

在法国引进英式政治制度的努力最终都会事与愿违。[①] 她认为，由贵族组成的上议院对君主立宪来说是必不可少的，君主立宪是唯一适合当代国家的政治制度。她写道："民主派表示，我们需要一个没有贵族的国王或者说贵族和国王两者都没必要的制度，但经验已经证明这样的制度是不可行的。"[②]

通过研究1814—1815年制宪辩论期间的小册子，我们可以发现，许多自由主义者认同保皇派的贵族自由主义，而在复辟的过程中自由主义者的话语却发生了改变。自由主义者虽然起初热衷学习英国模式，但随着该理论越来越被保皇派认同，他们对贵族自由主义的批判越来越多。一些自由主义政论家开始使用反贵族的话语，这让人联想起革命派对贵族"丑恶利益"的批判。[③] 如夏尔·巴约勒在评论斯塔埃尔夫人的《反思法国大革命》时曾详细讲过，过去的贵族几乎不曾对自由或稳定做出过任何贡献，贵族总是企图维护自身的特权而不是保护人民的自由，贵族同样也不支持王权。贵族在旧制度中总是密谋对抗皇权，在大革命期间也未能保护国王。[④]

约瑟夫·雷伊的《论宪法的基础——国家中权力的平衡》（1815）同样对贵族——自由派的观点进行了强烈批判。[⑤] 在研究不同的"宪法保障手段"如出版自由（保障自由的必要手段）时，雷伊对贵族能否提供保障作用提出了质疑。他写道，一些"追随孟德斯鸠"的政论家认为贵族既支持王权，又是预防专制的重要手段，但经验和理性告诉我们，这两种臆想都存在问题。作为特权阶层，贵族只为自己的利益而不是所有人服务。雷伊写道："种种迹象表明，贵族既不是王权的支柱，也不是自由的支柱，

---

① Germaine de Staël. *Considérations sur la Révolution française*. ed. Jacques Godechot. Paris: Tallandier, 1983: 203 - 206.

② Germaine de Staël. *Considérations sur la Révolution française*. ed. Jacques Godechot. Paris: Tallandier, 1983: 582.

③ Patrice Higonnet. *Class, ideology and the rights of nobles during the French Revolution*. Oxford: Clarendon Press, 1981: 170 - 218.

④ Charles Bailleul. *Examen critique des considérations de Mme la baronne de Staël sur les principaux événemens de la Révolution française, avec des observations sur les dix ans d'exil, du même auteur et sur Napoléon Bonaparte*. Paris, 1822 (2).

⑤ Joseph Rey. *Des bases d'une constitution ou de la balance des pouvoirs dans un état*. Grenoble, 1815: 93 - 99.

贵族的本质决定了它是两者的敌人。”[①] 不过，复辟时期的大部分自由主义者都避免如此强烈的反贵族情绪；相反，他们更加倾向于务实地回应保皇派的话语。自由主义政论家和辩论家指出，即使恢复贵族有一定的益处，但这几乎是不可能的事。他们引用 18 世纪和大革命时期的社会变革理论，认为法国已经变成“平等化”或“民主”社会，与保皇派主张的社会理想大相径庭。他们宣称，即使贵族过去曾经扮演过重要的政治角色，但它已经过时且不可能在革命后的法国得以重现。

贵族政治角色的转变问题在康斯坦特的作品中得到展现。随着康斯坦特在复辟早期逐渐成为自由派的代表，他开始同保皇派的思想意识做斗争，被迫回应他们的贵族自由主义。如在他的册子《论可以团结法国各党派的政治理论》（1816）中，康斯坦特批评保皇党（被他描述为“贵族”党）试图通过选举改革控制政府的行为。他写道，虽然贵族可以在革命后的社会中扮演一定的角色，但他们不能妄想与在旧制度中一样统治国家。这样的努力不利于法国的自由，只会激怒法国人民。康斯坦特强调：“本世纪的精神，特别是法国精神是人人平等。”[②]

康斯坦特最终放弃对世袭贵族的支持。他在自己的《百日王朝回忆录》（1819—1820）中回顾了 1814—1815 年的制宪之争，承认自身对上议院的支持是一个错误。他承认当时因为看到英国宪法的先例和孟德斯鸠的权威才认为君主制离不开贵族，但现在的他对这种想法并没有那么坚定。康斯坦特尤为相信革命后法国的社会环境已经不允许贵族团体的存在，“法国人民倾向于接受近乎绝对的平等”[③]，社会中的财产分割以及日益壮大的商业、工业和资本使得土地贵族成为多余的社会成分，仅仅代表大地主利益的世袭贵族阶层是逆时代潮流的。

复辟自由主义者放弃最初对英式混合宪法的热情，转而声称保皇派的贵族自由主义与雅各宾的共和主义一样过时，该结论得到了众多复辟自由主义者详细清晰的论述。他们多次强调，在后革命社会，被保皇派频繁引

---

① Joseph Rey. *Des bases d'une constitution ou de la balance des pouvoirs dans un état*. Grenoble, 1815: 98.

② Benjamin Constant. *Collection complète des ouvrages, publiés sur le gouvernement représentatif et la Constitution actuelle de la France, formant une espèce de Cours de politique constitutionnelle*. Paris, 1818 – 1820 (III): 153.

③ Benjamin Constant. *Mémoires sur les Cent-Jours*. ed. O. Pozzo di Borgo. Paris: Pauvert, 1961: 156.

用的孟德斯鸠的权威的有效性却比不上卢梭，孟德斯鸠的理论在绝对君主制下，当贵族还是一种社会势力时也许是有用的，但已经不适用于19世纪的法国。

这种说法在有影响力的自由派杂志《批评者》中曾有详细论述。1815年，该杂志的编辑夏尔·孔德和夏尔·迪努瓦耶发表了一篇评论文章，指责埃斯谢赫尼引用孟德斯鸠的政治主张是不合时宜的。他们认为，历史上，贵族也许曾是防御专制的手段，但已经不再符合民意并失去了在国家中的实际功能。① 在后来的一篇文章中，孔德警告人们提防孟德斯鸠对后革命政治的影响。他写道，共和国的垮台证明卢梭倡导的古共和模式只适合初期的民族。随着拿破仑在法国恢复君主制，另一种模式应当被采用——孟德斯鸠支持的封建制："从此之后卢梭已经不再是法国立法者的导师，取而代之的是孟德斯鸠。"不过这种模式同样过时，"我们虽不至于倒回两三千年，但也倒退了两三百年"②。

自由主义者在复辟时期的论辩中多次强调这些思想，如在1826年对《继承法案》的辩论中，纯理论思想家、历史学家普洛斯佩指责保皇派滥用孟德斯鸠的权威。孟德斯鸠在《论法的精神》中拥护"封建制度的残余构成的社会"，但这已经不再适合19世纪的法国。后革命的君主制不同于旧制度中的君主制，贵族不再是独立的势力，君主制不需要作为平衡力的贵族。③ 普洛斯佩相信：孟德斯鸠本人也意识到在后革命的法国再次实行长子继承权是不可行的，法律应该与"社会状态"保持和谐而不是冲突，长子继承权的法律不适合后革命的社会。④

平等社会

复辟时期的自由主义者相信，保皇派的贵族自由主义同雅各宾派的共和主义一样过时，不过这种判断是基于对当代社会特点非同寻常的评估。

---

① X. review of F. L. D'Escherny's *Essai sur la noblesse*. *Le Censeur* 1815 (2): 145 – 155.

② Charles Comte. Considérations sur l'état moral de la nation française, et sur les causes de l'instabilité de ses institutions. *Le Censeur européen* 1817 (1): 1 – 92, 68.

③ Prosper de Barante. *Archives parlementaires*, 1826 (46): 517.

④ Prosper de Barante. *Archives parlementaires*, 1826 (46): 517, 514.

自由主义思想家在批判雅各宾派话语时，同他们18世纪的前辈一样将现代与古代进行对比。从这个角度看来，当代社会最明显的特点是缺少公德，原因在于商业和奢侈品的崛起。为了回应保皇派的贵族自由主义，复辟时期的自由主义政论家对当代进行了不同于封建时期现代性的新的定义。和中世纪的贵族社会相比，当代社会最重要的特点是不可逆转的“平等”或“民主”，而不是缺少公德。①

当复辟时期的自由主义者声称法国已经是平等社会时，他们当然也意识到在革命后的法国市民之间仍然存在社会经济的差距。他们认为，法国的平等化是指法国法律已经能够保障民权的平等，旧制度中的特权已经被废除，市民之间尚存的差距同旧制度中的阶级差异在性质上是完全不同的。法国社会和当代社会基本上已经不再存在一个与其他人口分离的、固化的社会精英阶层。

康斯坦特的作品使我们能够理解这种判断的理论基础。社会变化的性质及其内在逻辑的问题在康斯坦特的作品中占有重要地位，特别是在他的《论人类精神的完美性》中。这篇论述被收集在他的《文学与政治作品集》（1829）中。康斯坦特对该话题的兴趣还表现在一篇题为《论当下与人类命运》或《平等简史》的文章中，这篇文章既没有发表，也并未完成。② 从这些作品中可以清晰看出，自由派对保皇派话语的反击在一定程度上是基于18世纪哲学家如卢梭的理论，但又有所不同。

同卢梭相似，康斯坦特也认为平等是人类的天然状态。他在《论人类精神的完美性》中说道：“只有平等与真理相一致。”③ 不平等起源于人类社会建立之初，人类社会将这些不平等制度化。但是，康斯坦特相信该过程在孕育之初就已经被阻止。卢梭认为，历史的特点就是日趋严重的不平等与腐败，在这一问题上，康斯坦特的看法却有所不同，他认为人类历史发展的趋势是平等化。从一个历史阶段到另一个历史阶段的发展，尽管偶有挫折，但一系列社会动荡最终导致了社会的平等化。历史上相继发生了四次“革命”：破除神权、废除奴隶制、消除作为独立阶层的贵族阶层、

---

① A. Tudesq. *La démocratie en France depuis* 1815. Paris: Presses Universitaires de France, 1971: 1－26; Horst Dippel. Démocratie, démocrates. *Handbuch politisch-sozialer Grundbegriffe in Frankreich* 1680－1820. ed. Rolf Reichardt and Eberhard Schmitt. Munich: Oldenbourg, 1986 (VI): 57－97.

② Beatrice Fink. Benjamin Constant on equality. *Journal of the History of Ideas*, 1972 (33): 307－314.

③ Benjamin Constant. *Mélanges de littérature et de politique*. Louvain, 1830 (2): 102－122.

终结封建制。

康斯坦特模仿康道塞，指出人类是“可完善”的物种。人类受制于理智而非情感，使得人们能够变得越来越理性。平等是人类所有思想、情感和欲望中最根本与最普遍的存在，这种内在的可完善性具有走向平等的趋势。在康斯坦特看来，这既是伦理上的义务，也是被经验证明过的事实。如果平等之路暂时受到强大势力的阻挠，腐败和堕落就开始肆虐。肆虐的腐败和堕落会激起社会剧变，又将人类发展置于通向平等的路上。康斯坦特还强调，这种社会发展对国家的社会结构有重要影响。曾经“优越”的制度如贵族随着时间推移逐渐变成“弊端”，尔后被废除或推翻。[①]

对该平等理论的另一种也许更加著名的表达可以在皮埃尔-保罗·鲁瓦耶-科拉尔的演讲中找到。尽管大革命期间鲁瓦耶-科拉尔与保皇派的关系非常密切，甚至曾是地下保皇委员会的成员，但他于1814年脱离了右派。作为国家的议员和顾问，鲁瓦耶-科拉尔成为所谓“空谈派”的领袖。“空谈派”是一群想斡旋激进自由派与保皇派的人。这些保皇派后来坚定地转向左派，尤其是保皇派在1820年掌权之后，鲁瓦耶-科拉尔又成为反对保皇派的自由主义者领袖。1820年5月5日，在一篇上议院的演讲中，鲁瓦耶-科拉尔对自由派的平等论进行了非常有条理且有影响力的阐述，这被自由派媒体广泛引述。[②]

鲁瓦耶-科拉尔的演讲中清晰阐述了一种具体的、研究政治的“社会学”方法，并受到诸多历史学家的重视。他表示，一种政治制度不能基于学者在书房中的臆想，它应当能够真实反映其统治下社会的利益和风俗。如鲁瓦耶-科拉尔所说，政治世界与物理世界一样遵循相关规律，一种类型的政府只适合一定类型的社会。[③] 如很多历史学家所说，这种实证的政治研究方法可以被视作对雅各宾乌托邦主义的回应。[④] 但当我们去分析鲁瓦耶-科拉尔实际应用该方法的时候，我们会清楚地看到，他批评的是保皇派的贵族自由主义而不是雅各宾的影响。在他看来，法国政治制度所应

---

① Benjamin Constant. *Mélanges de littérature et de politique*. Louvain, 1830 (2): 102-122.

② Prosper de Barante. *La vie politique de M. Royer-Collard*. Paris, 1861 (2).

③ Prosper de Barante. *La vie politique de M. Royer-Collard*. Paris, 1861 (2): 16.

④ Larry Siedentop. Two liberal traditions. *The idea of freedom. Essays in honour of Isaiah Berlin*. ed. Alan Ryan. Oxford: Oxford University Press, 1979; Aurelian Craiutu. Between Scylla and Charybdis: the "strange" liberalism of the French doctrinaires. *History of European Ideas* 1998 (24): 243-265.

适应的法国社会，其特点是平等的性质。

鲁瓦耶－科拉尔在演讲中反对给予最富有的地主更多的选举权重。保皇派却认为，要维持法国的君主立宪必须给予地主更多的选举权。鲁瓦耶－科拉尔对此回应道，保皇派的《选举法案》与法国新社会并不相符——新社会最重要的特点是平等。鲁瓦耶－科拉尔认为，“一个新的社会已经在平等的基础上建立起来了”[①]，任何要把上议院变成贵族机构的努力都将是徒劳的。保皇派的《选举法案》违反宪章或代议制，是对平等的叛逆。[②] 他说：“我们的政治土壤长久以来被特权占据但现在已经被平等征服，正如曾经高卢人的土地被法兰克人征服一样是不可逆的。”[③]

很多自由主义思想家和政论家引用 1789 年的事件支持这些观点。他们认为，旧制度已经灭亡这个事实是重要信号，表明法国社会在迈向平等的同时又极大地促进了该进程。他们认为大革命是一场社会革命而不是政治革命，对 1789 年事件的解读与保皇派完全不同。通过破坏封建制度的残余，它完成了社会转变的过程，该过程始于第三阶层，在 12 世纪崛起并受到专制君主平等化政策的进一步推进。大革命把法国从具有基于合法特权的固定等级的封建社会变成了具有平等民权的现代国家，任何试图在后革命的法国倒行逆施、重新建立贵族统治的努力，都不可避免地导致一场新的甚至更加血腥的革命。

弗朗索瓦·基佐在同保皇派的辩论中对该观点展开了非常连贯的论述。基佐在复辟之初以鲁瓦耶－科拉尔弟子的身份进入政治圈，他很快就在政府中担任要职，并在 1817 年的《选举法案》的设计过程中起到了关键作用。基佐由此陷入与保皇派的争论，原因是保皇派认为该法案歧视贵族。在 1820 年的保皇派政府上台之后，他就被解职，尔后成为自由派反对阵营中的活跃分子。[④] 基佐还是一位著名的记者，他在其杂志《哲学、文学与政治档案》和各种小册子中支持自由主义事业。他因在复辟时期声称法国大革命是一场社会革命，也是第三阶层对贵族的胜利而名噪一时。

基佐在 1818 年发表于杂志《哲学档案》上的文章中提出该理论。他写道保皇派试图恢复“旧法国”，但这并非可以作为在后革命时代模仿的

---

① Prosper de Barante. *La vie politique de M. Royer-Collard.* Paris, 1861 (2): 16.

② Prosper de Barante. *La vie politique de M. Royer-Collard.* Paris, 1861 (2): 23.

③ Prosper de Barante. *La vie politique de M. Royer-Collard.* Paris, 1861 (2): 25.

④ Gabriel de Broglie. *Guizot.* Paris: Perrin, 1990: chapter 3.

榜样，因为封建贵族社会已经在历史进程中被摧毁，早在大革命之前，它就被专制的国王们破坏殆尽。1789 年的政治剧变帮助法国政治制度适应了新的社会形势，而期望原封不动地恢复封建君主制是痴人说梦。基佐甚至认为，保皇派重建改良版贵族制度的设想也是不可能实现的。大革命不是简单地用一种阶层取代另一种阶层，它建立了法律面前人人平等的新世界。从这个意义上讲，它可以媲美主张上帝面前人人平等的“基督教革命”①。

基佐在其著名的小册子《论复辟以来的法国政府》（1820）中表达了类似的观点，该册子是为了回应保皇派政府解除他的职务问题。基佐在这本小册子中将法国历史描述为“法兰克人”与“高卢人”、贵族与资产阶级之间持续不断的斗争史。法兰克武士征服了高卢，他们在封建时代以统治者自居，一直以来，法国具有“两种不同且不平等的社会处境”的特点②，这场斗争以法国大革命收场。1789 年事件意味被征服者对前征服者的胜利、平等对特权的胜利以及第三阶级对贵族和神职人员的胜利。胜局已定，时光不可倒流，1820 年保皇政府的上台是反革命的行为，注定要失败。③

基佐和其他政论家所作的类似反保皇派的小册子对自由派史料编纂的影响是巨大的。把大革命视作一个长期的社会变化过程的高潮的想法被自由派历史学家广为接受。在《法国革命史》（1824）（复辟时期最受欢迎的对大革命的公开论述）序言中，弗朗索瓦·米涅清楚地把 1789 年事件描述为社会改造。大革命开启了“新社会时代”，就像英国革命迈向“新政府时代”，大革命不仅改变了政府，还改变了国家的内在。大革命之前，社会中还存在中世纪的残余，法国社会中，典型存在不同省份与不同阶层之间的敌视。贵族虽然失去了大部分权力，但还有自己的荣衔。大革命用平等取代特权而导致终结，创造了“一种更加符合我们时代、更加符合正

---

① François Guizot. Politique spéciale. *Archives philosophiques, politiques et littéraires* 1818 (3): 385 – 409.

② François Guizot. *Du gouvernement de la France depuis la Restauration, et du ministère actuel.* Paris, 1820: iii – iv; Pierre Rosanvallon. *Le moment Guizot.* Paris: Gallimard, 1985: 204 – 212; Pierre Rosanvallon. Guizot et la Révolution française. *François Guizot et la culture politique de son temps.* ed. Marina Valensise. Paris: Seuil, 1991: 59 – 68.

③ François Guizot. *Du gouvernement de la France depuis la Restauration, et du ministère actuel.* Paris, 1820: 138.

义的秩序”①。

商业社会：自由主义者对保皇派社会理想的批判

虽然复辟时期的自由主义者声称当代社会首先是民主或平等的社会，但他们也强调当代社会还是商业社会。对该观点的详细论述是为了批判保皇派的观点（由少数富有的地主主导的社会秩序，如英国最适合维持自由制度）。自由主义者认为，自由取决于土地贵族的想法本身就非常值得怀疑，更重要的是它完全与革命后的世界格格不入。保皇派们竭力宣传的英国社会政治制度不值得模仿，它不过是不久的将来便可能腐烂的一种过时的社会类型，无论如何，它不是法国应当效仿的榜样。

支撑这些观点的社会变革理论具有深远的思想渊源。18 世纪时，法国和苏格兰的作家相信，历史的特点是从一个社会阶段逐渐发展到另一个社会阶段，一系列社会经济革命将人类社会从狩猎、采集野果阶段发展到游牧阶段，然后又到了农业社会，人类社会发展的上一个阶段导致当代商业社会秩序的到来。尽管这些社会的生产方式并非真正不同于农业社会的生产方式，但财产的分配方式不同，产生财富的方式也不同，财产从封建法律的限制中解放出来而变得可以流动，商业而非土地成为财富最重要的来源。②

18 世纪末，政治经济学家对该理论进行修改并形成了一种新的理论，提出人类社会发展的最终阶段是工业社会而非商业社会。该理论首先在法国经济学家让·巴蒂斯特·萨伊的作品中被提出来，他把亚当·斯密的著作介绍到法国，并强烈支持自由放任政策。

萨伊在著名的《政治经济学概论》（1803）中简要勾勒了社会变革理

① François Mignet. *Histoire de la Révolution française depuis* 1789 *jusqu'en* 1814. Paris, 1886 (1): 1 – 38, 2, 8.

② Ronald Meek. *Social science and the ignoble savage.* Cambridge and London: Cambridge University Press, 1976; Johan Heilbron. French moralists and the anthropology of the modern era: on the genesis of the notions of "interest" and "commercial society". *The rise of the social sciences and the formation of modernity. Conceptual change in context*, 1750 – 1850. ed. Johan Heilbron, Lars Magnusson and Björn Wittrock. Dordrecht, Boston and London: Kluwer, 1998: 77 – 106.

论。他认为，前现代社会的特点是基于战争和掠夺的经济制度，在这种制度下财富通过掠夺别人的产品而产生。但是随着商业的发展，战争已经不再有利可图，劳动者的影响力增强。由征服带来的财富被基于自身勤劳而产生的财富所取代，工业系统取代了军队系统。①

商业和工业的崛起对社会状况的影响可以有不同的解读方式。一方面，18 世纪大部分思想家认为，商业增加财富的同时加剧了不平等；另一方面，商业的崛起经常与摧毁封建贵族联系起来，它可以被视作一种推动平等的力量。当封建主开始花钱买奢侈品而不是武装自己的军队时，他们的权力便开始坍塌了。商业社会通过鼓励分配地产——封建财富的根基，最终导致贵族的灭亡。商业使得国家拥有独立的收入来源，使国家有可能雇佣领薪公务员和维持常备军。所有这些因素都削弱了封建主的政治和社会地位，这有利于促进社会的公平。②

从该理论开始，自由主义政论家批评保皇派把大地主统治的社会当作重返农业或封建时代的乌托邦式妄想。少数所谓的“工业家”，一群与《欧洲批评者》有关联的自由主义政论家指责孟德斯鸠的理论过时，并阐发了这种思想。③《欧洲批评者》的编辑们与萨伊一样，在很多文章中都声称法国历史的特点是重大经济转型，建立在法兰克武士征服高卢人基础之上的封建制其实是建立在盗窃之上。封建主并不生产货物，他们只会从商人那里偷窃并像强盗一样破坏乡村。随着历史的发展，工业阶层诞生，他们创造自己的财富并不再依赖封建主。随着工业阶层越来越强大，他们对社会现状越来越不满意，最终导致大革命的爆发。④

《欧洲批评者》的编辑们表示，社会转变具有重要的政治意义。1817 年，孔德在《欧洲批评者》上面发表了一篇题为《论社会组织与人民生活方式的关系》的长文，在文章中，孔德明确指出，政治制度应该适应新的社会状况，终结政治制度中非生产阶层如贵族的影响的时机已经来临，

---

① Michael James. Pierre-Louis Roederer, Jean-Baptiste Say, and the concept of industrie. *History of Political Economy* 1977 (9): 455 - 475.

② Biancamaria Fontana. *Benjamin Constant and the post-revolutionary mind.* New Haven and London: Yale University Press, 1991: 68 - 80.

③ Ephraïm Harpaz. “Le Censeur européen”. Histoire d'un journal industrialiste. *Revue d'histoire économique et sociale* 1959 (134): 185 - 217.

④ Charles Comte. Considérations sur l'état moral de la nation française, et sur les causes de l'instabilité de ses institutions. *Le Censeur européen* 1817 (1).

公共职能应当交给那些对国家繁荣贡献最大的人。孔德写道：“不能维持或重建封建等级制，这个懒惰、贪婪的阶层既不够聪明又不够强大，它无法驾驭勤劳的劳动者阶层。”①

一位名为夏尔·加尼耳的自由主义政治家和小册子作者于1823年发表了多卷本小册子的反保皇派专著，他在题为《论法国的反革命——在新法国恢复旧贵族与旧特权》的文中表达了类似的观点。加尼耳曾是革命派，后来转变成自由派，并于1815—1822年间被选为下院议员。他在这本小册子的序言中解释道，写作这本小册子是为了保护宪章免受保皇党的攻击。他认为，自从保皇派在1820—1821年间上台之后，受宪章保护的大革命成果越来越受到威胁。加尼耳希望用他的册子警示法国人民所面临的危险，维护革命事业。②

加尼耳的主张是基于一种与工业者十分相似的社会变化观。在册子的序言中，他提供给读者广阔的历史观，聚焦西方社会发生的社会经济变化。在历史发展进程中，不同的社会阶段相继取代。古代社会以奴隶制和封闭的种姓制度为特征，它们后来被封建制所取代，尽管后者对前者来说是一种进步，但它同样有压迫性。然而，从某种意义上讲，社会的商业化切断了欧洲大陆上封建制的链条，使得区分社会上不同阶层的壁垒业已消失，一场经济、思想和道德革命已经开始了。商业取得了巨大发展，财富不断增加，人口快速增长，文明也有巨大进步。法国大革命加剧了财产分割，这个过程尤其明显。平等已经实现，民主成了主流的状态。③

从这个角度来看，保皇派（“自称保皇派但其实是贵族派”④）的目标——重建社会中的不平等是根本不可能实现的。即使有人承认恢复封建贵族有利于稳定革命后的政治秩序，但这也不是立法者力所能及的。在革命后的法国，财富是基于所有人的劳动，财产可以在所有阶层中自由流动。换句话说，被加尼耳用近乎于马克思主义的语言描述为“政治、社会

---

① Charles Comte. De l'organisation sociale considérée dans ses rapports avec les moyens de subsistance des peuples. *Le Censeur européen* 1817 (2): 1-66, 28

② Charles Ganilh. *De la contre-révolution en France ou de la restauration de l'ancienne noblesse et des anciennes supériorités sociales dans la France nouvelle.* Paris, 1823: xv.

③ Charles Ganilh. *De la contre-révolution en France ou de la restauration de l'ancienne noblesse et des anciennes supériorités sociales dans la France nouvelle.* Paris, 1823: i-xliv.

④ Charles Ganilh. *De la contre-révolution en France ou de la restauration de l'ancienne noblesse et des anciennes supériorités sociales dans la France nouvelle.* Paris, 1823: 57.

和道德秩序的调节者”的经济秩序使得重建世袭的贵族制变得不可能[①]，“反革命的目的是把民主交给不存在且不可能存在的贵族”[②]。

恢复“贵族和特权君主制”的唯一途径是“切断财富的来源”[③]。加尼耳对恢复封建制度后经济萧条的景象进行了描述。放弃商业社会产生的财富并回归凄惨与贫穷，是“贵族君主制及特权和不平等起死回生”的唯一途径。[④] 必须切断法国与外部世界的联系，破坏国家内部所有的流通与交流方式。要把劳动、资本和信贷财富制度与以特权和自治为特征的君主制相关联，无异于海底捞月，是用一只手摧毁另一只手所建立起来的制度。这是侮辱人民的理智，只会激怒人民而不是安抚人民，只会延长革命带来的丑闻和灾难。[⑤]

法国大革命再次被用以证明法国社会经济变化的不可逆性。勒德雷尔作为萨伊曾经的一位合作者，在他的《论 1789 年革命的精神》（1831）中宣称：大革命终结了封建制；法国历史以工业的崛起为特征；随着资本变成最重要的经济因素，流动资产的价值逐渐超过土地的价值；资产阶级即资本的所有者成为国家中最富有的一群人，在商业社会中武士阶层越来越无用武之地，封建主逐渐失势，一些封建主甚至成为富裕资产阶级的跟班；美洲大陆的发现打开了新市场，促进了这种趋势，进而增加了资产阶级的财富；越来越多的财富使得资产阶级有闲暇思考问题，他们在思想水平上超越封建主的优势越来越明显。所有这些都促进了法国社会的平等化，最终导致法国大革命的爆发。[⑥]

自由主义政论家相信商业和工业的崛起使得保皇派的社会理想成为过时之物。难怪他们认为，保皇派呼吁恢复长子继承权的行为是逆势而动和

---

① Charles Ganilh. *De la contre-révolution en France ou de la restauration de l'ancienne noblesse et des anciennes supériorités sociales dans la France nouvelle*. Paris, 1823: 173.

② Charles Ganilh. *De la contre-révolution en France ou de la restauration de l'ancienne noblesse et des anciennes supériorités sociales dans la France nouvelle*. Paris, 1823: 185.

③ Charles Ganilh. *De la contre-révolution en France ou de la restauration de l'ancienne noblesse et des anciennes supériorités sociales dans la France nouvelle*. Paris, 1823: 230, 235.

④ Charles Ganilh. *De la contre-révolution en France ou de la restauration de l'ancienne noblesse et des anciennes supériorités sociales dans la France nouvelle*. Paris, 1823: 234 - 235.

⑤ Charles Ganilh. *De la contre-révolution en France ou de la restauration de l'ancienne noblesse et des anciennes supériorités sociales dans la France nouvelle*. Paris, 1823: 238.

⑥ P. L. Roederer. *L'esprit de la révolution de* 1789. Paris, 1831: 15 - 31.

螳臂挡车。法国的土地分配问题不能也不应通过法律手段来解决，相反，法国社会从农业阶段发展到商业和工业阶段是天然的结果。妄图逆势而动，重新在法国确立土地贵族只能是乌托邦式的幻想。然而，由于可能在短期内伤害到革命后社会的经济发展，保皇派重新确立长子继承权的提议应当被消灭在萌芽状态。

本杰明·康斯坦特在1824年首次发表的题为《论地产分配》的文章，批判了保皇派呼吁重建长子继承权的活动。① 康斯坦特认为，保皇派试图在法国重建土地贵族，无异于是在攻击法国大革命所带来的新制度。保皇派企图恢复土地贵族的财富，因为这可以使他们重获在大革命中失去的政治权利。从这个意义上讲，引进长子继承权是极端反自由主义的，所有这些反对财产分配的努力都是反自由主义的，它们违背文明的发展进程，具有非现实性。地产已经变得可以流通，所有试图改变地产流通的努力都是徒劳的。康斯坦特强调，这种进步既利于国家的稳定，又利于农业。在普鲁士，只有贵族才能从人们竭力推动的土地分配中受益。②

1826年，议会辩论《继承法案》时，这些观点被再次提及。该法案并不激进，只是要求在一定范围内重新确立长子继承权。但是，保皇派政府的反对者还是在议会和媒体中针对该法案发起了猛烈反击，上议院的自由派成员从不同角度谴责该法案。比如，他们表示长子继承权与自然法相左，约瑟夫·西梅翁就声称《继承法案》是对物权的攻击，但物权“先于所有法律法规而存在”；继承法应由自然法而不是成文法决定，因为它们是基于天然的物权；对于父亲来说，公平对待所有孩子难道不是天经地义的吗？③《继承法案》会在法国人的家园中制造不和谐，导致兄弟姐妹之间的冲突。④

继承法提出的改革措施更多被认为是对当代社会的攻击。在上议院辩论《继承法案》时，马蒂厄·德·莫利指出，“现阶段的文明”要求财产必须公平分配。⑤ 维克多·德布罗意是一位全国范围内最富有的贵族之一，同时作为重要的自由派领袖，也表达了类似的看法。德布罗意表示，《继

① Benjamin Constant. *Mélanges de littérature et de politique*. Louvain, 1830 (3): 122 - 131.

② Benjamin Constant. *Mélanges de littérature et de politique*. Louvain, 1830 (2): 126.

③ Joseph Jérôme Siméon. *Archives parlementaires*. 1826 (46): 527 - 536.

④ Joseph Jérôme Siméon. *Archives parlementaires*. 1826 (46): 441 - 444.

⑤ Joseph Jérôme Siméon. *Archives parlementaires*. 1826 (46): 443.

承法案》的目标是重新引进作为所有不平等根源的长子继承权，它试图创造一个特殊的阶层，在万事万物中制造不平等，这可能会破坏自由市场。最重要的是，它试图重新确立一个被大革命破坏的阶层。德布罗意警告道："这可能发生一场社会和政治革命，与法国近40年前的革命相反的革命。"[①]

自由派认为，《继承法案》还体现了保皇派政府危险的唯意志论，如巴思奇耶曾强调社会的制度和法律应取决于社会环境。关于封建主或取代者的立法总是基于社会的现状，并试图永远维持现状。从古至今，立法者一直努力修改法律，使其适应新的环境与风俗。当然，他们希望在某种程度上用法律影响风俗，但通常来说风俗先于法律而存在。然而，保皇派政府却想用《继承法案》做相反的事情，这与法国大革命所带来的社会完全相悖。[②]

总之，复辟时期的自由主义者逐渐相信在平等化、商业化革命后的法国要恢复贵族是荒唐的，也是不可行的。这种观点还鼓励他们修正对深刻影响了1814—1815年的制宪过程的英国的看法。复辟时期，对英国政治模式的崇拜并未从自由派的思想中完全消失。英国政治模式的某些方面，如它所保护的出版自由和政府应对议会负责的做法经常被自由主义派政论家和政客所提及，认为它是值得法国模仿的对象。与此同时，对英国社会政治模型（被土地贵族统治的社会）的批判在复辟时期成为自由派话语中的固定要素。[③]

一些自由主义者对英国政治制度深恶痛绝，认为英国政治制度集中代表了法国革命所抗争的贵族罪恶，如奥古斯丁·蒂埃里（工业主义者杂志《欧洲批评者》的记者，后来成为杰出的自由派历史学家）便在他的著作中竭力诋毁英国模式。蒂埃里在1834年曾指出，1817—1824年发表在《批评者》上的一系列讨论英国历史的文章，"皆是出自对英国制度的厌恶，在我看来，英国制度中的贵族成分多于自由权"[④]。

本杰明·康斯坦特尽管对英国政治制度的某些方面十分倾慕，却反对

---

① Joseph Jérôme Siméon. *Archives parlementaires*. 1826（46）：621.

② Joseph Jérôme Siméon. *Archives parlementaires*. 1826（46）：474－491.

③ Theodore Zeldin. English ideals in French politics during the nineteenth century. *The Historical Journal* 1959（1－2）：40－58.

④ Augustin Thierry. *Dix ans d'études historiques*. Paris, n. d：2.

贵族在体制中的主导地位。康斯坦特在其发表于《法国密涅瓦》上的一篇题为《论1818年来英国在战争中的力量以及和平中的困境》的文章中表示，英国是“庞大、富裕且繁荣的贵族政治”，巨大的财富集中在同一批人手中，大地主们可以处置大量的、忠实的拥护者。因此，代表国家的不仅有全职公务员，还有贵族的代理人。康斯坦特强调，该制度不仅不是英国自由的秘诀，反而从理论上讲还是具有压迫性的，只有英国历史的某些遗产才能预防它沦为寡头政治。[1] 康斯坦特还批判了斯塔埃尔夫人对英国政治模式的倾慕。[2]

其他自由主义者认为，英国模式本身的完善与法国人没什么关联，英法两国差异很大且没有可比性。1820年匿名发表的小册子《君主立宪理论及在英法两国的应用》清晰说明了自由派阐明该观点的重要性。这本册子的作者强调英国发展历程特殊，国情与大陆国家不同。强大的英国贵族无论在上议院还是下议院都占主导地位。与英国情形不同，法国已不再存在社会精英，法国政府不能模仿英国宪法提供的保证。法国君主立宪制的“平衡锤”注定与英国的制度不同，所有试图把英国的制度搬到法国的努力都注定要失败。[3]

小　结

正如关于英国模式的辩论所示，在批判保皇派的观点（贵族成为法国的自由与稳定必不可少的因素）之时，自由主义者怀疑只关心自身利益而非民众利益的贵族会是维护自由的工具。但另外一条更重要的依据也被用来批驳保皇派的话语，贵族的反对者指出，要在法国恢复世袭特权阶层或土地贵族已经变得完全不可能。即使这样的阶层曾经利于保护自由，但它在革命后的法国已经不能再起同样的作用。这种理由是基于决定论的看法，认为历史是朝着平等的方向发展，这种发展是进步的，趋向于一种更加理想的社会环境。

---

① Benjamin Constant. *Mélanges de littérature et de politique*. Louvain, 1830 (1): 19 – 31.

② Benjamin Constant. *Mélanges de littérature et de politique*. Louvain, 1830 (1): 111 – 144.

③ Anon. *Des principes de la monarchie constitutionnelle et de leur application en France et en Angleterre*. Paris, 1820: 40.

保皇派话语的批判在19世纪对自由派的话语产生了持续性的重要影响。在阐述自己政治理论的过程中，自由主义者假设的前提是：他们的社会是平等、公平的社会，在创造优越政治制度的过程中应当考虑这种状况。他们都认为，有必要找到比保皇派的贵族自由主义更适合新的社会环境的理论。但究竟什么样的理论才是更好的理论，自由主义者之间并没有达成共识。

第四章 平等社会中的自由

复辟时期的自由主义者不仅批判了保皇派的贵族自由主义，还对革命后的辩论做出了更加积极的贡献。如果雅各宾主义和保皇派的贵族自由主义都不能维护革命后法国平等社会中的自由，那么人们需要寻找其他的政治模式。为了回应这一问题，复辟时期自由主义者内部的分歧变得十分明显。为回击对手的政治主张，自由派提出了几种不尽相同甚至相互矛盾的理论。

放任自由主义：夏尔·迪努瓦耶

“工业者”的自由主义政论家和政治思想家为反击保皇派的贵族自由主义做出了重要贡献。他们宣传一种社会变革理论，认为法国的历史是从军事、战争经济（统治阶级的生存依赖于大部分市民的劳动成果）向工业社会（所有市民都参与生产活动）的转变。工业者认为，社会转变之后应该发生政治转变从而创造更适合新的工业社会需求的国家。作为一个团体的工业者，他们对假定的政治意义远没有达成共识，尽管出发点都是社会变革，但他们形成了两种相当不同的政治理论：权威主义（代表人物为圣西蒙）与自由意志论（代表人物为夏尔·迪努瓦耶）。我们主要关注的是第二种理论，为了避免混淆，有必要简单介绍圣西蒙版的工业主义。[1]

---

① G. G. Iggers. *The cult of authority. The political philosophy of the Saint-Simonians*. The Hague: Nijhoff, 1958: 1 – 37.

时至今日，圣西蒙通常被认为是19世纪中叶社会主义的先驱。毫无疑问，他和他的追随者们在复辟早期被视为自由主义运动的参与者，然而，圣西蒙很久之后才对工业主义感兴趣。从1803年他43岁时发表第一部作品直到1813年，他同其他空想家们一样，主要关心的是建立一门人类的经验主义科学，为重组人类社会提供理论基础。[①] 随着复辟的到来，他不再认为生理学是研究社会的关键，转而开始关注如何在革命后的法国建立稳定的自由制度。圣西蒙最初关心政治组织的问题，竭力宣传英国宪法并以其为榜样，但他后来逐渐转向工业主义立场，认为连贯的政治理论应当考虑法国社会所经历过的重要变化。这使得他与工业主义期刊《欧洲批评者》的编辑夏尔·孔德和夏尔·迪努瓦耶得以进行亲密的合作。

圣西蒙在《欧洲批评者》中与在自己的《工业》（1816—1817）和《政治家》（1818—1819）杂志中都宣传一种理论，即急需一个新的社会等级。他呼吁把政府的控制权交给那些最能满足真实道德需求的人，如学者、艺术家和工匠，他号召社会的领导权应该交给专家而不是一般人。圣西蒙相信通过经济和思想水平的天然发展与进步，仅需极少政府调节的组织，几乎可以自行实现。领导权将建立在道德说服力的基础之上，人民会信任他们的领导人但保留反驳的权利。圣西蒙认为，国家统制主义没有存在的必要，相反，他坚信小政府的优点。在他看来，最佳的政府管得最少、成本最小，他的目标是以事物的管理取代人的治理。圣西蒙的政治哲学尽管具有一些权威主义的意味，但它既不是国家主义，也不是社会主义。

他的追随者很快转向了博纳尔德的集权主义而不是自由主义。第一位真正把圣西蒙的思想引向集权方向的是奥古斯特·孔德。自1820年起，孔德在他的《实证政治体系》（1824）中指出政府具有核心作用。他认为，在当今世界，政府依旧是社会的领头羊，它仍然在“把所有个体的行为引向一个共同目标”，但已经沦为“完全负面的角色”[②]。孔德相信法国问题的解决方式存在于思想界，急需一种新的理论取代基督教以统一思想并重建秩序。安凡丹·巴泰勒米与圣-阿曼达·巴扎德两人试图参照天主

---

① Cheryl B. Welch. *Liberty and utility*: *the French idéologues and the transformation of liberalism*. New York: Columbia University Press, 1984.

② G. G. Iggers. *The cult of authority. The political philosophy of the Saint-Simonians*. The Hague: Nijhoff, 1958: 23.

教的等级结构组织社会，他们去世之后出现的圣西蒙派杂志《生产者》也表现出类似的趋向。圣西蒙的追随者甚至在《1830 年的世界》中公然攻击所有的自由主义制度，包括宪法、议会和民权，企图彻底与自由主义运动决裂。

这些观点与另一位工业主义代言人夏尔·迪努瓦耶的看法大不相同。1827 年，他在《百科杂志》上发表了一篇题为《论工业主义的命名》的文章，在该文章中，他区分了圣西蒙"有机学派"的理论和自己的工业主义。[①] 在近代的史学研究中，迪努瓦耶对复辟时期政治辩论的贡献在很大程度上被忽略。[②] 然而，迪努瓦耶的政治模式在许多方面都是十分重要的，他的作品提供了有趣的例子，展示了复辟时期的自由主义者是如何达成共识并找到在革命后法国保护自由的方法。他对 19 世纪中叶的自由主义者产生了非常重要的影响，其作品对弗雷德里克·巴师夏和古斯塔夫·德·莫里纳瑞所鼓吹的自由放任主义的发展具有重要贡献。[③]

迪努瓦耶与大学时期的老友兼编辑同事夏尔·孔德（不是比他更出名的那位奥古斯特·孔德）密切合作，在《欧洲批评者》中初步描述了他的政治模式。从该文中我们可以清楚看到，迪努瓦耶的主要理论——极小国和自由放任政策——是为了取代雅各宾的共和主义和保皇派的贵族自由主义。《欧洲批评者》的编辑们强烈批判 18 世纪时期大众对古典共和国的倾慕，认为卢梭等思想家所宣传的理想根本不适合当代国家。孔德和迪努瓦耶同康斯坦特一样认为，鉴于雅各宾派对政治的陈旧看法，他们的失败是可以预料的。怀有平等热情的《欧洲批评者》编辑们同样批判保皇派对"封建"社会、地主阶级统治的社会如英国的赞美。他们认为，共和国没

① Charles Dunoyer. Esquisse historique des doctrines auxquelles on a donné le nom d'Industrialisme, 'C' est-à-dire, des doctrines qui fondent la société sur l'Industrie. *Revue encyclopédique*, 1827 (33): 394.

② Leonardo Liggio. Charles Dunoyer and French classical liberalism. *Journal of Libertarian Studies*, 1977 (1): 153 – 178. Ephraïm Harpaz. "Le Censeur européen". Histoire d'un journal industrialiste. *Revue d'histoire économique et sociale*, 1959 (134): 185 – 217, 328 – 357; http://homepage. mac. com/dmhart/ComteDunoyer.

③ Albert Schatz. *L' individualisme économique et social: ses origines, son évolution, ses formes contemporaines.* Paris, 1907.

落之后，孟德斯鸠影响力的增加并没有超过卢梭的地位。[①]

《欧洲批评者》的工业主义者提出了什么理论来代替这些过时的理论呢？我们可以从《欧洲批评者》中找到答案。迪努瓦耶在一系列的文章中进一步阐述并完善了他的理论，其中最著名的是《论工业与道德》(1825)[②]。他在这些文章中表示，讨论对政府角色的限制比分析采用哪种类型的政府或政治制度更为重要，抽象地讨论政府组织形式毫无意义。一位自由主义思想家应该努力说服同胞们尽可能地限制国家的角色。[③]

迪努瓦耶的自由放任主义始于他对自由概念的理解。他认为，一个民族要想实现自由，政治或集体的自由是不够的。所有的市民个人也应当是自由的，他应当能够充分发挥个人能力，无知和无经验对人类的影响与暴力、罪恶是一样的。为了充分发挥人类的潜能，经济制度比政治制度更为重要，只有在工业社会（所有市民都参加工作，没有哪个阶层可以寄生在别人的劳动成果上）人类才可能充分发展。工业社会允许最大限度的个人自由和人类潜质的无限发展，唯有在工业社会，科学和技术才能得到最大限度的发展，才能允许诸如和平、宽容、勤劳和尊重他人等价值观的出现。文明的进步与自由的发展携手共进，而不是像卢梭等革命者所说的相互对立。[④]

在迪努瓦耶看来，只有当政府尽可能收手，减少对私人领域的干预，人类的潜能才能在工业社会得到充分发挥。政府的角色应当局限于保护个人与财产的安全，因为政府注定不能完成其他功能。政府的干预限制了生产和人类能力的发展，最终限制了自由。迪努瓦耶发表在《欧洲批评者》上的文章首次阐述了该观点。1817 年时，他写道：

> 我们已经说过 20 遍了，而且还会再重复 1000 遍：人们的目标不是政府，在人们眼中，政府的作用是无关紧要的，几乎可以说是无用的。我们的目标是工业和工作，是生产幸福所需的所有

---

① Charles Comte. Considérations sur l'état moral de la nation française, et sur les causes de l'instabilité de ses institutions. *Le Censeur européen*, 1817 (1).

② Charles Dunoyer. *De l'industrie et de la morale.* Paris, 1825.

③ Charles Dunoyer. Esquisse historique des doctrines auxquelles on a donné le nom d'Industrialisme, 'C' est-à-dire, des doctrines qui fondent la société sur l'Industrie. *Revue encyclopédique*, 1827 (33): 368 – 394.

④ Charles Dunoyer. *De la liberté du travail, ou simple exposé des conditions dans lesquelles les forces humaines s'exercent avec le plus de puissance.* Paris, 1845 (1): 17ff.

产品。在一个秩序井然的国家，政府应该仅仅是生产的附属，是生产者支付报酬并任命的委员会，负责在他们从事生产活动的时候保护他们的人身和财产安全。①

尽管这个观点被迪努瓦耶和他的伙伴在《欧洲批评者》中多次重复，但他们却没有讲清楚如何将政府的职责维持在合适的范围。该杂志中的一些文章表明，工业主义者的反国家自由主义并不意味着它是一种与他们的非工业主义者同时代人对政治制度完全不同的看法。前吉伦泰党党员 P. C. F. 多尼奥为《欧洲批评者》撰写了一篇题为《论个体欠全体社会成员的保障》的文章，在文章中他表明工业主义者至少在初期热衷于将保护代议制作为保障个体自由的最佳手段。多尼奥解释道，个体人身和财产安全以及言论自由，只有在这样的政府——具备陪审团制度、独立的司法和（被选举出来预防政府变得暴虐而不是被选举出来统治的）代议团体——之下才能得到保障。②

工业主义思想家的另一主张是：公务员的数量应尽可能受到限制，公务员也不应是有利可图的职业选择。正如夏尔·孔德在《论社会组织与人民生存方式之间的关系》中所说，工业主义者反对领薪的公务员，原因在于他们不生产任何产品。政府应当被掌握在对国家的繁荣贡献最大、也最愿意看到国家繁荣的人手中。③ 迪努瓦耶认为，美国和瑞士的公共服务不付薪水的制度应该成为法国的榜样，在法国，政务管理本身却成为有利可图的职业，这给国家带来了极大的危险，因为它把政府转交到一个与其他国民有着不同利益的一群人手中。同时，它会导致政府权力的膨胀，增加暴政的危险。④

迪努瓦耶的后期作品，还从工业主义者的前提下得出了更加激烈的结论。戴维·哈特在对工业主义政治理论的研究中表示，迪努瓦耶区分了国家在未来工业社会中三种可能的角色，每种角色都在他的作品中都得到过

---

① Charles Dunoyer. Considérations sur l'état présent de l'Europe, sur les dangers de cet état, et sur les moyens d'en sortir. *Le Censeur européen*, 1817 (2): 102.

② Z. [P. C. F. Dauneou]. Des garanties individuelles dues à tous les membres de la société. *Le Censeur européen*, 1818 (9): 1 – 107, 1818 (10): 1 – 80.

③ Charles Comte. De l'organisation sociale considérée dans ses rapports avec les moyens de subsistance des peuples. *Le Censeur européen*, 1817 (2).

④ Charles Dunoyer. De l'influence qu'exercent sur le gouvernement les salaires attachés à l'exercice des fonctions publiques. *Le Censeur européen*, 1819 (11): 75 – 118.

赞扬。第一，他在有些地方宣传一种与多尼奥相近的立场，支持国家的功能仅限于用警察和武装力量保护个人自由和财产。第二，他还支持自由主义的无政府立场：构想在未来，国家逐渐消失，只留下自由的个体自发组成民间团体。第三，迪努瓦耶偶尔徘徊在自由市场的无政府主义与有限政府之间，构想民族国家最终会分解，世界会变成基于经济和文化联系所建立起来的小社区。①

迪努瓦耶的作品似乎充分证明了 19 世纪的自由主义是一种个人主义的理论，这在国家和个人之间创造了尖锐的对立②，认为国家与个体是两种成反比关系的力量。对于真正的自由——人类能力的发展，政府无法起到任何积极的作用，政府的角色必须尽可能受到限制以便商业社会和自由得到充分发展。迪努瓦耶阐述了一种自由观，这种自由观在许多方面构成古典共和理论的对立面，古典共和理论因商业社会可能损害市民的公共精神而反对商业社会。迪努瓦耶的自由放任理论本质上与保皇派支持的贵族自由主义相矛盾，贵族自由主义认为，商业社会和革命后法国的平等社会一直有沦为独裁专制的危险。

新共和的解决方案：本杰明·康斯坦特

讲完迪努瓦耶和工业主义者之后，接下来探讨另一位非常有才华的作家——本杰明·康斯坦特。迪努瓦耶的作品在今天只为研究复辟时期自由主义的专家所知，而康斯坦特的光芒却一直闪耀在自由主义的天空，人们对他作品的兴趣只有在最近几年才有所增强。尤其是，学者们专注于康斯坦特的思想，认为它代表了革命后自由主义者努力形成的一种政治理论，即明确反对雅各宾的共和主义，由恐怖统治和随后共和国的灭亡证明了雅各宾共和主义是不可行的。研究康斯坦特自由主义的学者感兴趣的主要是他基于恐怖统治经验而撰写的关于五人执政内阁和帝国时期的作品。这种兴趣的激起源于 1980 年艾蒂安·霍夫曼对康斯坦特手稿《1806 政治原

---

① David Hart. *Radical Liberalism of Charles Comte and Charles Dunoyer*. chapter 4：47.

② Albert Schatz. *L'individualisme économique et social*：*ses origines*，*son évolution*，*ses formes contemporaines*. Paris：Colin，1907：197.

则》的重新发掘。[1] 接下来，笔者将专注讨论康斯坦特在复辟时期的作品，这些作品是为了反对保皇派的贵族自由主义和雅各宾思想体系。

正如第三章所述，与复辟时期大部分自由主义者一样，康斯坦特的逻辑起点是社会条件的变化不允许在法国恢复贵族。1814—1815 年间，康斯坦特曾短暂支持在法国引进英国式的上议院，但到了复辟时期，他逐渐相信在现代法国恢复贵族阶级不是维护自由的合适方法。与此同时，他还否定了雅各宾想在现代法国社会引入古典共和国的行为，认为这种做法早已经过时。然而，康斯坦特自己提出了什么解决方法来替代他所否定的模式呢？通过对康斯坦特的政治作品进行不同的解读可以回答这个问题。

康斯坦特似乎传播了一种与工业主义者的放任自由主义非常相近的自由主义思想。康斯坦特在其作品中多处表现出对个人自由的关心，并呼吁尽可能限制政治权力。他在 1814—1815 年间写的立宪文章中表示，人民主权的政府并不比专制君主更有资格拥有对国家的无限主权。他一直坚信主权应该受到限制，不论这种权力是在专制君王手中还是在一般民众手中。他强调设置严格的分权并不足以实现该目标，正如在大革命中所多次强调的。要实现这个目标，“对我们来说重要的不是在没有另一种势力的许可之下我们的权利不能被这样或那样的势力所侵犯，而是所有的势力都不能侵犯我们的权利”[2]。

康斯坦特在《评菲兰杰里作品》（1822—1824）中更加清楚地说明了这一点。尽管这本关于 18 世纪哲学家盖太诺·菲兰杰里的评论小册子并未受到学者们太多的关注，但它却是康斯坦特理论性最强的作品之一。康斯坦特尤其批判菲兰杰里对政府改革能力的热衷和他对政府、社会发展所能做出贡献的肯定看法。在整篇《评菲兰杰里作品》中，康斯坦特像工业主义者一样宣扬政府的作用是消极的，政府应当“镇压罪恶并让正义自动生成”。康斯坦特写道：“对于思想、教育、工业、政府的方针，应当自由

---

① Benjamin Constant. *Principes de politique applicables à tous les gouvernements* (*version de* 1806 - 1810). ed. Etienne Hofmann. Geneva: Droz, 1980.

② Benjamin Constant. *Collection complète des ouvrages*, *publiés sur le gouvernement représentatif et la Constitution actuelle de la France*, *formant une espèce de Cours de politique constitutionnelle*. Paris, 1818 (I): 177 - 190.

放任。”①

鉴于此，康斯坦特经常被描述为放任自由主义的创始人也就不足为奇了。② 支持限制国家职权范围的现代思想家如迪努瓦耶承认康斯坦特的作品是自己作品的重要灵感。③ 历史学家同样也把康斯坦特描述为自由放任主义的支持者，并以此为出发点强调康斯坦特的自由主义和孟德斯鸠自由主义的区别。如乔治斯·班赫卡萨表示，康斯坦特并不认为孟德斯鸠提出的通过权力制衡来限制君王的权力是可行的，相反，康斯坦特支持限制政治领域本身，呼吁建立尽可能大的私人领域而不仅仅是为了平衡权力。④

然而，时至今日，研究康斯坦特思想的学者们越来越质疑康斯坦特宣扬完全消极的自由主义的观点。斯蒂芬·贺姆斯在对康斯坦特思想的开创性研究中发现，康斯坦特的自由主义并不反对民主，他强调限制国家的角色却也并未排除关于如何做到长期限制国家权力的更积极的看法。尤其是，康斯坦特相信只有革命后法国的市民积极参与政府并确保统治阶级——不论是国王的部长还是人民的代表——不滥用权力，个人的自由才能被保护。或者用更加接近康斯坦特本人的话说，现代市民自由只有通过政治自由或古代自由权的措施才能被保护。⑤

如贺姆斯所说，该观点在康斯坦特著名的文章《古代与现代自由之比

---

① Benjamin Constant. “Commentaire sur l'ouvrage de Filangieri” in *Oeuvres de Filangieri traduites de l'italien; nouvelle édition, accompagnée d'un commentaire par Benjamin Constant et l'éloge de Filangieri.* ed. M. Salfi. Paris, 1840 (3): 397 – 398.

② Isaiah Berlin. *Four Essays on Liberty.* Oxford: Oxford University Press, 1969: 118 – 172; Biancamaria Fontana. The shaping of modern liberty: commerce and civilisation in the writings of Benjamin Constant. *Annales Benjamin Constant*, 1985 (5): 5 – 15.

③ Charles Dunoyer. Esquisse historique des doctrines auxquelles on a donné le nom d'Industrialisme, ‘C’ est-à-dire, des doctrines qui fondent la société sur l'Industrie. *Revue encyclopédique*, 1827 (33): 371.

④ Georges Benrekassa. De Montesquieu à Benjamin Constant: la fin des lumières? *Dix-huitième siècle*, 1989 (21): 116 – 133.

⑤ E. g. Stephen Holmes. *Benjamin Constant and the making of modern liberty.* New Haven and London: Yale University Press, 1984: 2; Lucien Jaume. *Conclusion to Coppet*, *creuset de l'esprit libéral. Les idées politiques et constitutionnelles du groupe de Madame de Staël. Colloque de Coppet*, 15 *et* 16 *mai* 1998. Paris: Economica, 2000: 238; Helena Rosenblatt. Re-evaluating Benjamin Constant's liberalism: industrialism, Saint-Simonianism and the Restoration years. *History of European Ideas*, 2004 (30): 23 – 37.

较》（1820）中提了出来。[①] 尽管这篇文章经常被用来证明康斯坦特拥护放任自由主义，但这种解读过于轻视康斯坦特思想的复杂性。的确，《古代与现代自由之比较》开篇便区分了适合古代人（长期积极参与集体权力）与现代人（平静享受个人独立）不同类型的自由。[②] 康斯坦特进而强调政治自由或自治绝不能以个人自由为代价强加在现代市民身上。如果要以他们个人的平静和幸福为代价，现代市民将不再仅仅满足于古人的自由和满足于参与国家主权。

康斯坦特在《古代与现代自由之比较》中明确强调政治自由的价值。在他看来，如果人民不积极参与政府，现代市民的自由不可能延续。与古典共和国不同，参与现代国家在一定程度上通过代议制（被他定义为通过代理权实现的自治）得以实现，但仅仅靠常规的选举并不足以让代议政府正常运转。康斯坦特相信，要确保一个稳定、自由的制度，现代市民必须有更多的行动，只有"持续并积极监督他们的代表"才能维护自由。[③] 没有什么比追求个人利益和忽视集体利益更能威胁现代市民自由，虽然追求个人利益和忽视集体利益是现代社会的特点，但当追求个人利益和忽视集体利益两者鼓励市民放弃参与政治的权利之时，它们就变成了对自由的威胁。他总结道："不能放弃我向你们描述的古代人或现代人的自由，应该把这两种自由结合起来。"[④]

康斯坦特在复辟时期创作的其他作品中多次强调该思想。尽管他已经在《评菲兰杰里作品》中提出政府应当尽可能受到限制，但没有人民和代议机构的积极参与，这种限制是不可能实现的。康斯坦特在文章开头便批评菲兰杰里期待权力会限制政府自身，相反，人民和他们的代表应该遏制

---

① Benjamin Constant. *Political writings*. trans. and ed. Biancamaria Fontana. Cambridge: Cambridge University Press, 1988.

② Benjamin Constant. *Political writings*. trans. and ed. Biancamaria Fontana. Cambridge: Cambridge University Press, 1988: 316.

③ Benjamin Constant. *Political writings*. trans. and ed. Biancamaria Fontana. Cambridge: Cambridge University Press, 1988: 326.

④ Benjamin Constant. *Political writings*. trans. and ed. Biancamaria Fontana. Cambridge: Cambridge University Press, 1988: 273.

权力。[①] 康斯坦特的自由主义和迪努瓦耶的放任自由主义可以进行区分，康斯坦特本人清楚说明过这一点，并指责迪努瓦耶没有充分关注政府的权力可能给维护自由带来的危险。[②]

康斯坦特十分强调公共精神的重要性，这也凸显了他与放任自由主义的差别。他认为，公共精神受到现代商业社会的威胁。[③] 1829 年在对迪努瓦耶的批判中，他解释道：文明进步本身是积极的，但也会带来一些重大问题。工业社会以获取商品为中心，推崇“良好的秩序”而不是“美德”。文明的进步鼓励“基于算计（权衡反抗与妥协利弊）的隐忍，而这种隐忍不仅会伤害自由而且也伤害独立，导致内部独裁和外部入侵”[④]。当然，这并不意味着应该否定商业和工业的进步，我们有必要重新燃起商业社会中被享乐精神损害的“宽容之心”和“牺牲精神与奉献精神”[⑤]。

康斯坦特几次提出，政府不应通过限制自身的活动范围来维护自由权，而是应该积极地鼓励公共精神。他在《古代与现代自由之比较》结尾部分强调，即使现代市民也应该被鼓励去参与国事，正如他在一段有趣却不太为人所知的段落中所讲：

> 立法者的工作不仅仅是给人民带来和平，即使人民满意也还有许多工作要进行。各种机构必须完成对市民的道德教育，不仅必须尊重市民的个人权利，保护他们的独立，不打扰市民工作，还应该让他们为公共事务奉献自己的影响力，呼吁他们用投票影响权力的运行，赋予他们通过表达自身观点及进行控制和监督的权利，通过锻炼他们履行崇高职责的能力，培养他们参与履行职

---

① Benjamin Constant. Commentaire sur l'ouvrage de Filangieri. *Oeuvres de Filangieri traduites de l'italien; nouvelle édition, accompagnée d'un commentaire par Benjamin Constant et l'éloge de Filangieri*. ed. M. Salfi. Paris, 1840 (3): 191.

② Benjamin Constant. De M. Dunoyer, et de quelques-uns de ses ouvrages. Benjamin Constant. *Mélanges de littérature et de politique*. Louvain, 1830 (1): 87 - 111.

③ Roberto Romani. *National character and public spirit in Britain and France*, 1750 - 1914. Cambridge: Cambridge University Press, 2002: 99 - 106, 109 - 121; Richard Whatmore. *Republicanism and the French Revolution. An intellectual history of Jean-Baptiste Say's political economy*. Oxford: Oxford University Press, 2000.

④ Benjamin Constant. *Mélanges de littérature et de politique*. Louvain, 1830 (1): 92.

⑤ Benjamin Constant. *Mélanges de littérature et de politique*. Louvain, 1830 (1): 96.

能的欲望并赋予他们相关的权利。[1]

康斯坦特的政治理论明显不同于工业主义者所传播的纯粹放任自由主义。这种差异可能缘于康斯坦特对自由权概念的定义与迪努瓦耶相比更加接近《论法的精神》中对自由权的理解。工业主义者把自由定义为人类能力的充分发展，基于此，他们开始相信，自由并不取决于政治制度，而取决于社会经济制度提供给人类发展的可能性。同孟德斯鸠一样，康斯坦特把自由定义为安全——只能通过法治得到保证的事物。即使他否定了孟德斯鸠提出的维护自由的方案，但《论法的精神》对康斯坦特的影响之大，使他不再认为没有某些政治保证也可以实现自由。[2]

康斯坦特把自由定义为安全并不能完全解释他认为有必要强调整体制度保障的重要性，尤其是自治的重要性的缘由。如斯蒂芬·贺姆斯所说，康斯坦特作品内部的复杂关系与矛盾冲突，在一定程度上是因为他在自己复辟时期的作品中要与雅各宾派和保皇派两个不同的对立面作斗争[3]，这在他的《古代与现代自由之比较》中曾有说明。康斯坦特在文章开始便指出，他试图去定义一种政治模式——代议政府——既不同于古代共和也不同于"高卢人的政治制度"，"这很像某个政党企图让我们重新接受的制度"[4]。从这个角度而言，他在复辟时期作品中所持有貌似矛盾的立场——一方面强调"古代自由"的危险，另一方面强调自治的必要性——变得更加合乎情理了。

为了回应左右两派的反对者，康斯坦特创造了新共和的自由主义范畴。他的思维方式与18世纪共和主义的不同之处，不仅在于它认为古典共和不是可行的模式，还在于它强调市民自由或现代自由的重要性，强调保留古典共和对大众政治参与的作用。虽然康斯坦特否定共和主义是受到雅各宾直接民主的启发，但保皇派的反民主思想和理论同样让他担心那种反民主的趋势。康斯坦特在后来的作品中愈加强调公共精神的重要性，这

---

① Benjamin Constant. *Political writings*, trans. and ed. Biancamaria Fontana. Cambridge: Cambridge University Press, 1988: 328.

② Benjamin Constant. *Fragments d'un ouvrage abandonné sur la possibilité d'une constitution républicaine dans un grand pays*. ed. Henri Grange. Paris: Aubier, 1991.

③ E. g. Stephen Holmes. *Benjamin Constant and the making of modern liberty*. New Haven and London: Yale University Press, 1984: 28 –52.

④ Benjamin Constant. *Political writings*. trans. and ed. Biancamaria Fontana. Cambridge: Cambridge University Press, 1988: 310.

表明，随着时间的推移，他逐渐认为不再需要特别防范过度政治自由的危险，转而开始担心反民主的保皇主义政治和意识形态的崛起。针对保皇派的理想社会——强大的地主保护所有人的自由，康斯坦特提出了自己的社会理想——通过间接实现的自治和公共精神来保护自由。

再谈贵族自由主义：普洛斯佩·德·巴航特

对于如何在现代社会维护自由的问题，康斯坦特的新共和主义和迪努瓦耶的放任自由主义都不是公认的答案，在那些所谓的"空论家"作品中还可以找到复辟自由主义的另一种变体。在议会中少数政客和争论家的领导者是雄辩家皮埃尔－保罗·鲁瓦耶－科拉尔和维克多·德布罗意，后者是上议院议员，同时也是法国最富有的贵族之一。空论家中有一些杰出的政论家如弗朗索瓦·基佐、普洛斯佩·德·巴朗特、热尔梅娜·德·斯塔埃尔的儿子奥古斯特·德·斯塔埃尔，奥古斯特还是维克多·德布罗意的连襟。尤其在复辟初期，他们同前革命派如本杰明·康斯坦特和费耶特为首的激进自由主义者保持了距离，从而被视作更加温和的保守自由主义的代表。这种差异在七月王朝的时候变得更为明显，因为当时的空论家成了"抵抗"自由主义的核心，他们反对更进步的"运动"。[①]

针对革命派的唯意志论和民主话语，皮埃尔·罗桑瓦龙在杰作《基佐时刻》中把空谈自由主义描述为理性的、精英的政治理论。罗桑瓦龙认为，空谈自由主义的核心是基佐的理性至上理论，基佐在《欧洲代议制政府的历史起源》中非常清晰地阐述了该理论。基佐在书中批判了人民主权论，认为主权不属于国家中的任何团体或个人，甚至也不属于人民，只有"理性"是至高无上的。由于该理论反对专制，这在某种程度上说是开明的，但同时它又是反民主的，因为基佐用它来鼓励限制参政权。他认为既然理性是至高无上的，就意味着没有人天生有权参与政府的权利，只有那些有理性的人、有合适"能力"的人才被允许参与政府，由此大多数未受

---

① Aurelian Craiutu. *Liberalism under siege: the political thought of the French doctrinaires.* Maryland: Lexington Books, 2003: chapter 2.

教育的市民被排除在外。[1]

然而，最近历史学家指出，空谈派思想中还有同样重要的因素。空谈理论家意识到，为了避免独裁，不仅应恰当定义君权，还应限制君权[2]。务必认识到这种限制权力的意愿使得空谈派采用了他们政治对手保皇派的一个关键概念，即中央政府应当通过中间权力受到限制。这并不是说空谈派主张在法国恢复土地贵族，他们同其他自由主义者一样相信贵族的灭亡是不可避免的，也是不可逆的。空谈派思想家认同保皇派的说法：革命后的平等和原子化社会使得法国人民失去了防御专制的工具。作为对保皇派的回应，他们声称，为了保护法国的自由应该创造新的中间力量，尤其是一个新的精英阶层。[3]

从斯塔埃尔的作品中可以看到空谈派同保皇派政治思想最早的交锋。斯塔埃尔在 19 世纪 20 年代撰写了几本小册子来支持特定的自由主义政策，不过他同时致力于从理论上找到一个答案以解决在当代世界如何维护自由的问题。为了实现这一目标，斯塔埃尔决定向英国学习。1818 年，他同连襟维克多・德布罗意一起修订了其母亲的遗著《反思法国大革命》。如我们所见，英国的例子在该书中占有中心地位。1825 年，斯塔埃尔在自己的作品《论英国》中详细讨论了英国的政治模式。1829 年他英年早逝之后，该书又重印了两次。[4] 与自己的母亲斯塔埃尔夫人不同的是，奥古斯特・德・斯塔埃尔并未在书中大篇幅地讨论英国制度，他更关心的是法国是否应当效仿英国的社会政治制度，尤其是继承制。正是这个原因，斯塔埃尔的著作可被视为回应保皇派而撰写的论英国模式的文学册子，特别是对柯迪《论英国政府精神》的回应。[5]

斯塔埃尔效仿柯迪，希冀找到英国自由的秘诀。为什么英国人比法国人更加自由？为了回答这个问题，斯塔埃尔首先指出，英国人比法国人更务实，他们对天马行空的理论没有法国人那般热衷。[6] 但他之后又回应了

---

① Pierre Rosanvallon. *Le moment Guizot*. Paris: Gallimard, 1985.

② Aurelian Craiutu. *Liberalism under siege: the political thought of the French doctrinaires*. Maryland: Lexington Books, 2003: chapter 6.

③ Lucien Jaume. *L'individu effacé ou le paradoxe du libéralisme français*. Paris: Fayard, 1997: 288 - 320.

④ Benoît Yvert. La pensée politique d'Auguste de Staël'. *Annales Benjamin Constant* 1995 (17): 77 - 86.

⑤ Auguste de Staël. *Lettres sur l'Angleterre*. Paris, 1829: 198, note 1.

⑥ Auguste de Staël. *Lettres sur l'Angleterre*. Paris, 1829: 1 - 40.

柯迪和其他保皇派思想家所提出的问题，即英国自由权同他们的社会经济结构以及继承法是否有关系?① 斯塔埃尔同柯迪一样描述了英国地产的状况，并补充了许多关于地产的具体信息。他指出，英国财富甚至包括土地财富的分配比法国人想象的公平得多。土地被分成小块之后可以卖出更高的价钱，更加刺激了这种趋于公平的态势。然而，斯塔埃尔不得不承认，在英国，民意对平等分配财产是一种重要的障碍，财富在贵族手中的集中程度比在法国严重得多。这促使他提出法国是否应当采用长子继承制的问题。

斯塔埃尔处理该问题的方式说明了复辟自由主义者受保皇派话语的威胁程度。他认为，在法国引进长子继承权毫无意义，因为英国的土地集中是习惯而不是法律造成的。② 斯塔埃尔继续追问道：把英国的土地集中制度移到法国真的合适吗？从经济学的角度来看，他的结论很清楚：长子继承权对农业有不利的影响。他认为，土地被分散还是被集中，更多的是气候、地理问题而不是继承法的问题，繁荣既取决于土地所有者的勤劳，又取决于可耕地的数量，正如法国大革命提高了法国的繁荣程度不是因为分割了土地，而是因为把土地交给了勤劳的人。③

从政治的角度看，斯塔埃尔找到了更多支持长子继承权的理由。在作品《论英国》的第六章，他重述保皇派提出的所有支持长子继承权的论据。斯塔埃尔写道，长子继承权是维护君主制自由与稳定的必要条件，在财产平分法之下，没有哪个个体可以获得大量的财富和社会影响力从而使得他能够“在必要的时候对抗权力的侵犯或公众意见的异常”。长子继承权创造了一个没有人能保护弱者或穷人免遭不公的社会，没有人有闲暇时间去关心公共事务，市民对无关自身利益的事物都毫无兴趣。冷漠会盛行，自大和虚荣会使得政府日益增加自身势力。在土地被分配的国家总是存在军事独裁的危险。斯塔埃尔似乎认为这些说法颇有道理，面对政府的压迫法国人不是常常缺少反制手段而束手无策吗?

斯塔埃尔最终否定了这种推理方式。他指出，英国作为榜样本身并不能充分证明长子继承权是自由的必要条件，因为英国人也经历过悲屈和软

---

① Auguste de Staël. *Lettres sur l'Angleterre*. Paris, 1829: chapters 3 to 7.

② Auguste de Staël. *Lettres sur l'Angleterre*. Paris, 1829: 40 – 53.

③ Auguste de Staël. *Lettres sur l'Angleterre*. Paris, 1829: 54 – 92.

弱。一个独立的贵族群体也许有助于自由，但它的重要性却经常被夸大。斯塔埃尔同许多其他复辟自由主义者一样，强调英国的制度不适合法国社会。贵族因素已不存在于法国，或者说同法国风俗相比，它过于虚弱、渺小，试图重造贵族的想法和努力都显得荒诞不经。的确，一些特定的立法经过足够的时间是能够改变这种情况的，但这是否有必要呢？斯塔埃尔评论道："把自由的希望建立在微不足道的贵族萌芽上，就像主教得知自己的侍者需要衬衣的时候却下令播种大麻一样。"① 即便是在英国，贵族的覆灭也在劫难逃。因为随着文明的融合以及工业与人才的进步，社会注定越来越平等。②

斯塔埃尔在书的剩余部分关注了英国政治制度中其他更值得法国效仿的方面。他对强大的报纸媒体和可以让市民参与政治而不将政府的直接管理权交给普通大众的协会和会议尤为感兴趣。③ 后来，斯塔埃尔反对整体照搬英国模式，改口宣称英国不是自由之家，反而法国更加自由，贵族和限嗣继承限制了自由而不是保护了自由。他认为，法国政治生活的特点是公众的节制，这足以弥补法国缺少对抗政府专制堡垒的事实。④

斯塔埃尔同其他复辟自由主义者一样对保皇派的主张十分敏感，尽管他最终并不认同他们。不过，另外，空谈派政论家普洛斯佩·德·巴航特却阐述了与保皇派更接近的观点。尽管巴航特反对法国以英国为榜样恢复土地贵族，但他坚信平等化的当代社会可能对自由构成威胁。巴航特同斯塔埃尔不同，他并不认为法国人的节制可以解决自由问题。相反，他呼吁创造一种基于自由选举产生并被民众自发认可的新型社会精英和一群天然的贵族。因此，他所阐述的政治理论不同于迪努瓦耶和康斯坦特的政治思想，而是更接近于孟德斯鸠的贵族自由主义及其保皇派的追随者。

巴航特是一位举世闻名的历史学家，他的著作《布戈尼公爵史》（1824—1825）对浪漫主义历史学的兴起产生了重大影响，不过，在复辟

---

① Auguste de Staël. *Lettres sur l'Angleterre*. Paris, 1829: 107.

② Auguste de Staël. *Lettres sur l'Angleterre*. Paris, 1829: 110 – 131.

③ Auguste de Staël. *Lettres sur l'Angleterre*. Paris, 1829: chapters 8 – 14.

④ Auguste de Staël. *Lettres sur l'Angleterre*. Paris, 1829: 315 – 329.

时期，他还是非常出名的自由主义政治家和政论家。[①] 与本节讨论到的其他自由主义政论家一样，巴航特对保皇派的话语进行了犀利批判。他认为保皇派在对继承法法案的讨论中引用孟德斯鸠的政治观点是一种过时的做法。虽然他批评保皇派用孟德斯鸠的思想来支持重建长子继承权，但他本人的观点也深受《论法的精神》的影响。

巴航特对孟德斯鸠的仰慕清晰表现在他的早期作品《论18世纪的法国文学》（1809）中[②]，该书是为了回应反革命所指责的大革命是由18世纪哲学家堕落的作品引起的观点。相反，巴航特认为，这些哲学家是他们所处社会时代的产物，他们的堕落是“社会病”的症状。[③] 然而，在巴航特看来，孟德斯鸠躲过了这种社会病，《论法的精神》“也许是对孟德斯鸠本人和他所处时代最好的纪念”[④]。巴航特有感于孟德斯鸠的实证精神，写道：没有其他著作提出关于欧洲国家特别是法国政府和管理更有价值的建议。[⑤]

这些对孟德斯鸠的溢美之词完全是肺腑之言，在巴航特的所有作品中都可以找到他深受孟德斯鸠影响的证据。如巴航特的自由概念显然是出自《论法的精神》，尽管巴航特并未在任何作品中对自由给予明确的定义，但他的一些言论表明他同孟德斯鸠一样，认为自由就是每个市民个体的安全感而且不存在专制势力。他在著名的《布戈尼公爵史》（1824—1825）序言中抨击所有认为权力应该是“专制且神圣”的人，因为无论他们支持皇权专制还是人民主权，都意味着承认“最强者的权力”[⑥]。在他的册子《论集体与贵族》（1821）中，他同样指出“自由”能够“保护自己的权

---

① 巴航特当时已是一位著名的自由主义政治思想家，不过他常被今天的法国自由主义研究者忽略。相比之下，当时比他更有名气的基佐与康斯坦特等人今天仍然更受重视。安托万·丹尼斯在为巴航特所著的传记中概述了他的政治生涯却没介绍他思想的演进。该传记于2000年在巴黎出版，标题为 *Amable-Guillaume-Prosper Brugière, baron de Barante* (1782 – 1866): *homme politique, diplomate et historien*.

② 该书1832年以 Tableau de la littérature française au dix-huitième siècle 为题再次编辑出版。

③ Prosper de Barante. *Tableau de la littérature française au dix-huitième siècle.* Paris, 1832: 38.

④ Prosper de Barante. *Tableau de la littérature française au dix-huitième siècle.* Paris, 1832: 115. le monument qui peut-être honorera le plus et son siècle et son pays.

⑤ Prosper de Barante. *Tableau de la littérature française au dix-huitième siècle.* Paris, 1832: 118.

⑥ Prosper de Barante. *Histoire des ducs de Bourgogne de la maison de Valois*, 1364 – 1477. Brussels, 1838 (1): 27.

力”，自由也要求能够保证防御权力的滥用。[①] 他在 1849 年发表的小册子《宪法问题》中写道：“如果要保障所有人都享有自由与权力，不应该有什么权威是至高无上的。”[②]

那么，该如何维护这种安全感或者说自由呢？巴航特在革命后时期对这一问题最重要的思考反映在他广为流传的册子《论集体与贵族》里。该册子创作于 1821 年，并在 1829 年再版发行，目的是回应保皇派政府关于分权的提议。保皇派政府赞同采取有限的措施，支持在市政管理层面上的选举，不同意部门级别上的选举。[③] 而巴航特支持更加激进的分权，他试图说服政府自由选举出来的按各部门组织的议会，应该对选区有完全的掌控权。巴航特在对政治制度更广泛的讨论中表达了自己的主张，他希望取代保皇派的贵族自由主义，后者考虑了自由派对孟德斯鸠政治模式的批判。在该册子于 1829 年再版之时，《辩论》杂志刊登了一篇评论文章，该文指出这些公社“勇敢地反对那些虚伪的贵族和对反革命行为抱有幻想的人”[④]。

巴航特同其他自由主义政论家一样，认为仿照英国在法国恢复土地贵族的企图注定要失败。他解释道，在革命后的法国这样一个先进社会中想要倒行逆施回到封建制是不可能的，因为土地贵族的没落不是大革命偶然的、可挽回的结果，而是早在 1789 年前就已经开始显现了。在中世纪末期，当商业和文明开始扩张的时候，封建制便随之趋于灭亡了。非人力因素破坏了贵族的根基，君主权力的膨胀也促进了封建制的覆灭。专制君主将贵族变成了宫廷贵族，极大促进了贵族的沦落，巴航特强调这种趋势不可逆转。封建贵族不再是革命后保护自由的有力工具，“我们一定不能用治孩子病的药来治老人的病”[⑤]。

---

① Prosper de Barante. *Des communes et de l'aristocratie*. Paris, 1821: 171.

② Prosper de Barante. *Etudes litéraires et historiques*. Paris, 1858 (1): 360. Pour qu'il y ait liberté et garantie des droits de tous, aucune autorité ne doit être absolue.

③ Rudolf von Thadden. *La centralisation contestée*. trans. Hélène Cusa and Patrick Charbonneau. Paris: Actes Sud, 1989: 239 – 263.

④ Rudolf von Thadden. *La centralisation contestée*, trans. Hélène Cusa and Patrick Charbonneau. Paris: Actes Sud, 1989: 305. un manifeste courageux contre les hommes qui... s'abandonnaient à... rêves d'aristocratie factice et de contre-révolution.

⑤ Prosper de Barante. *Des communes et de l'aristocratie*. Paris, 1821: 30. Il faut apprendre à ne point donner à la vieillesse les remèdes de l'enfance.

所有在法国重建贵族的努力都以失败告终是不足为奇的。拿破仑和后来的复辟政府都曾尝试恢复贵族，但无论是皇亲贵族还是上议院，都算不上是独立于君主意志的真贵族。巴航特强烈反对保皇派（一个相信自己是贵族的党派）在法国恢复土地贵族。[①] 他们对长子继承权的呼吁注定会失败，因为他们试图通过修改法律弥补社会变化的长期历程。巴航特再一次指出，财产的分配并不始于大革命，而是始于几个世纪之前，贵族受到路易十四的推波助澜而自取灭亡，普遍贫穷又导致他们的财产被分割。这表明，财产的分配与法律制度没有关系，它是法国社会不可逆发展趋势的结果。同样，英国贵族能够得以保留的原因更多缘于英国社会自身的特点而不是继承法。

法国社会从来没有如此平等（去贵族化），个体间也从来没有如此孤立过。[②] 巴航特认为，法国社会的平等化所带来的结果并不全是积极的。正如我们在《论集体与贵族》中所见，巴航特担心法国社会的平等化对革命后国家的自由与稳定构成威胁。他说虽然保皇派支持长子继承权是不当行为，但他仍然认同保皇派所说的社会等级是秩序和自由的必要条件的观点。如果国家中的个体保持相互孤立，他们就无力保护自身权力不被篡夺，只有开明的精英和独立的市民才能既抵制滥权又保护政府免遭混乱。[③] 没有这样的阶层，专制和无序都可能发生，正如革命后法国的乱象所展示的那样。换言之，一个新的社会精英阶层是有必要的。巴航特认为，放权能够让精英阶层在法国得到发展。他希望通过选举出管理者，使"一个渐进式的等级制度能够在君主和臣民之间形成不间断的链条"[④]。通过赋予社会中上流阶层一定的政治角色，他们将会给君主提供"正直且忠诚的扈从"，会保护市民的自由权不受其他势力的篡夺。[⑤]

巴航特认为，放权首先是实现社会重组的工具，而不是创造完备政府的方式。他希望分权能够培养新的社会等级。放权会消除革命后法国典型

---

① Prosper de Barante. *Des communes et de l'aristocratie*. Paris, 1821: 87 – 88.

② Prosper de Barante. *Des communes et de l'aristocratie*. Paris, 1821: 73.

③ Prosper de Barante. *Des communes et de l'aristocratie*. Paris, 1821: 132 – 157.

④ Prosper de Barante. *Des communes et de l'aristocratie*. Paris, 1821: 254 – 255. une hiérarchie progressive établirait une chaîne non interrompue entre le monarque et les sujets.

⑤ Prosper de Barante. *Des communes et de l'aristocratie*. Paris, 1821: 254 – 255. un cortège honorable et fidèle.

存在的冷漠，把地方管理人员变成地方官阶层，由地方民众自由选举产生从而被他们承认并对他们负责，而不是作为政府雇员，“贵族的存在是基于独立和影响力”。他们的职位应当由市民自主许可任命，政府不能将他们从职位上拉下去。[1] 他提议放权并不仅仅是为了实现好的管理——最主要的是，放权是为了建立更好的社会结构，鼓励“市民之间的团结精神”和“把社会的优势用于公众利益，这才是贵族存在的唯一正当的理由”[2]。

巴航特十分强调自身计划与保皇派计划之间的差异。他认为自己所辩护的贵族应当是选举产生的精英分子，不同于被保皇派理想化的地主。基于天然的优越性以及独立于政府的影响力，自由选举能够形成真正的贵族。不像保皇派的长子继承权，它的目标不是维护某一阶层的利益。尽管有这些不同，但巴航特和保皇派的小册子很明显都是受启发于相同的思想流派，都是基于孟德斯鸠的《论法的精神》。同保皇派一样，巴航特认为，法国社会的原子化和平等是存在缺陷的，因为这意味着不再存在中间力量；法国社会需要重组以更好地防御专制和无序，防御曾经导致大革命发生的社会病。[3]

总而言之，从斯塔埃尔和巴航特的作品可以看出，复辟时期的自由主义者都是通过与保皇派话语的交锋，找到在革命后的世界如何维护自由与稳定这个问题的答案的。与保皇派不同，这些自由主义思想家并不认同土地贵族主导社会的社会理想，他们也不认为英国是值得效仿的榜样。不过，他们同意保皇派说的，一个平等的社会使得市民无力对抗专制。尽管斯塔埃尔未能避开这个难题，最终把希望寄托在法国人民的节制而不是具体的保障措施上，但巴航特支持社会改革，让真正的天然的法国贵族上位。从本质上看，巴航特的政治理论与孟德斯鸠及其保皇派追随者的贵族自由主义有更为密切的关系，远远超过与同时代的自由主义者迪努瓦耶和康斯坦特的关系。

---

① Prosper de Barante. *Des communes et de l'aristocratie*. Paris, 1821: 148. L'aristocratie se compose d'influence et d'indépendance. Il faut que sa position lui soit conférée par le libre consentement des citoyens; il faut que le ministère ne puisse lui enlever cette position.

② Prosper de Barante. *Des communes et de l'aristocratie*. Paris, 1821: 22. l'esprit d'association entre les citoyens... l'emploi des supériorités sociales à l'intérêt général, qui est le seul principe juste et raisonnable de l'aristocratie.

③ Prosper de Barante. *Des communes et de l'aristocratie*. Paris, 1821: 252 – 256.

第五章 新贵族：复辟时期自由主义的主题

巴航特在《论集体与贵族》中为了回应保皇派而提出的论点，多次得到复辟时期自由主义者的响应，可以说他是新贵族论最有力的支持者但不能说他是唯一一位。同巴航特一样，自由主义思想家回应了保皇派的话语，认为土地贵族的覆灭是不可逆的，也是永久性的，他们还同巴航特一样坚信社会的原子化和个体间的孤立对自由构成威胁，应该创造一个新贵族群体予以制约。这些观点在巴航特伙伴的作品中占有重要地位，也得到了另一些人的支持。新贵族论受到不同派别自由主义者的支持，它出现在复辟时期众多的政治辩论中：对一些自由主义者提议改革上议院的辩论，对复辟时期分权的辩论以及在1814—1830年间漫长的对言论自由的辩论中。

对两院制的辩论

整个复辟时期，上议院的构成一直都是辩论的对象。正如我们所见，自由主义者起初十分热衷于为上议院辩护，他们采用了孟德斯鸠的理论：贵族中间团体是维护革命后法国自由和稳定的必要条件。但后来他们越来越不支持世袭议院。[1] 不过，关于贵族的辩论并未就此终结，很多自由主义者表示，上议院这一世袭贵族机构已经不适合当代法国，这并不意味两院制已经没有存在的必要。自由主义者虽然反对世袭贵族，但他们仍相信

---

① 见第三章。

革命后的政治制度需要立法机构而不是下议院。

在这场辩论中，一些不同的论据都用来支持两院制，理由是需要另一种更为温和的议会来确保更成熟地商议法律，防止议会一时鲁莽所带来的恶果。自由主义政论家认为，单一的立法议会一定会变得专制，正如大革命中所发生的那样。[1] 与此类似，上议院通常被描述为保守势力，以防止立法程序过快。[2] 两院制的自由主义支持者也选择了与巴航特类似的理由。他们同巴航特都认为，革命后社会的平等阻止了诸如英国的上议院土地贵族的恢复。政治制度的自由与稳定要求设法在政府和人民之间架起关卡。参议院不应人为地制造一个世袭的土地贵族，而是应该被当作革命后法国新社会精英的代表。《欧洲批评者》认为该思想对复辟时期的自由主义者十分重要，也许会有人对此感到意外。在上一章，我指出，该杂志的编辑尤其是迪努瓦耶是放任自由主义的坚定支持者，他否认政治结构作为维护自由方式的重要性，呼吁尽可能限制国家行为。不过，夏尔·孔德在《欧洲批评者》上的一篇文章中却表明了与众不同的态度。孔德在 1817 年发表的《论社会组织与人民生活方式》中讨论了政府的形式与人民的生活方式之间的关系。他认为，对政府的限制特别是在工业社会，如果没有制度保障将是不可能的。孔德呼吁改革参议院，因为如果要保护法国免受无序和专制的双重危险，这样的中间机构是必要的。[3]

孔德认为，在法国恢复旧制度中的贵族是不可能的。武士阶层依赖普通人劳动成果而生存的封建经济制度已经不再可行，商业使得战争和贵族显得多余。封建制度已经坍塌并于 1789 年从法国彻底消失，但这并不意味着相应的社会等级结构也已从法国消失。新的社会精英即劳动人民中的精英已经成长壮大，政府应当适应这种新的社会状况。孔德认为，应当将政府置于劳动阶层的影响之下，公共职能应由那些对国家繁荣贡献最大的人担当，通过把政府置于那些最愿意促进国家繁荣的人手中，可以增加国家财富。更具体地讲，孔德提议创造一种议会，让不同国家利益的重要代表都能发挥作用。

---

① François Guizot. *Histoire des origines du gouvernement représentatif en Europe.* Brussels, 1851 (2): chapters 17 and 18; H. de Lourdoueix. *De la France après la revolution.* Paris, 1816: 32 – 55.

② H. C. Mittré. *Quelques réflexions sur la révolution de* 1830 *et principalement sur la pairie.* Paris, 1831.

③ Charles Comte. De l'organisation sociale considérée dans ses rapports avec les moyens de subsistance des peuples. *Le Censeur européen*, 1817 (2).

孔德强调应充分利用法国的新社会精英，他们不仅可以作为政府的工具，还可以作为对抗中央政府所必需的缓冲器。当代的个体之间比过去的个体之间更加相互独立，虽然这本身是一种进步，但它也增加了人与人之间的孤立。这是导致国家专制和不稳定的重要原因之一，因此法国逐渐发展起来的新社会精英的存在应该被政治制度认可。只有这种制度才能缓解社会的原子化，形成一种强大的关卡，保护人民免受政府的专制和无政府状态的混乱。孔德写道："君主制中如果没有介于君主和人民之间的中间阶层，君主制就不能生存。这句话很正确且不局限于君主制政府。"①

如果说迄今为止在革命后的法国创造中间阶层的努力是不成功的，那便是因为他们不承认天然贵族，而是从上而下人为地强行设置了一个贵族。由从政府领取抚恤金的人组成的上议院变成了政府手中的工具，他们在经济上依赖于政府。为了解决这一问题，政府给参议院的捐赠应该被取消。同样，孔德强调贵族身份的世袭性应当被废除，毕竟参议员应有的品质与能力不能世袭。为做到名符其实，参议院应当开放并能够接纳可以增加自身力量的人，而且如果要维护自由，这也是必要的。孔德担心假如没有强大贵族的支持，政府不得不依赖军队，通过暴力和恫吓维持统治。②

孔德的论证与复辟时期的其他政论家不谋而合。夏尔·巴约勒作为一位激进的反保皇主义作家，同样呼吁改革贵族身份。巴约勒在复辟早期因批判斯塔埃尔夫人的《反思法国大革命》而崭露头角，他强烈批判过去法国贵族的压迫行径。③ 他于1826年创作的小册子《论继承法与取代法草案》是为了回应保皇派呼吁改变革命性继承法的主张。巴约勒强烈反对重新引进长子继承权，宣称法国贵族从来就不是王权的支柱或预防专制的闸门，不应该作为中间阶层而恢复。不过，巴约勒的确认为法国需要新的中

① Charles Comte. De l'organisation sociale considérée dans ses rapports avec les moyens de subsistance des peuples. *Le Censeur européen*, 1817 (2): 58. On a dit qu'une monarchie ne peut se soutenir, s'il n'existait pas entre le prince et le peuple une classe d'hommes intermédiaire: cette observation est juste; on a tort seulement de l'appliquer exclusivement au gouvernement monarchique.

② Charles Comte. De l'organisation sociale considérée dans ses rapports avec les moyens de subsistance des peuples. *Le Censeur européen*, 1817 (2): 61.

③ Jacques Charles Bailleul. *Examen critique des considérations de Mmela baronne de Staël sur les principaux événemens de la révolution française, avec des observations sur les dix ans d'exil, du même auteur et sur Napoléon Bonaparte.* Paris, 1822 (2).

间机构，他提议用一系列能够形成新精英阶层的“高级议会”取代参议院。[1] 这些提议是基于巴约勒对法国社会平等的担忧，这与保皇派的担忧十分相似。他在小册子中详细解释了法国大革命是如何破坏所有中间阶层的，并警告读者：一旦恢复君主制，大臣们如果再为非作歹就没有什么可以抵制他们，相反，国王面临众多孤立的个体。巴约勒认为这是非常危险的。他说道：

> 我越思考我们当前的状况，也就越害怕这种孤立和流动性。它把一切交给权力，甚至是自己被赋予的权力，因为它可能沦为单一的代理人，这个人不会遇到任何阻力、任何必要的建议，甚至没有什么能够促使他在面临重大问题时保持冷静。在这样的环境中我看不到什么是固定的；在这样的国家，一个人只能从专制到无序，从无序到专制轮流转换。[2]

巴约勒意识到这种分析与保皇派十分接近，但他认为保皇派解决这一问题的设想——重新引进长子继承权——是不正确的。引进长子继承权企图重回旧制度，是对社会的倒行逆施，封建贵族虽然限制了国王们的权力，但同时压迫了人民。巴约勒提出用另一种方案取代重新引进长子继承权的方案，认为有必要创造一系列“高级议会”取代上议院，而不是用土地贵族，对每个议会成员终身任命，并设有一位“公爵”主持人。这些“伟大的中间机构”会填补“王权与人民之间的鸿沟”，保护君主制免受

---

① Jacques Charles Bailleul. *Du projet de loi sur les successions et sur les substitutions, pour comparaison, quelques idées sur des institutions appropriées à l'ordre de choses qui nous régit, et qui en seraient les garanties et les appuis.* Paris, 1826: 40 -41.

② Jacques Charles Bailleul. *Du projet de loi sur les successions et sur les substitutions, pour comparaison, quelques idées sur des institutions appropriées à l'ordre de choses qui nous régit, et qui en seraient les garanties et les appuis.* Paris, 1826: 37. J'avoue que plus je contemple cet état de choses, plus je reste effrayé de cet isolement, de cette mobilité, qui livrent tout au pouvoir, et plus encore du pouvoir livré à lui-même, lorsqu'il peut se réduire à un seul agent, qui ne rencontre nulle part aucune résistance, aucun frein, aucun avis nécessaire, rien même qui l'oblige à prendre les conseils du temps. Je ne puis voir là rien de fixe. Dans un tel état de choses, il faut passer alternativement, et toujours, du despotisme à l'anarchie, et de l'anarchie au despotisme.

“混乱与专制”①。

对放权的辩论

新贵族理论在对参议院的讨论中被多次提及，但又不仅仅出现在对参议院的讨论中。复辟自由主义者对法国社会平等状况的担心也清晰地反映在对放权的讨论中。此间，巴航特发表了他的册子《论集体与贵族》。对地方政府的改革是复辟时期最重要的政治议题之一，行政集权（无论在市政还是在部门级别上）受到后革命一代人的强烈谴责。对中央集权的批判（该词创造于19世纪20年代）首先在草根阶层被广为接受。1817—1829年间，62个由86人组成的部门议会表达了增加地方自主的愿望②，这些诉求也被政论家和政客们保留在政治日程上。本杰明·康斯坦特于1815年宣称，放权是法国议会必须解决的最紧急的问题之一，许多左右两派的政客都认同这一点。保皇派政府于1821年首次尝试改革政府，1829年让·巴蒂斯特·马蒂尼亚克的中左派政府再次进行尝试。③

机会主义在放权辩论中扮演了重要角色。放权受到保皇派和自由派的支持，但因双方各怀不同心思导致复辟时期所有试图改革地方政府的尝试都以失败告终。约瑟夫·西梅翁拟定的1821年法案提出了温和的改革措施，但是在众议院辩论开始之前就被保皇派政府撤销。马蒂尼亚克的1829年法案体现了正式重组地方政府的尝试，却在面对保皇派和某些自由派的阻挠时最终破产。当然，保皇派和某些自由派有自己的理由希望马蒂尼亚

---

① Jacques Charles Bailleul. *Du projet de loi sur les successions et sur les substitutions, pour comparaison, quelques idées sur des institutions appropriées à l'ordre de choses qui nous régit, et qui en seraient les garanties et les appuis.* Paris, 1826: 39: ‘grands corps intermédiaires... le vide qui se trouve entre le trône et la nation’.

② François Burdeau. *Liberté, libertés locales chéries!* Paris: Cujas, 1983: 72.

③ Jacques Charles Bailleul. *Du projet de loi sur les successions et sur les substitutions, pour comparaison, quelques idées sur des institutions appropriées à l'ordre de choses qui nous régit, et qui en seraient les garanties et les appuis.* Paris, 1826: 60 – 96; Rudolf von Thadden, *La centralisation contestée, trans. Hélène Cusa and Patrick Charbonneau.* Paris: Actes Sud, 1983.

克的温和派政府失败。[①] 虽未对地方政府进行实质性的改革，但对放权的讨论有重要的思想意义。尽管放权的有些支持者首先强调对现实的考虑，认为集权降低了政府的效率，而更多的支持者则专注于一般的政治考虑。

人们阐述各种各样的理由来支持放权。[②] 一些政论家在针对行政改革的论辩中专注于地方社区与中央政府的关系，他们反对中央集权，因为中央集权侵犯了地方社区服务自身利益的权力。如一位名为路易斯·德·吉扎德的自由主义记者认为，地方社区就像一个个体，是先于国家存在的"天然"群体，他们有不可剥夺的权力去拥有并管理自己的财产。[③] 放权的支持者指出，法国的地方社区在过去就有自主选举管理者的权力，选区制是对这种古老权力的非法篡夺。在 1829 年，弗朗索瓦雷努阿尔表示，自治市有"原始权力"去选举出负责地方管理的官员，这在高卢人时代就已经形成惯例。[④]

还有很多政治思想家支持将放权作为恢复法国人公共精神的方式。康斯坦特对革命后法国放权重要性的观点能够说明这一立场，他在 1815 年的《政治理论》中用一个章节来讨论"自治力量"的重组问题。康斯坦特宣称：放权必须基于平等，地方社区有权利像个体一样为自身谋求利益。但该观点必须放在康斯坦特新共和主义的语境中来看待，他认为地方自治能给人民灌输爱国主义。康斯坦特宣称，在当代社会，一个人对出生地的热爱是爱国主义的真正来源。通过让集体在那些不影响大局的事务中自治，"所有公正、高贵和虔诚的情感"都会被激发出来。当市民们感受到地方社区的温暖，他们会更加热爱整个国家。[⑤]

放权从不同的角度得到了支持。我们已经看到巴航特是如何利用辩论放权的机会来思考法国社会中新贵族的必要性。巴航特的密友弗朗索瓦·基佐也表达了非常相似的观点，他在 1821 年 7 月给巴航特的一封信中描述了他的生活经历是如何让他相信放权的必要性，以便给地方精英更多的

---

① Charles Pouthas. Les projets de réforme administrative sous la Restauration. *Revue d'histoire moderne*. 1926 (1): 322 – 367.

② François Burdeau. *Liberté, libertés locales chéries*! Paris: Cujas, 1983.

③ Louis de Guizard. *De l'administration communale et départementale* (extrait de la Revue française-mars 1829). Paris, 1829: 6.

④ François Raynouard. *Histoire du droit municipal en France*. Paris, 1829 (2): I, I – xlviii.

⑤ Benjamin Constant. *Political writings*, trans. and ed. Biancamaria Fontana. Cambridge: Cambridge University Press, 1988: 255.

政治影响力。他写道："我看到的越多，我就越认同巴航特的想法，我们缺少的是聚会和集体活动。"[1]

放权是基佐的小册子《论法国社会中政府与反对派的手段》（1821）的论题之一，描绘了一个雄心勃勃的政改计划，以此作为对保皇派掌权的回应。[2] 基佐一开始就认为，政府决策时需要面向"新法国"而不是像保皇派一样只看"旧法国"。[3] 他同巴航特一样，认为旧贵族已经不能再扮演自由卫士的角色，因为它不再拥有真正的影响力或势力。

> 旧贵族并不缺少高贵的精神或大度的品格，它有时会梦想恢复自己的自由与权力并利用权力，如果不是为了公共利益的话，至少为了自己的荣誉，并用荣誉感维护这些权力防止君王滥权，但它不能再占有高尚的立场，不再代表人民也不再支持或反对任何权威。旧贵族要求的自由理论和结果都是法国不再需要的，它同时企图把这种自由强加于人民和执政者身上。[4]

因此，旧贵族已经成为革命后法国中自由的阻碍而不是支柱。基佐认为，保皇派关于新的社会秩序必定基于平等的观点决定了在法国建立常规政府的想法是不可能实现的。他们相信"所有的自由都是一种特权，所有

---

① Prosper de Barante. *Souvenirs du baron de Barante*. ed. Claude de Barante. Paris, 1890 – 1901 (2): 495 – 496. Plus je vois, plus je pense comme vous, ce qui manque, ce sont des points de réunion et d'activité commune… appeler les influences au pouvoir et permettre à la vie de se manifester là où elle est.

② Aurelian Craiutu. *Liberalism under siege: the political thought of the French doctrinaires*. Maryland: Lexington Books, 2003: 155 – 183.

③ François Guizot. *Des moyens de gouvernement et d'opposition dans l'état actuel de la France*. Paris, 1821: vii: 'Il s'agit de maintenir le trône légitime et de fonder l'ordre constitutionnel; est-ce par les maximes, les pratiques et le secours de l'ancien régime, ou par les principes et l'alliance de la France nouvelle que ce but peut être atteint?'

④ Aurelian Craiutu. *Liberalism under siege: the political thought of the French doctrinaires*. Maryland: Lexington Books, 2003: 69: 'Comme elle [l'ancienne aristocratie] n'est dépourvue ni d'esprits élevés, ni de caractères généreux, elle se rêve quelquefois recouvrant des libertés, des droits, les constituant sinon dans le bien public, du moins selon son propre honneur, et les maintenant avec dignité contre le pouvoir. Il ne lui appartient plus de prendre ainsi une position haute et indépendante; qu'on me permette cette expression; elle s'est brouillé avec la France; elle ne peut plus rien pour le peuple et n'a plus, pour elle-même, aucun point d'appui contre l'autorité. La liberté qu'elle demanderait à des institutions, aurait des principes et des résultats dont la France ne veut point; il faudrait qu'elle l'imposat en même temps au peuple et au pouvoir'.

的优越都是贵族的元素，无论是官阶、环境还是职业，整个社会都应该是分等级和分类的”。如果没有这样的贵族，“个体的独立只会带来社会的瓦解，所有的人在专制枷锁之下一同遭受羞辱”①。基佐解释道，保皇派试图通过重新确立限嗣继承制度及确立自治，他们认为“必须重建社会，否则社会将永远不会自由甚至还会灭亡”②，从而达到移风易俗和变更法律的目的。

基佐认为，回到“旧法国”的尝试与企图是不可行的，也是缘木求鱼的。没有必要恢复旧的社会等级机构——即使还有一线希望——因为一个“新贵族”正在形成。③ 放权是帮助新精英阶层崛起的最佳方式。基佐解释道，每个部门、每个城市都有一些人“会有一些决定性的影响力”，这些人包括地主、律师、公证人、资本家、制造商和商人等，他们现在只忙于自己的事，但他们有天然的影响力，应该参与到政府机构中去。基佐写道：“如果要防止一个国家中天然影响力的消失，就应该利用它们。”④

从昂里翁·德·庞塞的专著《论市政权力与社区内部警察》（1825）中可以找到与巴航特和基佐相似的观点。庞塞是一位著名的律师，曾在复辟初期担任司法部部长，他发表了多部关于法国法律历史和宪章中新制度的著作。庞塞的作品奇怪地混杂着传统主义与自由主义，他非常迷恋古法国宪法并在作品中多次赞扬它，但他同时支持法国大革命和作为 1814 年自由主义主要成就之一的君主立宪。⑤

---

① Aurelian Craiutu. *Liberalism under siege: the political thought of the French doctrinaires.* Maryland: Lexington Books, 2003: 151. toute liberté est un privilège, toute supériorité un commencement d'aristocratie… Il faut donc que les rangs, les conditions, les professions, la société tout entière, soient hiérarchiquement classées et constituées… il n'y a que la dissolution sociale par l'indépendance des individus, ou l'égale humiliation de tous sous le niveau du despotisme.

② Aurelian Craiutu. *Liberalism under siege: the political thought of the French doctrinaires.* Maryland: Lexington Books, 2003: 151. refondre en un mot toute la société; sans quoi ils ont déclaré qu'elle ne serait jamais libre et même qu'elle mourrait.

③ Aurelian Craiutu. *Liberalism under siege: the political thought of the French doctrinaires.* Maryland: Lexington Books, 2003: 157.

④ Aurelian Craiutu. *Liberalism under siege: the political thought of the French doctrinaires.* Maryland: Lexington Books, 2003: 270. Pour que les supériorités, les influences naturelles qui existent dans un pays ne soient pas perdues, il faut qu'elles soient employées.

⑤ J. H. M. Salmon. Constitutions, old and new: Henrion de Pansey before and after the Revolution. *The Historical Journal*, 1995 (38): 907－931.

庞塞关于放权的册子里也可以看到自由主义的影子。他呼吁选举市议会，甚至主张人民有权选出自己的市长，这两种主张放在复辟的时代背景中都是非常激进的自由主义要求。除了巴航特的《论集体与贵族》之外，《论市政权力与社区内警察》也许是阅读面最广、最有影响力的自由派关于放权的作品，在19世纪曾被多次重印。[①] 庞塞的著作大部分都是讨论市政权力的性质和它应有的各种职能。他提出许多具体的关于地方政府改革的建议，同时从更加抽象的角度讨论了放权的必要性。[②] 他同巴航特一样，表示政治机构本身不足以维持一个稳定、自由的制度，还需要应对社会的原子化，强调必须从这一角度分析法国面临的严重问题。虽然封建时期许多机构在政府和人民之间起到“中介”的作用，但这些机构随着时间推移而被解体。法国社会变得完全平等，尽管皇权不断增长：“所有的中间机构均已消失，在它们的残骸之上建立起了专制权力，使得皇权失去限制的同时也丧失了支持。”[③]

1814年，复辟的波旁王朝没能解决这一问题。尽管庞塞强烈支持法国1814年宪章中的君主立宪，但他并不认为新宪法足以确保法国的自由与稳定，他主张在政府与人民之间设置中间团体。然而，这并不意味庞塞支持保皇派在法国恢复贵族。相反，他认为“民主派”或资产阶级精英应该扮演新中间力量的角色。资产阶级中的“名人”构成了不同于“无产阶级”的民主精英，需要增强对地方管理的控制，获取政治角色。这种“新贵族”与旧贵族一起针对专制和无政府混乱形成强有力的闸门，保证宪章中规定的政府能够维持下去。[④]

在对马蒂尼亚克政府1829年《市政法案》的讨论中，更多关于该主题的小册子被发表出来。1821年西梅翁失败之后，马蒂尼亚克的法案是复辟时期首次正式改革地方政府的尝试。最重要的是，它是一次折中的尝

---

① 该册子1822年首次出版并分别于1825年、1833年和1840年再次修订出版，我用的是最后一版。

② Pierre-Paul Henrion de Pansey. *Du pouvoir municipal et de la police intérieure des communes.* Paris, 1840: 8 – 22.

③ Pierre-Paul Henrion de Pansey. *Du pouvoir municipal et de la police intérieure des communes.* Paris, 1840: 12. Ainsi disparurent tous les corps intermédiaires. Sur leur débris s'éleva le pouvoir absolu: l'autorité royale fut alors sans limite, mais elle fut sans appui.

④ Pierre-Paul Henrion de Pansey. *Du pouvoir municipal et de la police intérieure des communes.* Paris, 1840: 17.

试。它包含一项重要的自由主义要求，即在市政级别引进选举制。法案提议赋予富裕市民选举优先权，这如马蒂尼亚克所愿安抚了保皇派（根据法案要求，只有 40000 市民拥有选举权，而国会中存在 88000 名投票者）。这些妥协最终导致保皇派和自由派都对马蒂尼亚克的法案有诸多不满，在国会中法案得不到支持，因此该法案未能通过，使得地方政府改革的问题在整个复辟时期都悬而未决。①

在对马蒂尼亚克法案的辩论中，保皇派政论家如文森特·德·福布朗②支持放权，视放权为“壮大法国虚弱贵族的手段”，他认为富裕贵族应对地方事务具备更大的影响力③，这种主张引起了自由派的抗议。在众议院中，激进的自由主义者夏尔·纪尧姆·艾蒂安强烈反对，认为该法案是对贵族的偏袒。艾蒂安同其他的自由主义政论家一样，强调所有在法国恢复贵族的努力，包括新法案都是倒行逆施。他指出，过去 15 年中保皇派政府曾试图重新创造贵族，但法国缺少贵族赖以存在的土地财富。该情形不能也不应该被马蒂尼亚克政府的法案改变，因为法律应该适应社会现实而非社会现实来适应法律。④

约瑟夫·奥白赫农在小册子《论君主立宪制中的民主》（1828）中同样批判政府试图把地方政府交给地方的土地贵族。前省长兼自由派议员奥白赫农起初就同艾蒂安一样，抱怨马蒂尼亚克的法案会给予贵族太多的权力，该法案完全忽视了已经改变的社会现实。法国社会是民主的，政治制度应该与这种事实相符。奥白赫农详细解释了法国社会的平等是如何发生的，在他看来，平等的发生过程尤其受到君主专制的促进，君主专制促进了“平等精神”的发展。⑤ 大革命并未真正改变法国社会的性质，相反，它只是确认了之前已经存在的状况，革命后的法国已经成为“民主”或者说平等的社会。⑥

---

① Rudolf von Thadden, *La centralisation contestée*, *trans. Hélène Cusa and Patrick Charbonneau*. Paris: Actes Sud, 1983: 239 - 317.

② 见第二章.

③ Vincent Marie Viennot de Vaublanc. *Des administrations provinciales et municipales*. Paris, 1828: 42 - 44.

④ Charles Guillaume Etienne. *Archives parlementaires*. 1826 (57): 751 - 752.

⑤ Joseph Aubernon. *De la démocratie dans la monarchie constitutionnelle*, *ou essai sur l'organisation municipale et départementale*, *et sur la formation des notabilités politiques en France*. Paris, 1828: 12.

⑥ Joseph Aubernon. *De la démocratie dans la monarchie constitutionnelle*, *ou essai sur l'organisation municipale et départementale*, *et sur la formation des notabilités politiques en France*. Paris, 1828: 19.

奥白赫农强调，保皇派试图通过在法国重新引进贵族而改变社会现实的行为很危险，注定会以失败而告终。在复辟时期，他曾警告：已经有派系公然对国家中的“民主”宣战。该派系鼓吹1820年选举法和继承法案，并对革命后继续存在的政治躁动负责。由于政府需要借助他们的影响力来消除政治躁动，耶稣会会士和牧师对政府的影响变得更大。奥白赫农认为，此种行为是“妄图回到一个已经不存在的制度，注定是徒劳的”，应该追求的是“君主制和民主制的结合”。[1] 奥白赫农拜读过巴航特的《论集体与贵族》[2]，坚信社会的原子化也是有问题的。他批评道：“那些曾经加冕并同时孤立市民的理论把他们变成了统治者以及奴隶，由此带来了无序与专制。”[3] 法国社会克服了这两种极端，得以重建秩序和实现真正的自由，但前提是政府不再视个体为孤立的存在，而是关注他们作为集体的存在及其利益。放权是缓解法国市民“孤立”的重要方式，这让旧贵族被“民主中的政治名人”取代。奥白赫农强调，这种新的社会等级与天然平等完全匹配，“国民要人”即使在法国平等社会也存在。同时，新的社会精英应该在政治系统中获得固定的位置。[4]

对出版自由的辩论

1815—1830年的法国，人们对言论自由话题讨论的激烈程度不亚于放权问题。虽然1814年宪章保障了这项权利，但后来复辟政府继续对出版自由施加种种限制。1814年宪章刚一公布，孟德斯鸠政府就用普通法律

---

① Joseph Aubernon. *De la démocratie dans la monarchie constitutionnelle, ou essai sur l'organisation municipale et départementale, et sur la formation des notabilités politiques en France.* Paris, 1828: 4: ‘de vains projets de retour vers un régime qui n'est plus… alliance de la royauté et de la démocratie’.

② Joseph Aubernon. *De la démocratie dans la monarchie constitutionnelle, ou essai sur l'organisation municipale et départementale, et sur la formation des notabilités politiques en France.* Paris, 1828: vii.

③ Joseph Aubernon. *De la démocratie dans la monarchie constitutionnelle, ou essai sur l'organisation municipale et départementale, et sur la formation des notabilités politiques en France.* Paris, 1828: 62－63: ‘les théories qui ont tout à la fois couronné et isolé les citoyens, fait d'eux des souverains et des esclaves, et enfanté l'anarchie et le despotisme’.

④ Joseph Aubernon. *De la démocratie dans la monarchie constitutionnelle, ou essai sur l'organisation municipale et départementale, et sur la formation des notabilités politiques en France.* Paris, 1828: 33－40: ‘les notabilités politiques que la démocratie renferme’.

重建了审查制度，不同政府不断修改相关方面的立法。1830 年以前，国会辩论过不少于五项出版法，对出版自由利弊的讨论贯穿了整个复辟时期。[①] 尽管机会主义对这些辩论也产生了重要影响，因为一个时期的在野党总是比执政党更想去维护出版自由，但这些辩论通常局限在高层思想界，许多不同的理由被阐述出来去维护出版自由。

从某种程度上说，对出版的讨论就是对法国人权力和自由的讨论。复辟自由主义者指出，出版自由是人类的天然权力和宪章保障的权力，立法机关不能主动实施审查。1791 年的《人权宣言》第 11 条就明确提出了这个论点："自由交流观点和意见是人类最宝贵的权利之一。"这一权利在复辟时期继续受到维护。[②] 但对出版自由的辩论不仅仅是从法国人民权力和自由的角度，更多的是从制度层面来进行讨论。政论家和政治思想家都认为，出版自由在政治制度中起到关键作用，是重要的政治制度而不是天然的权力，因为它对表达公众意见是必不可少的。

历史学家十分关注民意的概念，他们尤其关注民意在 18 世纪下半叶政治辩论中的角色，当时民意概念已经被大规模地引用。诸如莫娜·奥祖夫和基思·贝克等学者认为，1750 年后民意概念的兴起促进了共和与自治政治概念的转向。民意的力量通常大于国王，它削弱了法国的专制并把政治权威交给公众。从这个意义上讲，民意是极具颠覆性的概念，它的崛起促进了大革命的爆发。[③]

在复辟时期的辩论中，共和主义式对民意概念的引用仍然十分常见。政治思想家如本杰明·康斯坦特宣称，为了促进公众对政治问题的兴趣，

---

① Eugène Hatin. *Histoire politique et littéraire de la presse en France, avec une introduction historique sur les origines du journal et la bibliographie générale des journeaux depuis leur origine.* Geneva: Slatkin, 1967 (8).

② Jacques Godechot. *Les constitutions de la France depuis* 1789. Paris: Flammarion, 1979: 3; Count Cornudet. *Archives parlementaires*, 1814 (7): 364 – 368; Benjamin Constant. *Observations sur le discours prononcé par S. E. le ministre de l'intérieur en faveur du projet de loi sur la liberté de la presse, reprinted in the Collection complète des ouvrages, publiés sur le gouvernement représentatif et la Constitution actuelle de la France, formant une espèce de Cours de politique constitutionnelle.* Paris, 1818 (3).

③ K. M. Baker. Politics and public opinion under the old regime: some reflections. *Press and politics in pre-revolutionary France.* eds. Jack R. Censer and Jeremy D. Popkin. Berkeley: University of California Press, 1987: 204 – 246; Mona Ozouf. L'opinion publique. *The French Revolution and the Creation of Modern Political Culture.* Vol. 1. *The Political Culture of the Old Regime.* ed. K. M. Baker. Oxford-New York: Pergamon Press, 1987: 419 – 434.

出版自由是很有必要的。在他看来，在当代国家的自治中，强大的民意是不可或缺的工具，是人民参与政府的论坛。在《论菲兰杰里作品》中，康斯坦特解释道，纸质媒体的发明为当代人们创造了新的渠道，让人们“对祖国产生兴趣”，而这种渠道是古典共和的前辈们所不知的。他强调对出版自由的限制会让人们对政治产生厌恶，甚至可能危及国家的生存。[①] 该主题在安托万·德·格拉尔德·德·普宜的《论公共精神与观念的力量》(1820) 中有详细论述。[②]

需要强调的是民意概念并不一定意味着共和。正如古恩所说，民意概念经常被满意旧制度的人引用，来批判议会对皇权专制的反对。[③] 在复辟时期的背景下，更加保守的含义可以在民意概念中找到，人们将它视作中央政府的平衡物而不是公众权威的体现。有政论家认为，在一个平等社会，之前存在的所有对抗中央力量的闸门都已消失，民意的自由表达至关重要，因为这是唯一剩下的平衡力。复辟时期的自由主义者认为，民意不是专制君主权力的替代物，而是贵族权力的替代物，可以制衡政府的权力而不是颠覆政府的权力。

为了回应 1819 年的新出版法，与空论派关系密切的年轻自由主义者、有才华的记者夏尔·德·日木萨特，撰写了小册子《论出版自由》并在序言中从专业角度讨论了新出版法，全面探讨了民意在革命后政治体制中的作用。日木萨特描述了民意如何在 18 世纪成为真正的政治力量，在他看来，这种力量的形成是人类文明进步的结果，并于 18 世纪在历史上首次允许多数人独立思考。尽管政府试图通过审查制度扼杀这种新力量，但旧制度中的政府不得不认真对待这一问题。大革命时期纸质媒体仍被视为统治的重要手段，拿破仑也不能完全忽视民意。[④]

民意是一股新势力和一种新的政治工具。但它在政治体制中究竟扮演什么角色呢？为了回答这个问题，日木萨特阐述了一个与巴航特相似的理

---

① Benjamin Constant. Commentaire sur l'ouvrage de Filangieri. *Oeuvres de Filangieri traduites de l'italien; nouvelle édition, accompagnée d'un commentaire par Benjamin Constant et l'éloge de Filangieri*, ed. M. Salfi. Paris, 1840 (3): 228.

② Antoine Guérard de Rouilly. *De l'esprit public ou de la toute-puissance de l'opinion*. Paris, 1820.

③ J. A. Gunn. *Queen of the world: opinion in the public life of France from the Renaissance to the Revolution*. Oxford: The Voltaire Foundation at the Taylor Institution, 1995: 1 – 10.

④ Charles de Rémusat. *De la liberté de la presse et des projets de loi présentés à la chambre des députés dans la séance du lundi 22 mars* 1819. Paris, 1819: 1 – 10.

论。他认为，法国历史的发展已经产生了以“社会平等”为特点的社会，曾经由贵族精英提供的反对专制的传统闸门已经消失。因此，只能通过联合个体市民来对抗专制。反过来，这使得出版自由不可或缺，只有这样的媒体才能为个体市民的利益发声。[①] 如果市民个体之间彼此“孤立”，专制与无序这对双胞胎就变得不可避免。日木萨特写道：“在专制政府之下，平等且不连贯的社会就像广阔而单调的非洲平原。旅行队可以轻松搭置帐篷，并安稳度过一天，但一阵风扑来就足以筑起沙堆淹没一切。”[②]

空谈派辩论家皮埃尔－保罗·鲁瓦耶－科拉尔阐述了类似的理论，他于1814—1830年间发表了备受欢迎且广为传播的关于出版自由的演讲。鲁瓦耶－科拉尔的演讲同他在反对1820年选举法案的演讲一样，更多关注的是大原则而不是辩论中法案的具体细节，他并非维护所有形式的出版自由。他在1819年发表的一次演讲中强调，对于某些类型的出版物来说，审查是必要的。他认为，报纸并不是为了表达个体市民的观点。事实上，期刊成了大革命期间所形成的各种派系的喉舌。这些期刊希望国王和国民接受它们的观点，他们的目的并非在于鼓励真正民意的发展，而是防止民意的形成。因此，对出版自由的限制是必要的，以便预防派系危险。[③]

然而，在1822年1月的一次演讲中，鲁瓦耶－科拉尔反对取消媒体审判中的陪审团制度，强力维护新闻自由这条大原则，明确把这一问题与如何在革命后平等的法国维护自由的问题关联起来。他认为，问题不在于个人表达自己观点的权利。通过批判政府的不当行为，它创造了对抗权力的“电阻”。因此，它就像一种制度和“一个公共自由权”。[④] 鲁瓦耶－科拉尔还说，出版自由是法国这样的民主国家所必需的，因为已经没有其他形式的阻力存在，“否则社会将失去它所创立或即将创立的任何制度。在

---

① Charles de Rémusat. *De la liberté de la presse et des projets de loi présentés à la chambre des députés dans la séance du lundi* 22 *mars* 1819. Paris, 1819: 15－16.

② Charles de Rémusat. *De la liberté de la presse et des projets de loi présentés à la chambre des députés dans la séance du lundi* 22 *mars* 1819. Paris, 1819: 11. Sous ce gouvernement [despotique], la société, nivelée et sans consistance, ressemblerait à ces plaines immenses et monotones de l'Afrique, où la caravane dresse ses tentes sans obstacles et s'établit pour un jour; mais le premier coup de vent va soulever le sable, et tout engloutir.

③ Prosper de Barante. *La vie politique de M. Royer-Collard.* Paris, 1861 (1): 307－317.

④ Prosper de Barante. *La vie politique de M. Royer-Collard.* Paris, 1861 (1): 129.

议会中宣扬出版自由总是万无一失，一呼百应”①。所有古代制度提供的防止中央政府滥权的壁垒都随着大革命而消失，大革命的影响再加上拿破仑的独裁，使得法国社会被原子化。“真是史无前例！我们只有在哲学家的著作里才看到国家被分解到最后的成分。”② 面对原子化的社会，一种新的力量出现了——中央政府，从此便将国家置于它的羽翼之下。

鲁瓦耶－科拉尔认为，三权分立并不能解决这一问题。在现实中，这些权力在同一个机构——议会的控制之下，仅仅是宪法中的分权不足以预防专制。他写道，预防专制的闸门需要由社会本身创造，政府的反对力量应该来自政府外部而非政府内部。因此，出版自由是肩负重要使命的政治制度，失去出版自由的那一刻，法国人民就会回到奴役状态。要维护王权的稳定和国家的自由，防止专制和无序，壁垒是必需的。鲁瓦耶－科拉尔总结道：“无论是面对专制还是面对混乱，我们的社会若没有相应制度就失去了相应保护。只有通过立法确立出版自由，宪章才能真正建立起所有自由权并把社会交付给社会自身（与政府相对而言）。”③

小　结

总之，自由主义记者和小册子作者多次表达了对法国社会平等状况的担忧，认为中间力量的缺失对维护 1814 年引进的自由主义制度构成了威胁。同巴航特一样，这里讨论到的政论家否定了保皇派提出的相关问题的解决方式，宣称在革命后的法国社会恢复土地贵族是不可能的，因为社会环境已经改变。相反，他们认同新的中间团体，认为新的精英应该被创造

---

① Prosper de Barante. *La vie politique de M. Royer-Collard*. Paris，1861 （1）：130. La société ne possède plus，ou elle ne possède pas encore une seule institution qui soit son ouvrage. Il n'y a pas de vérité qui ait retenti plus souvent et avec plus d'éclat à cette tribune.

② Prosper de Barante. La vie politique de M. Royer-Collard. Paris，1861 （1）：130. Spectacle sans exemple！On n'avait encore vu que dans les livres des philosophes une nation ainsi décomposée et réduite à ses derniers éléments.

③ Prosper de Barante. *La vie politique de M. Royer-Collard*. Paris，1861 （1）：132－133. Devant l'une comme devant l'autre，la société désarmée d'institutions serait restée sans défense. Ce n'est qu'en fondant la liberté de la presse，comme droit public，que la Charte a véritablement fondé toutes les libertés，et rendu la société à elle-même.

出来去替代以前的贵族壁垒。

保皇派政论家关注到自由主义者对新贵族的热衷并斥之为虚伪和自私。如保皇派历史学家多米尼克·德·蒙特罗叶赫在《论法国君主制》中颂扬了法国历史上封建贵族的作用，强烈反对自由派形成“精英民主”的计划。[①] 小册子《论复辟：大革命的失败而非胜利》的匿名作者 P. L. B. 也反对自由主义者创造新社会等级的计划，他指出，自由主义政论家反对恢复旧贵族的主张，但他们希望把自己的追随者即资产阶级变成新贵族。[②]

这并不意味着复辟时期所有的自由主义者都忧心革命后社会中的平等状况。正如罗伯托·罗姆尼在最近一项研究中所言，复辟自由主义者同康斯坦特一样，相信延伸政治自由是解决法国社会问题的唯一途径。[③] 迪努瓦耶和康斯坦特对自由概念的阐述未能取代复辟自由主义者话语中孟德斯鸠的贵族自由主义。迪努瓦耶的自由放任主义对那些担心法国社会处在沦为专制边缘的政论家来说毫无吸引力。这里讨论的话语同时还表明，康斯坦特要把“现代”自由与“政治”自由或者说自治联系起来的企图并非完全成功。

新贵族的主题出现在各流派自由主义政论家的作品中，更证实了这一点。尽管与空谈派有关的政论家——巴航特、基佐、日木萨特、鲁瓦耶-科拉尔等都对这些思想的传播有重大贡献，但他们并不是唯一支持这些观点的人。政治记者如夏尔·孔德、夏尔·巴约勒或昂里翁·德·庞塞等与这些理论家几乎没有什么关系。然而，自由主义运动中的一些人与他们的保皇派对手一样，相信创造政府和人民之间的中间力量是在平等社会如法国维持稳定自由政权的唯一途径。他们的理论给后来的自由主义者留下了丰富的遗产。

---

① François Dominique de Montlosier. *De la monarchie française au 1er janvier* 1824. Paris, 1824: 398.

② P. L. B. *De la restauration considerée comme le terme et non le triomphe de la révolution; et de l'abus des doctrines politiques, en réponse à l'ouvrage de M. F. Guizot, intitulé: Du gouvernement de la France depuis la restauration, et du ministère actuel.* Paris, 1820: 132.

③ Roberto Romani. *National character and public spirit in Britain and France*, 1750 - 1914. Cambridge: Cambridge University Press, 2002: 140 - 148.

第六章　民主的危险：奥尔良派的自由主义与亚历克西·德·托克维尔

七月革命与奥尔良派的自由主义

1830年，法国复辟王朝被七月革命推翻，查理十世被废黜，他的表亲路易斯·菲利普成为新的国王。1830年的革命还带来了其他几项制度的调整，不过大部分都是象征性的。最明显的改变是废止爵位的世袭，取而代之的是国王任命的参议院。从此，国王和继任者只能在议会中宣誓效忠宪章而不是神明，他们会因此失去身上神权的光环。同1791年宪法所述一样，国家的元首是"法国人的国王"，相比"法国的国王"的说法显得更加民主。不过，真相却是元首的权力并未受到多大的削弱。1830年宪章的意义不在于对181宪章文本上的改变，而在于让议员们相信他们才是最强大的。①

在新的政治制度下，保皇派（现在又被称作"正统主义者"）失去了他们的大部分政治势力。一些保皇派拒绝接纳新政权，坚持忠于流亡的波旁王朝。他们拒绝宣誓效忠新国王，这就意味着他们被排除在政治职能和公共生活之外，保皇派贵族隐居在自己乡下的庄园里。1832年，贝丽女爵在法国南方希望通过武力暴动扶植自己年幼的儿子亨利五世成为国王，

① H. A. C. Collingham. *The July Monarchy. A political history of France* 1830 - 1848. London and New York: Longman, 1988: 23 - 34.

这次尝试以失败告终，保皇运动受到沉重的打击。尽管保皇派中的“议会派”倾向于通过合法的方式恢复波旁王朝，并在贝丽女爵失败之后势力大增，但是从选举的角度来说，保皇派不是非常成功的，在七月王朝时期并没有过多参与政治。①

相反，七月革命促使自由派即复辟时期的反对派上了台。由于共同敌人的消失，自由派的分裂更为严重，有的更为激进而有的更为保守，自由派被划分为“运动派”和“反抗派”。激进的左派或者说运动派希望七月革命不仅仅是一次王朝的更替，主张 1830 年之后应该对复辟进行彻底批判。较温和的一些人支持阿道夫・梯也尔领导的中左派，强调奥尔良党人革命的、反神职、反贵族性质。比他们更左的是奥迪隆・巴罗领导的激进运动的左派王朝，他们也强调七月王朝的革命出身，但比梯也尔进一步地要求一个更加民主的制度和要求加大授权向下扩展资产阶级，主张必须拥有强硬的对外政策。②

更左的是在复辟时期一直从事地下活动的共和主义者，他们在七月革命之后东山再起。共和运动中较为激进的山岳派以戈德弗雷・卡芬雅克为首，并视罗伯斯庇尔和雅各宾派为自己的榜样。更有影响力的是阿曼德・卡雷尔领导的美国学派，他们将美国式的共和作为自己的政治理想。他们认为，新体制应当建立在人民主权的基础之上，就像美利坚共和国一样，也应该通过确立普选体现人民主权。共和主义者起初认为七月革命可以帮助他们实现政治理想，即使君主制尚存。但他们很快意识到现实并非如此，共和主义者对七月王朝的敌意便逐渐增加。③ 因此，许多共和主义者参与了 1834 年发生在巴黎和里昂反对政府的暴乱。④

---

① H. A. C. Collingham. *The July Monarchy. A political history of France* 1830 – 1848. London and New York: Longman, 1988: 116 – 131; Stéphane Rials. *Le légitimisme*. Paris: Presses Universitaires de France, 1983.

② H. A. C. Collingham. *The July Monarchy. A political history of France* 1830 – 1848. London and New York: Longman, 1988: 24.

③ Gruardet. *Le droit naturel, ou petition à messieurs les députés des départements*. Lyons, 1831; Jean-Claude Lamberti. ‘*Le modèle américain en France de* 1789 *à nos jours. Commentaire* 1987 (39): 490 – 498; René Rémond. *Les Etats-Unis devant l'opinion francaise*, 1815 – 1852. Paris: Armand Colin, 1962 (2): 664 – 672.

④ H. A. C. Collingham. *The July Monarchy. A political history of France* 1830 – 1848. London and New York: Longman, 19: 132 – 142.

面对暴乱，抵抗派更坚信1830年七月革命的发生只不过是因为更换国家元首，这有利于更好地坚持宪法精神。[①] 在能干的政治家和辩论家如卡西米尔·佩里埃、弗朗索瓦·基佐和维克多·德布罗意的领导下通过路易斯－菲利普的支持，1831年之后抵抗派迅速控制了政府，当时国王指派皮埃尔去应对威胁新政权的声音。皮埃尔和他的继任者依赖于两百多位庞大但松散的众议院议员的支持，这些议员的主要特点是对坚定有力和安宁的政府感兴趣并且忠实于1830年形成的决议。当1834年共和主义者领导的人民暴动在里昂和巴黎发生的时候，运动派和抵抗派之间的分歧进一步扩大，这次暴动受到了政府的武力镇压。之后，费尔斯奇试图杀死路易斯－菲利普，结果导致18人丧命，另有22人身受重伤。这一些事件以及它们对保守自由主义者的影响将奥迪隆巴罗领导的奥尔良左派逼到了永久对立的一面。同时，共和主义者被迫转入地下，直到七月王朝覆灭。[②]

抵抗派自由主义的特点是坚定支持君主立宪。正如路易斯－菲利普在1831年1月对一个代表团所说的一样，1830年革命在滥用皇权与民权泛滥之间达成了妥协。[③] 奥尔良派自由主义者相信，1814年确立并于1830年重新确立的君主立宪是最适合革命后法国的政府形式。[④] 从这个意义上讲，与复辟时期相比没有任何变化。国王、部长和两院共享立法权的君主立宪同样是统治精英的政治理想。然而，在另外一个层面，19世纪30年代和40年代的自由主义者关注的问题与复辟自由主义者大为不同。后者主要关心如何回击保皇派，而奥尔良派自由主义者更多的是感受到来自左派的威胁。奥尔良派自由主义在反击共和主义的过程中崛起，共和主义在1834年的暴动中也证明了自己煽动民众的能力。

奥尔良派自由主义是在反驳共和主义者宣传的人民主权论过程中形成的。新的“资产阶级国王”路易斯－菲利普的支持者强烈认为，虽然说七月革命是人民革命，但这并不意味它是基于人民意志的革命。共和主义者

---

① Pierre Rosanvallon. *Le moment Guizot*. Paris: Gallimard, 1985: 105 – 121.

② H. A. C. Collingham. *The July Monarchy. A political history of France* 1830 – 1848. London and New York: Longman, 1988: 55 – 70, 157 – 169.

③ H. A. C. Collingham. *The July Monarchy. A political history of France* 1830 – 1848. London and New York: Longman, 1988: 108.

④ H. A. C. Collingham. *The July Monarchy. A political history of France* 1830 – 1848. London and New York: Longman, 1988: 108 – 116.

常说的美国政治榜样被奥尔良派自由主义者斥为不合适，宣称法国与美国的状况完全不同，不宜模仿大西洋彼岸的政府形式。相反，奥尔良派自由主义者认为，人民主权应该局限于那些真正有能力的人，中产阶级政府而非人民政府才是最适合当今世界的。为了支持这种说法，他们修改了复辟时期自由主义者阐述的社会变革观。他们认为，法国社会的平等并没有创造一个完全平等的社会，只是把权力和力量集中在资产阶级手中。在某种意义上说，资产阶级成为新贵族，就像奥尔良派多次强调的，尽管它并没有那些可恶的特权以及旧体制中贵族的固定性。这种社会分层应该在政治制度中得到反映，资产阶级社会需要有资产阶级政权。

对这种观点最连贯的阐述出现在《论新民主——法国风俗与一般阶层的力量》中，该书作者是外交部的一位小职员爱德华·阿力茨。他之前已经发表过许多哲学宗教作品，但《论新民主——法国风俗与一般阶层的力量》是他第一部政治小册子。他开篇便声称，当代社会中的变革——他描述为中产阶级而非普通民众的崛起——在人类历史上是史无前例的。革命后法国的社会环境是独一无二的，它是“在此之前完全不为世人所知的一种新的社会形式”[1]。阿力茨认为，资产阶级社会需要新型的政府，“既非专利又非寡头与民主，也不像英国那样的混合贵族”[2]。这种新型政府即中产阶级政府，在许多方面都像贵族政府与开明精英的统治一样，资产阶级已经变成“兄弟般流动的贵族”。[3]

阿力茨认为，中产阶级精英政府把权力集中在开明的少数人手中，这才是未来政府的形式。[4] 在并不遥远的过去，没有资产阶级支持的政权无一例外最终垮台。拿破仑之所以失势，就是缘于他失去了中产阶级的支持，因为中产阶级支持的是君主立宪。路易十八统治时期，在 1830 年，

① Edouard Alletz. *De la démocratie nouvelle, ou des moeurs et de la puissance des classes moyennes en France.* Paris, 1837: 2 – 3. une nouvelle forme de société totalement inconnue jusqu' à présent dans le monde'.

② Edouard Alletz. *De la démocratie nouvelle, ou des moeurs et de la puissance des classes moyennes en France.* Paris, 1837: 2 – 3. ni le despotique, ni l'oligarchique, ni le démocratique, ni le gouvernement mixte-aristocrate, tel qu'il existe en Angleterre.

③ Edouard Alletz. *De la démocratie nouvelle, ou des moeurs et de la puissance des classes moyennes en France.* Paris, 1837: 82. une aristocratie fraternelle et mobile.

④ Edouard Alletz. *De la démocratie nouvelle, ou des moeurs et de la puissance des classes moyennes en France.* Paris, 1837: 116.

贵族曾试图重新夺取权力但被人民和资产阶级的联盟挫败。然而，在1830年之后，该联盟中较弱的一方即人民被击败，只剩下资产阶级单独掌权。阿力茨试图以此反驳共和主义者的想法——1830年的资产阶级政权是最终建立真正人民政府的第一步。他认为，人民共和国适合较早的、不太发达的历史阶段，他把羡慕美国政府的共和主义者比作等待重建神庙的以色列人，而神庙已经被永远摧毁。①

阿力茨的著作受到了奥尔良派自由主义者尤其是基佐的热烈欢迎。1837年，基佐在《法国杂志》上发表了一篇题为《论现代社会中的民主》的书评，支持阿力茨的观点——美国模式、"数字主权"是不适合法国人的，（美国多数州都实行的）普选对自由来说并非必不可少。虽然所有市民都有权享受完善治理，但不是每个人都有权利去评判法律是否正义、是否合理。前者是普适性权利，后者是可变性权利，依靠能力而定。② 1849年，基佐在《论法国民主》中更详细地阐述了这一主题，作为对二月革命的回应。他正是因为二月革命而失势。该册子重申精英政府是最适合革命后法国的政府，并宣称"民主崇拜"是当时面临的最大问题。③ 奥尔良派对资产阶级政府的偏爱意味他们并不欣赏共和主义者介绍的美国模式，如米歇尔·谢瓦利埃在《北美札记》（1836）中所言。《北美札记》是除了亚历克西·德·托克维尔的《论美国的民主》之外，在七月王朝期间最受欢迎的关于美国政治制度的书籍。④ 谢瓦利埃曾于1833—1835年间受政府指派游历美国，考察美国的工业发展状况。⑤ 他在书中宣称美国的制度完全民主。他强调，与资产阶级统治的法国相比，美国的政治制度确立了人民的统治，它是"一个变得越来越激进的庞大的民主国家，因为人民统治越来越多，没有竞争者也没有制衡者"⑥。不过，美国的政府体制不仅不能成为法国的榜样，而且还正在被瓦解。谢瓦利埃觉察到美国四处可见的"革命的征兆"；美国人对法律不再尊重，他们屈从大众意志的暴虐，正如

---

① Edouard Alletz. *De la démocratie nouvelle, ou des moeurs et de la puissance des classes moyennes en France*. Paris, 1837: 83 - 116.

② François Guizot. De la démocratie dans les sociétés modernes. *Revue française*. Paris, 1837: 193 - 225.

③ François Guizot. *De la démocratie en France*. Paris, 1849.

④ Rémond, René. *Les Etats-Unis devant l'opinion française*, 1815 - 1852. Paris: Armand Colin, 1962 (2): 370 - 390.

⑤《北美札记》共有四个版本，我（指作者）用的是1838年的第三版。

⑥ Michel Chevalier. *Lettres sur l'Amérique du Nord*. Brussels, 1838 (1): 62.

人们容忍他们对废奴者和银行董事们的暴行一样。总之，谢瓦利埃怀疑美国人是否能够维持现有的民主制。①

著名的历史学家与自由派天主教政治思想家路易斯·德·卡内在对谢瓦利埃的评论文章《论美国民主与法国的资产阶级》中肯定了谢瓦利埃的看法。② 尽管卡内敌视空谈派并在自己于1839年当选下议院议员之后联合左派反对基佐政府③，但他赞同创造一个资产阶级国家的必要性。卡内描述了法国近代社会的重要变革和那些使得“民主”更加重要的变化。这些社会变化注定要对政治制度产生重要影响，尤其是复辟时期的“贵族派”在面对民主进步时已经表现得无能为力。但这种影响具体是什么呢？法国会变得像人民主权的美国体制吗？卡内对此表示否认。大西洋对岸的美国之所以实行直接民主，是因为美国的风俗和国家的规模，这两个因素使得美国可以形成小规模的、自治的社区。但是在欧洲，人民主权是不可行的，卡内相信欧洲社会的环境不允许存在基于政治平等的体制。尽管世袭贵族已经消失，但欧洲社会中的社会差距依然十分明显，人们的思想认知水平依然有巨大差异，法国社会的财富分配依然严重不均。法国大革命的结果是土地集中在了中产阶级而不是穷人手中，同时出现了各种各样新的不平等，这种不平等源于工业的崛起，它把法国社会分为两大阶层：占有资本、机器的资产阶级和依赖资产阶级雇主的无产阶级。因此，以美国为榜样的人民政府在欧洲是不可能实现的，参政能力依然是参政的前提条件，精英集团的统治才是最适合法国这样的国家的政府形式。

1830年上台的自由主义者相信要在革命后的法国维持一个稳定自由的体制，资产阶级的统治是最合适的。奥尔良派的理论不赞成人民主权，认为只有那些有足够“能力”的人才可以参与政治。奥尔良派的自由主义在很大程度上是“精英论”的自由主义④，它是基于某种特定的鼓励自满式自由主义的社会变革观。自由主义者如阿力茨相信历史进步的特点是第三等级即资产阶级的崛起而不是人民的崛起。把资产阶级推上台，七月革

---

① Michel Chevalier. *Lettres sur l'Amérique du Nord*. Brussels, 1838 (3): 124 – 138.

② 该评论文章第一次发表在 Revue des Deux Mondes in 1837；我用的是再版的 Carné, Louis de. *Des intérêts nouveaux en Europe depuis la révolution de* 1830. Paris, 1838 (1): 96 – 118.

③ Louis de Carné. *Des intérêts nouveaux*, 1838 (2): 199 – 200.

④ Pierre Rosanvallon. *Le moment Guizot*. Paris: Gallimard, 1985; Lucien Jaume. *L'individu effacé ou le paradoxe du libéralisme français*. Paris: Fayard, 1997: 119 – 169.

命就完成了使政治制度适应新的社会现实的使命。从某种意义上讲，“历史的终结”已经实现。

亚历克西·德·托克维尔：1835 年《论美国的民主》

然而，并不是所有七月王朝时期的自由主义者都认同精英论——自满式自由主义。事实上，19 世纪 30 年代最闻名的政治文章，亚历克西·德·托克维尔的《论美国的民主》（1835—1840）在很大程度上就是批评奥尔良派自由主义的。《论美国的民主》是托克维尔在美国游历 9 个月后的成果，当时他还只是一位年轻无业的律师。1831—1832 年，他的好友古斯塔夫·博蒙特陪伴他进行了这次游历。在返回法国 3 年之后，托克维尔于 1835 年发表《论美国的民主》第 1 卷，讨论了美国的政治制度。这本书引起了轰动，奠定了托克维尔作为一位伟大政治思想家的地位。第 2 卷在 5 年之后出版，探讨的是民主的社会环境对美国风俗习惯及道德观念的影响。尽管第 2 卷没有第 1 卷那样在民众中受到广泛欢迎，但其分析的深度和思想的缜密受到大多数政治思想家和政论家的大加赞赏。[1]

托克维尔十分强调自己作品的创新性，他试图构建“一门新的政治学”[2]。他有意避开所有可能对自身思想产生影响的参考资料，这更增强了其作品的原创性。如果说托克维尔的自由主义思想与七月王朝初期宣传的自满式自由主义明显不同的话，那么他与复辟时期的自由主义者却存在共同的担心和忧虑。大部分学者现在都认同托克维尔的理论框架以及他的政治思想的核心问题——如何在民主的、平等的社会维护自由——深受复

---

① 我使用的是 Arthur Goldhammer 的英译版 *Democracy in America*. ed. Olivier Zung. New York：The Library of America，2004.

② Alexis de Tocqueville. *Democracy in America*. ed. Olivier Zunz，trans. Arthur Goldhammer. New York：The Library of America，2004：7.

辟时期辩论的影响。[①] 甚至可以说托克维尔所给出维护自由的答案同样受复辟时期自由主义前辈的影响，更重要的是，他不仅使用了基佐或巴航特等自由主义者阐述的词汇，还引用了保皇派的话语。

托克维尔在1835年《论美国的民主》序言中解释道，他的著作是为了回答一个问题，也是复辟自由主义的核心问题：如何在之前制衡中央权力的旧贵族屏障消失之后维护平等、民主社会中的自由？托克维尔写道，当代历史的特点是“伟大的民主革命”，它铲平了社会环境并让市民之间更加平等。[②] 因此，旧法国曾存在的自由，由贵族构成的对抗中央权力的屏障所保护的自由已经不可恢复，贵族自由也不可能被恢复。他在《论美国的民主》第1卷中写道：“在我看来，想要恢复亨利四世或路易十四王朝的人都是极端错误的。”[③] 他在《论美国的民主》第2卷中再次重复该观点：“我相信在我们这个时代，任何要把自由建立在特权和贵族之上的尝试最终都会失败。”[④]

托克维尔的“新政治学”同复辟时期自由主义者的作品一样，最大的意义在于尝试阐述一种理论来取代贵族自由主义，他对社会变化的看法在很多细节上都与复辟自由主义者类似。[⑤] 托克维尔在序言中描述了平等的现代社会为何是历史发展的必然结果，为何是不可逆的。在他看来，法国历史的特征是日益增强的平等化倾向。虽然托克维尔并未表示法国大革命是一个新的、更加平等的社会环境的前兆——这对复辟自由主义者来说是非常重要的一个主题，但他提到复辟时期政论家讨论过的几个法国历史中

---

① Larry Siedentop 是第一位强调复辟自由主义者特别是空谈派对托克维尔影响的人。François Furet. The intellectual origins of Tocqueville's thought. *The Tocqueville Review*, 1985/1986 (7): 117-129; Aurelian Craiutu. Tocqueville and the political thought of the French doctrinaires (Guizot, Royer-Collard, Rémusat). *History of Political Thought*, 1999 (20): 456-493; Cheryl B Welch. *De Tocqueville*. Oxford: Oxford University Press, 2001: 7-48; Mélonio Françoise. *Tocqueville et les Français*. Paris: Aubier, 1993: 304.

② Alexis de Tocqueville. *Democracy in America*. ed. Olivier Zunz, trans. Arthur Goldhammer. New York: The Library of America, 2004: 3.

③ Alexis de Tocqueville. *Democracy in America*. ed. Olivier Zunz, trans. Arthur Goldhammer. New York: The Library of America, 2004: 363.

④ Alexis de Tocqueville. *Democracy in America*. ed. Olivier Zunz, trans. Arthur Goldhammer. New York: The Library of America, 2004: 822.

⑤ Larry Siedentop, *Tocqueville*, pp. 41-68; Melvin Richter. Tocqueville and Guizot on democracy: from a type of society to a political regime. *History of European Ideas*, 2004 (30): 61-82.

的其他因素。托克维尔写道第三等级的崛起、财富的增加、思想的开化和君主制的平等活动都以不同的方式促进了旧的封建社会的灭亡。[①] 他和皮埃尔-保罗·鲁瓦耶-科拉尔一样，认为这种发展是“神的旨意”[②]。

“民主”或者说平等社会的形成，重要的不是真正的财富平分，而是贵族的消失，一个固定的、稳定的对自己的依赖者行使权力的等级消失。比如，托克维尔认为美国南方的种植园主不是贵族，因为与其他人相比，他们并不享有法律赋予的特权，那些依赖种植园主的佃农们更不会像旧制度中的贵族一样享有特权。[③] 托克维尔还强调，在美国日渐成型的工业制造阶层也不是真正的贵族。这些工厂主的流动性太强，尽管他们比其他人富裕得多，但他们并没有共同的精神和传统。工业劳动者对工厂主的依赖并不像佃农对地主的依赖那样，他们可以自由选择雇主，所以更加独立。[④]

同复辟时期的政论家和孟德斯鸠一样，托克维尔也十分重视地产的分割，认为这是当代国家中社会变革的先驱。[⑤] 在他看来，继承法对一个民族的社会环境有“不可思议”的影响。他写道：“我很吃惊，古代和现代研究公共问题的作家没有重视继承法对人类事件的影响。这些法律属于市民秩序，它们应当被政治体制当作重要问题来看待，因为它们会对一个民族的社会状态产生难以置信的影响，而政治法律只是它的表现。”[⑥] 美国社会“民主”的存在很大程度上是因为遗产可分割的制度，这种制度鼓励地产分割，损害了贵族赖以生存的物质基础和家族精神，降低了把土地财产永远留在同一个家族内的欲望。因此，财富在美国快速流转。[⑦]

在当今的平等社会应当怎样维护自由或者说安全感呢？正如我们所见，针对这个问题，复辟自由主义者如夏尔·迪努瓦耶、本杰明·康斯坦

---

① Alexis de Tocqueville. *Democracy in America*. ed. Olivier Zunz, trans. Arthur Goldhammer. New York: The Library of America, 2004: 3-5.

② Alexis de Tocqueville. *Democracy in America*. ed. Olivier Zunz, trans. Arthur Goldhammer. New York: The Library of America, 2004: 6.

③ Alexis de Tocqueville. *Democracy in America*. ed. Olivier Zunz, trans. Arthur Goldhammer. New York: The Library of America, 2004: 53.

④ Alexis de Tocqueville. *Democracy in America*. ed. Olivier Zunz, trans. Arthur Goldhammer. New York: The Library of America, 2004: 649-652.

⑤ Larry Siedentop. *Tocqueville*. Oxford: Oxford University Press, 1994: 41-68.

⑥ Larry Siedentop. *Tocqueville*. Oxford: Oxford University Press, 1994: 54.

⑦ Larry Siedentop. *Tocqueville*. Oxford: Oxford University Press, 1994: 57.

特和巴航特都提出了自己的解决方法。托克维尔在《论美国的民主》中陈述了自己与工业家如迪努瓦耶自由主义的不同。尽管迪努瓦耶曾把自由定义为人类能力的充分实现，要做到这一点，需要最大程度限制国家，而托克维尔对自由的理解同康斯坦特和巴航特一样被定义为独裁的反义词，这并不是说托克维尔对自由的理解具有局限性。他认为，自由对人类生活存在各种各样有价值的影响：它会促进国家中的经济活动并激发爱国热情。的确，一个民族的存在依赖于民众的爱国热情（托克维尔同孟德斯鸠一样相信专制的国家不会长久）。换言之，只有在一个自由的国家，人们才能充分施展自身的能力。这虽然受益于自由，但它本身并不是自由。自由并不是限制国家、保护私人领域，相反，自由是要预防政府专制。[①]

在定义保障措施的时候，托克维尔似乎受到康斯坦特新共和主义而不是巴航特贵族自由主义的影响。托克维尔在《论美国的民主》第1卷中提出美国的人民自治制度应当是所有当代社会的榜样，而奥尔良派自由主义者则对其强烈反对。托克维尔解释道，人民主权在美国是以最完整的形式实现（“人民统治着美国政治界就像上帝统治着宇宙”[②]）的，美国人同时成功地保留了稳定、自由的制度。当家做主的市民遵守法律不是因为被逼迫，而是因为他们认识到社会不能没有调节力量。因此，美国政治制度本质上是民主国家或民主道路上的国家，美国应该成为法国等国家的重要榜样，尽管不是所有的细节都值得被欧洲模仿。

托克维尔认为，美国制度最大的特色在于三权分立，各州的立法权被分为两支，这使得法律在通过之前比单院制经历更多的讨论和思考。行政权力以州长为代表，扮演立法权的调节力量。[③] 在联邦层面分权更为明显。虽然联邦与州一样都是两院制，但是总统比州长享有更多的司法独立权，联邦的司法部比任何州的司法部有更多的自治权。联邦宪法避免了民主政府把所有权力集中在立法机构手中的内在危险。[④]

---

① Jack Lively. *The social and political thought of Alexis de Tocqueville*. Oxford: Oxford University Press, 1962: 10－22.

② Alexis de Tocqueville. *Democracy in America*. ed. Olivier Zunz, trans. Arthur Goldhammer. New York: The Library of America, 2004: 65.

③ Alexis de Tocqueville. *Democracy in America*. ed. Olivier Zunz, trans. Arthur Goldhammer. New York: The Library of America, 2004: 96－97.

④ Alexis de Tocqueville. *Democracy in America*. ed. Olivier Zunz, trans. Arthur Goldhammer. New York: The Library of America, 2004: 185.

对美国民主的成功来说，托克维尔认为更重要的是所有级别的政府权力都尽可能地接近人民。在国家层面，这种接近通过美国国家的联邦属性来实现。联邦国家通过放权给下级充分利用公共精神，该精神使得小国尤为适合自治。托克维尔并不认为联邦制适合欧洲大陆，因为它过于复杂而不适合拥有大量未经教育民众的欧洲。[①] 美国制度中可以而且应该被欧洲大陆模仿的一点是美国各州实现不同程度的地方分权。得益于这种制度，权力被分散开来，使尽可能多的人能够参与进来。在托克维尔看来，地方分权式最能直接体现美国的人民主权。在市政层面，每个市民构成了"主权中平等的一份，能平等地参与国家的治理"[②]。

托克维尔强调地方分权制的重要性，地方分权制通过将政府权力分配给不同的公务员，从而对政府权力加以限制。新英格兰与美国其他州一样，不存在行政等级制度，一个公务员就可以决定一切事务。权力被分配给至少 19 位官员，这使得政府机构"不敢肆无忌惮，也不那么危险"而又不至于削弱政府的根基。托克维尔将美国的这种制度与欧洲维护自由的方式进行比较，认为前者更胜一筹。欧洲人认为，只有当权力被整体削弱，当国家尽可能受到限制的时候，自由才得以维护。在美国却不同，社会对成员的权力不被质疑，权力也不被攻击，只会在操作过程中被分割。[③]

更重要的是，放权通过把美国政府的大部分权力交给人民从而激发了公共精神。要维护人民政府，这种精神是必需的。托克维尔在对康斯坦特的回应中写道，地方机构就像自由的"学派"，他们教会人们自由是什么并让他们习惯自由。[④] 没有社区机构，国家可以创造一个人民政府，但它会缺少公共精神，如欧洲表现出来的那样，欧洲居民并不关心自己社区的命运："当国家发展到如此地步，要么修改法律和风俗，要么就会灭亡。

---

① Alexis de Tocqueville. *Democracy in America*. ed. Olivier Zunz, trans. Arthur Goldhammer. New York: The Library of America, 2004: 193.

② Alexis de Tocqueville. *Democracy in America*. ed. Olivier Zunz, trans. Arthur Goldhammer. New York: The Library of America, 2004: 72.

③ Alexis de Tocqueville. *Democracy in America*. ed. Olivier Zunz, trans. Arthur Goldhammer. New York: The Library of America, 2004: 79.

④ Alexis de Tocqueville. *Democracy in America*. ed. Olivier Zunz, trans. Arthur Goldhammer. New York: The Library of America, 2004: 68.

因为公共美德之井已经干枯，在此我们找不到市民，只有臣子。"[①] 相反，美国的放权保证了人们的爱国主义，美国人像爱自己的家庭一样爱自己的祖国。[②]

托克维尔在《论美国的民主》第1卷中阐述了如何在平等社会中维护自由问题的答案，这个答案与康斯坦特在自己作品中提出的理论相似：自治，通过国家层面的代表机构直接作用于地方，这是革命后的社会避免独裁的唯一选择。[③] 托克维尔在《论美国的民主》第1卷的结尾部分清晰表明，未来的选择仅有两种："民主自由"和"凯撒般的专制"[④]。如果现代民族不采用美国式的人民主权，他们早晚会遭受"某个个人的无限权力"[⑤]。托克维尔同康斯坦特一样认为，政治自由或自治作为独裁专制的对立面对于维护自由来说是必不可少的，他思想中的这一特点使得一些评论者将他描述为一位共和主义作家。[⑥]

然而，这并不意味托克维尔忽略了人民主权的危险。在《论美国的民主》第1卷中他用很大篇幅讨论了多数人的专制。他同奥尔良派自由主义者一样认为多数人的专制威胁着所有的民主政权。他认为美国政府不是软弱的政府，相反，它的权力过于强大。没有什么可以制衡多数人的权力，

---

① Alexis de Tocqueville. *Democracy in America*. ed. Olivier Zunz, trans. Arthur Goldhammer. New York: The Library of America, 2004: 105.

② Alexis de Tocqueville. *Democracy in America*. ed. Olivier Zunz, trans. Arthur Goldhammer. New York: The Library of America, 2004: 106 – 107.

③ 康斯坦特和托克维尔思想上的相似曾或多或少被忽视，因为托克维尔派的学者往往把康斯坦特视作放任自由主义的代表人物，参见 Claude Lefort. *Democracy and political theory*. Minneapolis: University of Minnesota Press, 1988: 197 – 216; Kelly, George Armstrong. *The Humane Comedy: Constant, Tocqueville and French liberalism*. Cambridge: Cambridge University Press, 1992: chapter 2; Jean-Claude Lamberti. *Tocqueville et les deux démocraties*. Paris: Presses Universitaires de France, 1983: 9 – 1.

④ Alexis de Tocqueville. *Democracy in America*. ed. Olivier Zunz, trans. Arthur Goldhammer. New York: The Library of America, 2004: 363.

⑤ Alexis de Tocqueville. *Democracy in America*. ed. Olivier Zunz, trans. Arthur Goldhammer. New York: The Library of America, 2004: 363.

⑥ Roger Boesche. *The strange liberalism of Alexis de Tocqueville*. Ithaca and London: Cornell University Press, 1987; Roberto Romani. *National character and public spirit in Britain and France*, 1750 – 1914. Cambridge: Cambridge University Press, 2002: 148 – 156; Stefan-Ludwig Hoffmann. Democracy and associations in the long nineteenth century: toward a transnational perspective. *The Journal of Modern History*, 2003 (75): 269 – 299.

它有“强大的实力和与其一样强大的民意力量”[①]。一旦多数人就某个问题达成意见，便没有什么可以阻挡或妨碍其进程，这样的后果非常危险。多数人的无所不能很可能沦为真正的专制，因此，主权即使由人民掌握也总应当受到限制。他写道：“世上不存在什么权威是如此令人尊敬，享有如此神圣的权力，以至于我可以对它不加监管任其恣意行事或独掌一方大权。”[②]

托克维尔提出了几种对抗民主制中不良倾向的方式。他十分重视分权理论，比如说联邦宪法所体现的分权问题。但托克维尔并不满足于用宪法、法律来确立权力制衡。他提醒读者：美国社会中的某些元素能够为民主的大多数提供制衡而不会以任何方式制度化；放权使地方政府和机构可以在必要的时候缓解中央政府的冲动。陪审团制的存在对大众的激情构成了遏制，因为它在大众之间产生了“司法精神”，同时也激发了人们对法律和秩序的热情。[③]

托克维尔认为，制衡民主的大多数人一个更重要的手段是依靠美国社会中一种新生的贵族：律师阶层。律师在美国社会中占有重要地位，他们构成了不同于其他国民的团体，他们具有自己的专业知识和优势。从这个意义上说，律师是美国社会中最“贵族”的元素。律师不仅同富人如银行家一样富有，还“同贵族有相近的品味和习惯”[④]，该贵族阶层非常敌视民主制中的很多元素，他们对秩序的热爱让美国律师变成反对革命精神和民主草率的天然敌人。律师阶层具有在美国社会中实实在在的影响力，该阶层形成了“民主制最强有力的制衡，尽管不是唯一的制衡”[⑤]。

---

① Alexis de Tocqueville. *Democracy in America*. ed. Olivier Zunz, trans. Arthur Goldhammer. New York: The Library of America, 2004: 285.

② Alexis de Tocqueville. *Democracy in America*. ed. Olivier Zunz, trans. Arthur Goldhammer. New York: The Library of America, 2004: 290.

③ Alexis de Tocqueville. *Democracy in America*. ed. Olivier Zunz, trans. Arthur Goldhammer. New York: The Library of America, 2004: 311 – 318.

④ Alexis de Tocqueville. *Democracy in America*. ed. Olivier Zunz, trans. Arthur Goldhammer. New York: The Library of America, 2004: 304.

⑤ Alexis de Tocqueville. *Democracy in America*. ed. Olivier Zunz, trans. Arthur Goldhammer. New York: The Library of America, 2004: 309.

1840年《论美国的民主》中的贵族自由主义

正如他对多数人专制的讨论所示，托克维尔并非盲目崇拜人民自治。托克维尔同奥尔良派自由主义者一样也在一定程度上担忧民主制中内在的危险，特别是它的不自由倾向。为了回应这个问题，托克维尔呼吁制衡民主霸权，重视美国的类贵族阶层如美国的法律界，他们能够制衡民主的大多数。从这个意义上讲，1835年《论美国的民主》第1卷尽管积极评价民主制和人民自治政府，声称其为唯一能够解决专制的手段，但也说明了它受到贵族自由主义的影响。在他1840年出版的《论美国的民主》续篇中，贵族自由主义对托克维尔思想的影响更加明显。在这本书中，托克维尔不再强调人民自治和公共精神而是持续批评民主所导致的独裁，同时呼吁恢复中间机构以作为抵制这种危险最好的对抗方式。1835年《论美国的民主》第1卷的续篇在其中已有预告，但托克维尔又花费五年时间才将其完成。[①] 第1卷描述了以美国为代表的民主政治制度，1840年的第2卷却试图描述民主的“市民社会”。平等的环境产生了什么情感、观念和本能？如托克维尔在序言中所阐明的，这是他在第2卷中试图回答的中心问题。他在4个不同部分分别讨论了民主的社会环境对人民思想运动的影响，即对人民的情怀、思想、风俗和政治生活的影响。[②] 从另一方面看，第2卷与第1卷也有所不同，托克维尔泛谈平等社会而不是针对美国。他曾想把第2卷的书名改为《论平等对人类思想与情感的影响》，但出版商最终说服他打消了这个念头。[③]

托克维尔表示，1840年《论美国的民主》第2卷本质上与第1卷相似，是从一个不同的角度讨论民主。然而，这一观点并不完全正确。他曾多次回到第1卷中已讨论过的问题并表达新的看法。[④] 有证据表明，托克

---

① James Schleifer. *The making of Tocqueville's Democracy in America*. Indianapolis: Liberty Fund, 2000: chapter 2.

② Alexis de Tocqueville. Democracy in America. ed. Olivier Zunz, trans. Arthur Goldhammer. New York: The Library of America, 2004: 509 - 511.

③ Mélonio Françoise. *Tocqueville et les Français*. Paris: Aubier, 1993: 96.

④ Mélonio Françoise. *Tocqueville et les Français*. Paris: Aubier, 1993: 89.

维尔本人也意识到了这一问题。他曾在为序言写的笔记中（所标日期为1838年2月5日）写道："在第2卷中我又提到在第1卷中已经谈到的问题，并修正了其中的一些观点。"[①] 尤其在第2卷中已经看不到他之前表现出的对自治的热情，他对民主的批评非常类似于保皇派关于民主话题的话语。贵族自由模式在第1卷中被描述为过时之物，在第2卷中却被描述为现代社会仍可借鉴的模式。换言之，尽管托克维尔在第1卷中与康斯坦特有非常相似的观点，但在第2卷中的政治分析却与保皇派和巴航特的观点更为接近。

从上文可知，在复辟时期，不少人批评社会和政治平等对自由构成威胁。保皇派思想家如安东尼费朗、勒内·德·夏多布里昂和夏尔·柯迪在革命后的辩论中第一次引入该主题。托克维尔曾经拜读过柯迪的作品。[②] 在雅各宾的话语中，自由等同于（政治和社会）平等。为了对此进行回应，保皇派政论家指出，平等的社会并不一定自由，面对独裁专制它将无能为力。一个没有中间团体的社会是个人无法对抗政府专制的社会，类似的担心使得几位复辟自由主义者呼吁重建新的中间团体。巴航特支持放权是因为他相信为了预防法国社会发生独裁的危险，有必要对社会进行一次改革来缓解法国社会的平等状况。[③]

在19世纪30年代，自由与平等之间的对立仍然受到政治思想家的维护，尽管民主的崛起被大部分政论家和政客所接受，并认为它是现代社会一个不可逆转的特色。萨尔万迪于七月王朝之初在《二十月——革命与革命党》中广泛批判了民主制的不开明之处。萨尔万迪认为，普通人天生倾向于专制，因为他们很享受看到权势人物被打倒。[④] 同样，正统主义众议员兼政治思想家斐迪南·毕查得在《论中央政府》（1836—1837）中声称民主法国正滑向专制。他特别指出，法国社会的"个人主义"对自由构成了重要威胁。[⑤] 托克维尔在1840年《论美国的民主》第2卷中又重拾这

---

① Alexis de Tocqueville. *Oeuvres*. ed. André Jardin. Paris: Gallimard, 1991 - 2004 (2): 1085. j' ai été amené dans le second ouvrage à reprendre les sujets déjà touchés dans le premier ou à modifier quelques opinions exprimées dans celui-là.

② Louis de Bonald. *Oeuvres complètes*. ed. J. -P. Mayer et André Jardin. Paris: Gallimard, 1958 (2): 7.

③ 见上文第二章与第四章.

④ 见上文第二章.

⑤ Ferdinand Béchard. *Essai sur la centralisation administrative*. Marseilles and Paris, 1836 (2).

些问题。

从托克维尔1840年《论美国的民主》第2卷第二部分和第三部分对民主心理构成的分析可以清楚地看到这一点。托克维尔在描述平等对民主社会情感和风俗的影响时常与贵族社会进行比较。[①] 他列出了民主的民族典型具有的三种“热情”：热爱平等、追求幸福和个人主义。在他看来，所有这些热情都会对自由构成威胁，尽管原因各有不同。

首先，同诸如夏多布里昂等保皇派提出的批评相似，托克维尔指出对平等的热情是一个追求民主民族的特点，但是热情会威胁到自由，因为这样的民族会愿意牺牲自由以阻止贵族的回归。[②]

其次，托克维尔认为，社会平等使人追求物质的安逸和幸福。推崇民主的人通常是贪婪的，从表面上看，对幸福的热爱比平等产生的其他热情与自由更加相符。历史表明自由与人民的勤劳之间有密切联系，一个追求民主的民族需要自由去满足自己对物质的渴望，而这种渴望可能导致专制。如果市民不能意识到自由与勤劳之间的联系，他们很可能轻易被说服而放弃自身的政治权利以换取对抗无序威胁的保障措施，他们也许会对秩序比对自由更感兴趣。[③]

托克维尔认为，自由最大的威胁来自“个人主义”——平等社会的典型特色。这种情绪会使得每个市民从人群中孤立出来而退到自己的领域，个人主义是民主社会不可避免的结果。相反，在贵族社会，由于缺少民主社会具有的地理和社会流动，跨越时间和空间的团结反而更加突出。贵族制度使市民之间的联系更加紧密，因为人们总要与上一级和下一级的人保持关系，“贵族制度像链条一样把从农民到国王的所有人联系在一起，而民主制却切断了链条之间的联系”[④]，使得民主社会中个体化的市民失去了制衡专制的工具，自由使市民更加孤立并让他们彼此之间更容易变得冷漠。鉴于此，托克维尔认为，民主社会中的专制比其他任何类型社会中的

---

① Larry Siedentop. *Tocqueville*. Oxford: Oxford University Press, 1994: 69-95.

② Alexis de Tocqueville. *Democracy in America*. ed. Olivier Zunz, trans. Arthur Goldhammer. New York: The Library of America, 2004: 581-584.

③ Alexis de Tocqueville. *Democracy in America*. ed. Olivier Zunz, trans. Arthur Goldhammer. New York: The Library of America, 2004: 614-619.

④ Alexis de Tocqueville. *Democracy in America*. ed. Olivier Zunz, trans. Arthur Goldhammer. New York: The Library of America, 2004: 586.

专制都更为可怕，因为专制加剧了民主社会的缺点，摧毁了所有中间力量并鼓励个人主义。[①]

在《论美国的民主》第2卷的第三部分，托克维尔再次论及平等如何导致社会原子化和如何使市民变得只关注自己的小圈子。他写道，民主社会的等级制受到了破坏，人们之间越来越具有相似性。与此同时，民主社会中的人们被分为“无数的小团体”，而这些小团体之间彼此孤立，[②] 因此，人们所关心的事情只限于自己的小团体，他们的企图心也十分有限。尽管法国近代史可能让人不这么认为，但民主社会事实上不再受革命威胁，正如托克维尔在第21章中所言，“为什么大革命会越来越少”，民主制的危险不在于它们会不断改变，而在于它们会停滞不前。[③]

社会的平等化进程一直以来都在创造原子化的、个人主义的社会，市民之间被彼此孤立。托克维尔同复辟时期的保皇派政论家一样，认为现代社会的平等状况会因此促使政府权力的无限扩张。他与前人的不同之处在于他对现代欧洲的平等社会如何建立专制的评论。尽管复辟时期的政论家曾经认为这一过程是暴力的，是从无序的混乱到军事独裁的确立，如拿破仑的皇权，但托克维尔更关注的是集权确立的非明显、非暴力的过程。在他看来，欧洲国家已经显现的行政权力的集中最终会导致“温和”专制的建立，随之而来的还有自由的虚饰如选举产生的议会。

托克维尔在第四部分中特别解释了这一问题，他讨论了民主社会产生的情感和思想对政治社会的影响。他认为，中央集权的发展是民主社会中典型心态的结果。贵族天然倾向于创造“介于君主和臣民之间的中间力量”，因为贵族社会有的是有权势的家族和个人。然而，一个热爱民主的民族偏爱建立独一无二的中央权力和整齐划一的立法，因为它很重视社会的权力却十分轻视个人的权力。随着平等的发展，个体变得越来越微不足道，社会似乎越来越无所不包，直到“除了表面庞大宏伟的人民形象，什

---

① Alexis de Tocqueville. *Democracy in America*. ed. Olivier Zunz, trans. Arthur Goldhammer. New York: The Library of America, 2004: 590.

② Alexis de Tocqueville. *Democracy in America*. ed. Olivier Zunz, trans. Arthur Goldhammer. New York: The Library of America, 2004: 709.

③ Alexis de Tocqueville. *Democracy in America*. ed. Olivier Zunz, trans. Arthur Goldhammer. New York: The Library of America, 2004: 747.

么也看不到”[①]，民主制下人民的情感也促进了这种趋势的发展。民主制下人民对个人主义和享乐主义的追求使他们不再关心公共生活，只对秩序产生兴趣。托克维尔强调，某些与革命遗产相关的特定因素使这种趋势在欧洲大陆比在美国更加明显。[②]

因此，大部分欧洲国家的主权都在持续壮大。曾经与政府中央权力合作过的独立团体都被废除，“中间力量”被摧毁，之前被贵族团体掌握的权力集中在了最高统治者的手中，主权渗透到之前留给个人独立的领域，贵族政府将自己局限于关乎国家利益的领域，而民主政府认为自己要为个体市民的行为负责。中央权力比以前更活跃、更独立，因为中央权力内部更集权，同时工业的发展越来越离不开集权。[③] 托克维尔警告说，日益强大的政府权力可能最终导致在欧洲大陆上建立专制。他指出，政府已经“让人们越来越没有使用自由意志的机会，而且让自由意志越来越微不足道”[④]。

托克维尔强调，民主社会中可能产生的专制与罗马皇帝使用暴力建立和维持的军事独裁有所差异，他将其描述为和平的独裁，虽非暴力却令人窒息。未来的欧洲国家政府可能不是血腥专制而是压迫性的监护，虽不会残害自己的国民却会让其自由堕落。[⑤] 但与此同时，新的专制制度比之前的极权制度更加彻底，更具干扰性。托克维尔提醒读者，罗马帝国的不同民族都能够保留他们的风俗和习惯；各个行政区充斥着富有且强大的自治区。尽管在理论上讲，皇帝们独揽大权，掌握一切，但社会生活的细节和个体的生活都是他们所不能控制的。新的专制不会给个体的抵抗和越轨留下空间，而是会使得这个民族沦为“一群胆小却勤劳的动物，政府就像牧

---

① Alexis de Tocqueville. *Democracy in America*. ed. Olivier Zunz, trans. Arthur Goldhammer. New York: The Library of America, 2004: 790.

② Alexis de Tocqueville. *Democracy in America*. ed. Olivier Zunz, trans. Arthur Goldhammer. New York: The Library of America, 2004: 803.

③ Alexis de Tocqueville. *Democracy in America*. ed. Olivier Zunz, trans. Arthur Goldhammer. New York: The Library of America, 2004: 803.

④ Alexis de Tocqueville. *Democracy in America*. ed. Olivier Zunz, trans. Arthur Goldhammer. New York: The Library of America, 2004: 818.

⑤ Roger Boesche. Why did Tocqueville fear abundance? Or the tension between commerce and citizenship. *History of European Ideas* 1988 (9): 25 -45.

羊人"①。

简言之，托克维尔强烈批判民主制的崛起，这在很多方面是受到了保皇派话语的启发。然而，他并没有将自己局限于分析平等对自由构成威胁这一问题之中，在《论美国的民主》第2卷的第四部分，他试图为该问题提出一种解决方案，尤为清晰地论述了复辟自由主义者如巴航特对托克维尔思想的影响。在前几章中，我们已多次看到这些自由主义者虽然否定保皇派呼吁恢复土地贵族但却认同法国社会的平等状况需要改革。因此，他们呼吁建立新的社会等级，或者说提议把市民团结在自己的社区，使得他们有力量在必要的时候对抗政府。复辟时期的自由主义者呼吁把放权作为重组社会的方式，以利于更有效地对抗专制。

我们无从知晓托克维尔在多大程度上熟悉复辟时期这些关于辩论的小册子。说起来有趣的是，托克维尔的父亲赫维·德·托克维尔曾积极参与对1828年马蒂尼亚克法案的讨论。赫维曾是行政长官和参议院议员，被马蒂尼亚克任命为放权委员会的成员，他还发表了题为《论地方宪章》（1829）的小册子并在其中维护政府提出的放权法案，他的推理过程与放权的自由主义支持者如巴航特和奥白赫农的观点基本相似。② 他对法国社会的现状表示担忧，自从贵族灭亡之后法国社会就缺少调节的力量，他认为放权应该允许创造出新的社会等级，这汲取于"民主社会中最崇高的部分"。③

11年之后，作为儿子的托克维尔在1840年《论美国的民主》中使用了类似的理由。的确，第2卷《论美国的民主》最大的特色是将第1卷中被否定为过时的贵族社会再次被那些期待建立自由政权的人引用为可以模仿的模型，尽管有所改良。托克维尔思考了在贵族社会中，限制中央权力的中间势力如何在革命后法国的平等社会得以复制，描述了社会改革的规划，这在诸多方面与复辟自由主义者的话语相似。

托克维尔在1840年《论美国的民主》第2卷的第四部分中详细论述了社会改革计划。如上文所述，他在该部分对比了贵族社会和民主社会，

---

① Alexis de Tocqueville. *Democracy in America*. ed. Olivier Zunz, trans. Arthur Goldhammer. New York: The Library of America, 2004: 819.

② 赫维既不属于自由主义者也不属于铁杆保皇派。他支持马蒂尼亚克的自由政府，反对波利尼亚克的保皇派政府。

③ Hervé de Tocqueville. *De la Charte provinciale*. Paris, 1829: 29.

在前者中权力天然受到限制，但在后者中并非如此。同样在这一部分，对于如何在平等社会重建自由，他提出了建议。这并非说托克维尔渴望回到旧制度，他同巴航特一样强调历史潮流是不可逆的，重回贵族社会也是不可能的，“我们的目标不是重建贵族社会，而是在民主社会中制造自由，民主社会是上帝规定我们必须生活的社会”[①]。托克维尔写道，民主社会中的个人永远都享受不了贵族社会中的个人所享受的那种独立。在民主社会中，一个活跃的中间力量是至关重要的。不过，托克维尔相信，在革命后的社会促使贵族社会能够抵御专制的元素可以以改良后的形式重建。

同巴航特和他父亲不同的是，托克维尔并未提出恢复社会等级，相反，他提出重组民主社会，使它们与贵族社会更相似但不至于丧失民主特性。托克维尔认为，没有什么比国王同贵族合作治理国家更能保障贵族社会中的自由。在现代社会如此共享权力当然不再可能，但托克维尔认为，恰当的“民主程序”能够代替贵族精英的角色。之前由贵族掌握的行政职能被移交给“暂时由普通市民组成的次级团体”，使得市民的自由权更加安全而不会危及到他们的不平等。[②] 地方政府中很多职能的世袭传承可以改换成选举制，这会促使管理者从中央政府获得更多的自主权。

托克维尔认为，民主社会缺少能够制衡政府的贵族精英的问题能够以其他方式予以补救。在贵族社会，“富裕且有影响力”的市民的存在对政府起到了缓冲和调节的作用，因为这些市民不能“轻易地或秘密地”被压迫，在民主社会则可以通过结盟取代他们。托克维尔写道：“我坚定地认为，不能在社会中重建贵族，但普通市民通过结盟可以形成非常强大、有影响力的实体——他们可以扮演贵族的角色。”[③] 在贵族社会可以避免独裁，因为普通市民被压迫的时候可以求助人际网中有势力的朋友，与之类似，在民主国家市民可以通过媒体向国人求助。同复辟时期的夏尔·德·雷慕莎或皮埃尔－保罗·鲁瓦耶－科拉尔一样，托克维尔认为，出版自由是修正民主社会原子化最有力的武器，“平等削弱并孤立了人们，但媒体

---

① Alexis de Tocqueville. *Democracy in America*. ed. Olivier Zunz, trans. Arthur Goldhammer. New York: The Library of America, 2004: 822.

② Alexis de Tocqueville. *Democracy in America*. ed. Olivier Zunz, trans. Arthur Goldhammer. New York: The Library of America, 2004: 823.

③ Alexis de Tocqueville. *Democracy in America*. ed. Olivier Zunz, trans. Arthur Goldhammer. New York: The Library of America, 2004: 824.

是每个人触手可及的武器，可以为最弱、最孤立的人所用……贵族社会的人在必要的时候可以没有出版自由，但民主社会的人不能缺少出版自由"①。

正如谢尔登·沃林所说，托克维尔引用了贵族的过去来批评民主的现在。② 在他看来，民主社会、平等社会与自由几乎是不兼容的。平等社会使人们对彼此更加冷漠，变得更加自我，它使社会变得原子化。同时，平等社会、原子化社会可能促使国家权力无限膨胀。针对这一问题，托克维尔提出的解决方法与巴航特相类似，尽管他没有提出要创造新的社会精英，但他认为应当重组民主社会，允许中间团体存在，以便与贵族社会更加相似。从这个意义上讲，1840 年《论美国的民主》第 2 卷表明了托克维尔思想上的重大改变。1835 年的第 1 卷中，他还呼吁在现代社会将人民民主作为取代专制的唯一手段。

很多研究托克维尔的学者都评论过托克维尔在两卷本《论美国的民主》中所表达的思想。如西摩·德雷舍曾说，《论美国的民主》第 2 卷是对第 1 卷的"修订和续篇"。③ 与托克维尔同时代的人也看到了其思想的转变，认为第 2 卷比第 1 卷保守得多。④ 至于托克维尔为何修订了自己的书，这一直是个谜。研究托克维尔思想的学者指出了两种可能。

第一种可能是法国政治环境的改变对托克维尔思想的转变起到关键作用。德雷舍认为，尽管 1830 年七月革命之后的几年，法国比较动荡，但是到了 1840 年，法国已经基本稳定，这促使托克维尔修订了他对民主的评价。他的《论美国的民主》第 1 卷原本关注的是民主社会的革命和人民属性，第 2 卷强调的却是政府压迫的危险。随着时间的推移，他开始担心

---

① Alexis de Tocqueville. *Democracy in America.* ed. Olivier Zunz, trans. Arthur Goldhammer. New York: The Library of America, 2004: 843.

② Sheldon Wolin. *Tocqueville between two worlds. The making of a political and theoretical life.* Princeton: Princeton University Press, 2001: 555; Seymour Drescher. Who needs ancienneté? Tocqueville on aristocracy and modernity. *History of Political Thought*, 2003 (23): 624 – 646.

③ Seymour Drescher. Tocqueville's Two Démocraties. *Journal of the History of Ideas*, 1964 (25): 202; Mélonio Françoise. *Tocqueville et les Français.* Paris: Aubier, 1993: 89; Max Lerner. *Tocqueville and American civilisation.* New Brunswick: Transaction Publishers, 1994; Schleifer James. *The making of Tocqueville's Democracy in America.* Indianapolis: Liberty Fund, 2000: 285 – 286.

④ Mélonio Françoise. *Tocqueville et les Français.* Paris: Aubier, 1993: 81 – 121.

官僚专制而不是大多数人的暴政。①

有学者指出托克维尔在1835—1839年间思想的转变是受他到英国游历见闻的刺激，这导致他能够敏锐察觉到法国政治环境的改变。如弗朗索瓦兹·梅洛尼奥所说，在英国旅行时，他看到了很多社会平等化进程带来的各种负面影响，他曾认为这些问题只有法国才会存在。不过，现在看来，这是平等化本身带来的后果——尤其是社会原子化和中央集权的后果。② 他在1835年5月11日的旅行手记中写道："为什么中央集权更喜欢民主制？这是个非常值得深思的……极为重要的问题。"③ 相反，托克维尔开始意识到，英国人得以保留自由权与它强大的贵族有关。从他1835年5月26日的笔记所记录的他与约翰·穆勒的对话中可以看出这一点，他们在对话中讨论了英国地方政府的放权属性。穆勒在对话中向托克维尔解释英国人成功阻止了中央集权，因为英国人对于笼统的、整齐划一的思想并不感兴趣，他们热衷的是追求个人自由。托克维尔试图说服穆勒，英国的自由权优势与它的贵族有关："你不认为英国精神正是贵族精神吗？做我所做而无心强加他人，这难道不是贵族精神吗？"④

第二种可能是随着托克维尔对法国历史了解的加深，他越来越认识到民主的危险并产生忧虑。他第一次在法国历史中觉察到民主化与中央集权化之间的联系。在1835年他完成第一本《论美国的民主》之后，转而开始研究法国大革命的历史，后来撰写了一篇题为《1789年前后法国社会与政治环境》的文章，由穆勒翻译并于1836年发表在《西敏斯特评论》上。托克维尔在这篇文章中描述了法国社会在旧制度下如何变得越来越民主的同时中央集权愈加严重，这促使托克维尔开始在第2卷《论美国的民主》中反思这些趋势之间的相互关联。⑤

---

① Seymour Drescher. Tocqueville's Two Démocraties. *Journal of the History of Ideas*, 1964 (25): 201 -216.

② Mélonio Françoise. *Tocqueville et les Français*. Paris: Aubier, 1993: 84.

③ Alexis de Tocqueville. *Oeuvres*. ed. André Jardin. Paris: Gallimard, 1991 -2004 (3): 49.

④ Alexis de Tocqueville. *Oeuvres*. ed. André Jardin. Paris: Gallimard, 1991 -2004 (3): 467. Ce que vous appelez l'esprit anglais ne serait-il pas l'esprit aristocratique? Ne serait-il pas dans l'esprit aristocratique de s'isoler et, comme la part individuelle de chacun est belle, de plus craindre d'être troublé dans sa jouissance, que désirer de s'étendre sur les autres?'

⑤ Alexis de Tocqueville. *Oeuvres*. ed. André Jardin. Paris: Gallimard, 1991 -2004 (3): 26 -28.

托克维尔的悲观情绪

无论什么原因导致托克维尔的思想发生转变，我们可以看到，他的第2卷本《论美国的民主》直接或间接地受到保皇派以及诸如巴航特自由主义者作品的影响，而未受到康斯坦特作品的影响。同巴航特的《论集体与贵族》一样，托克维尔的《论美国的民主》第2卷立足于一种对正在崛起的民主的矛盾心态。一方面，托克维尔认为民主和平等是现代社会的典型特点，但另一方面他又认为这种趋势十分危险。在第2卷中反映了这两种思想的组合是如何促使托克维尔对民主产生批判态度的，尽管他长篇大论地讨论了社会的平等化如何在各个方面促使专制在当代国家中的崛起，并提出了解决问题的方法（与复辟自由主义者提出的方法相似），但批判的倾向还是占据上风。在托克维尔的著作中，我们察觉到诸如巴航特等自由主义者眼中的难题是如何对现代社会产生悲观评价的。需要指出的是，这种悲观情绪已经与孟德斯鸠没有太大关系了。

反对奥尔良派政权的人同托克维尔一样担心民主的崛起和随之而来滑向专制的倾向。尤其是拥护放权的人，包括中左派领袖、激进的自由主义者奥迪隆巴罗和为数众多的正统主义者，同托克维尔一样担心大革命的法国社会缺少栅门和七月王朝中与之伴随的专制倾向。人们在1830—1831年间讨论地方政府自治之时提出过这些担心，斐迪南毕查得在《论中央集权》中对其进行了重申。在1840年，昂里翁·德·庞塞的一篇关于放权的文章被再次出版，他在这篇文章中呼吁重建地方新贵族。[1] 在他的朋友路易·德·凯尔戈莱和亚瑟·德·戈比诺于1848—1849年间编辑的《地方杂志》上也可以找到与托克维尔类似的思想，其目的是鼓励新政权朝着放权的方向发展。[2] 1848年二月革命之后，贵族自由主义的主题变得更为普遍。第二共和国的兴衰与拿破仑独裁制的确立甚至使得托克维尔的对手们——奥尔良派自由主义者相信七月王朝的建立并不代表历史走到尽头。

---

① Pierre-Paul Henrion de Pansey. *Du pouvoir municipal et de la police intérieure des communes*. Paris, 1840.

② Louis de Kergolay and Arthur de Gobineau. ed. *Revue provinciale*. Paris, 1848 – 1849 (2); Mélonio Françoise. *Tocqueville et les Français*. Paris: Aubier, 1993: 81 – 121.

第七章 法国的困局：第二帝国时期的贵族自由主义

在现有文献中，19世纪50年代和60年代的自由主义政治思想经常被忽视，相比复辟时期的本杰明·康斯坦特和七月王朝时期的亚历克西·德·托克维尔等伟大思想家，第二帝国时期似乎没有特别杰出的政治思想。乔治·凯利认为，19世纪50年代到60年代之间的自由主义是"高蹈派自由主义"（译者注：高蹈派为19世纪后半叶，法国诗坛主张艺术至上的一派），已经从政治竞争退到文化和文艺批评范畴。[①] 不过，对第二帝国时期自由主义思想的繁荣来说，这一评价有失公允。面对拿破仑三世的独裁，一种新的自由主义思想改头换面之后悄然而至。正如安德烈·雅尔丹所指出那样，在19世纪50年代和60年代，法国的精英们变得更加怀念而非忘却他们所失去的自由。[②]

贵族自由主义的主题在19世纪50年代到60年代的辩论中广泛存在。很多第二帝国时期的自由主义者深受孟德斯鸠贵族自由主义的影响。1848—1852年的历史事件在暴露中产阶级奥尔良自由主义不足的同时也引起人们对现代社会平等的担心，尤其是对法国社会中平等状况的担心。托克维尔对民主制危险的分析在19世纪50年代到60年代的读者中得到了回应。[③] 但第二帝国的自由主义者还重拾复辟时期的论述主题。保皇派话

---

① Kelly, George Armstrong. *The Humane Comedy*: *Constant*, *Tocqueville and French liberalism.* Cambridge: Cambridge University Press, 1992: chapter 6.

② André Jardin. *Histoire du libéralisme politique. De la crise de l'absolutisme à la constitution de* 1875. Paris: Hachette, 1985: 393.

③ Mélonio Françoise. *Tocqueville et les Français.* Paris: Aubier, 1993: 163-213.

语中的元素——对革命平等主义的谴责，对英国和长子继承权的美化——都被19世纪50年代和60年代的自由主义思想家吸收借鉴。自由主义者仍然坚信复辟时期发展出来的民主神话，反对任何试图恢复贵族的做法。第二帝国时期的自由主义者对作为榜样的英国已经心灰意冷，对放权模式也感到失望，认为它们并不能解决法国的困局。

法国的困局

法国在1848—1852年间非常动荡。1848年2月发生了一场支持选举改革的激烈运动，接下来七月王朝就被推翻。革命的领导层选择建立一个共和国，并于同年11月4日颁布了新宪法。尽管一些由托克维尔领导的更温和的政治家曾经呼吁建立两院制，但第二共和国把立法权交给了一院制的议会，该议会由普选产生。行政权力将交给由普选产生的总统，两年的任期结束之后总统不能再次当选，因此权力受到限制。[①] 当国民议会在辩论制宪之时，临时政府需要面对巴黎的叛乱，当时社会主义者已经控制了工业区。这次叛乱虽被镇压，但对共和国造成了很大伤害。工人阶级由于六月大屠杀而被疏离，资产阶级因为惧怕社会主义者而不喜欢共和国。

1849年，路易斯-拿破仑·波拿巴，即拿破仑的侄子，被选为共和国的总统。1851年12月2日，在两年的任期到期之后，他拒绝交出权力，一年之后，他自封皇帝。新政权建立在人民主权之上，通过普选和市民投票（其中有三次分别发生在1851年、1852年和1870年）表达民意。第二帝国完全没有分权，所有的权力集中在拿破仑三世手中，部长们只需对皇帝负责。国务院由拿破仑三世提名，重新采用两院制，参议院成员由皇帝任命并终身担任，仅次于立法机构。尽管立法机构保留了一定的自主权，但政府通常能安排自己的候选人中选。1852年，在一次暴乱未遂之后，个人自由被暂停。1858年，有人试图刺杀皇帝，个人自由被再次暂停，警察随意干涉私人事务，出版自由受到了自第一帝国时期以来最严格

① P. Bastid. *Doctrines et institutions politiques de la Seconde République*. Paris: Sirey, 1945 (2).

的限制。[1] 尽管1860年之后拿破仑三世对政治生活的管制有所放松，对立法机构赋予了更多的自主和权力，但法国社会本质上还是独裁的，直到1870年皇家军队被击败。

面对拿破仑的独裁统治，奥尔良支持者联合之前的一些对手组成了反对派。它联合了抵抗派的重要代表人物维克多·德布罗意，二月革命的积极参与者、中左翼领袖奥迪隆巴罗与七月王朝时期自由天主教运动的重要支持者夏尔·德·蒙塔朗贝尔。他们反对拿破仑三世的行为得到大批有才华的记者和政治思想家的拥护，如埃米尔·德·拉布莱和夏尔·杜邦－怀特。[2] 由于不能采取实际的反抗活动，这些自由主义者只能用他们的笔杆子来攻击皇权。对拿破仑三世的反对主要集中在思想上，反对力量主要来自学术机构而非立法机构或议会。[3] 因此，他们在19世纪50年代和60年代发表了一系列重要的政治文章，从各个角度解释了自由政治的原则。

反对拿破仑三世的自由主义者就宪法大纲达成了共识，在拉布莱的《自由主义政党及其纲领》（1863）中有非常清晰的论述。[4] 他们怀念1814—1848年间的君主立宪，支持君主复辟。他们认为，选择保守共和制与选择君主立宪制并没有本质差别，与严格意义上的政府形式相比，更重要的是代议制政府的运作环境。经历过第二共和国之后，这些自由主义者坚信单一、大众的立法机构是危险的。他们支持两院制立法机构，大众的、民选的议会要受到保守的议会制衡，议会成员应当由地方名士担任。他们呼吁建立强大的行政机构，行政机构应当独立于司法机构，但要对司法机构负责。[5]

换言之，19世纪50年代及60年代宣传的自由主义制度理论与七月王朝时期完全相同，但这并不意味其意识形态基础未发生变化。在19世纪

---

① André Jardin. *Histoire du libéralisme politique. De la crise de l'absolutisme à la constitution de* 1875. Paris: Hachette, 1985: 367－374; Louis Girard. *Problèmes politiques et onstitutionnelles du Second Empire.* Paris: Centre de documentation universitaire, 1964.

② André Jardin. *Histoire du libéralisme politique. De la crise de l'absolutisme à la constitution de* 1875. Paris: Hachette, 1985: 375.

③ R. P. Lecanuet. *Montalembert.* Paris: Gigord, 1912 (3): 136.

④ 类似重要作品有 Prévost-Paradol. A. *La France nouvelle.* Paris, 1868; Victor de Broglie. *Vues sur le gouvernement de la France.* Paris, 1870.

⑤ André Jardin. *Histoire du libéralisme politique. De la crise de l'absolutisme à la constitution de* 1875. Paris: Hachette, 1985: 367－374.

50 年代和 60 年代，奥尔良自由主义的政治理想和资产阶级国家整体上不被认可，该时期的大部分自由主义者都勉强接受普选是政治制度中不可或缺的元素。他们发现，法律领域与实际领域相脱离使得反对七月王朝的人有机会声称他们代表人民。自以为是的奥尔良自由主义者曾宣称，只有把统治权交给类似贵族的阶层才能保留住自由权，但这似乎不能解决 1848 年之后法国所面临的问题。事实证明，资产阶级国家政权不够稳定，容易被颠覆。在 19 世纪 50 年代到 60 年代，之前的奥尔良自由主义者也逐渐认识到自由在现代社会难以实现。

面对第二帝国更加复杂的世界，人们需要一种新的自由主义。这种自由主义的形成在很大程度上是为了反对人民自治的共和理想，因为后者导致了类似 1848—1849 年悲剧的发生。如爱德华·拉布莱在作品中就说明了这一点，他是反对第二帝国自由联盟中一位非常重要的代言人。七月王朝期间，拉布莱发表了几部论述欧洲财产法历史的博学巨著，并于 1851 年被任命为法兰西公学院比较立法研究的教授。然而，到了二月革命时期，他放弃了学术转而积极参与政治活动，成为记者和自由主义活动家。在第二帝国期间，他在政治活动的道路上也取得了巨大的成功。[①] 出于仰慕本杰明·康斯坦特的原因，拉布莱于 1861 年再次修订康斯坦特的《立宪政治的进程》一书，并从康斯坦特对古代与现代自由之间的区分中获取了灵感。

拉布莱在《论古代与现代自由》一书中几乎照搬了康斯坦特对古人与现代人自由权的区分。[②] 他同康斯坦特一样，认为古代自由把自由等同于主权，这可能对市民权构成伤害。古共和国的主人也不能随心所欲。宗教信仰、教育和专制君主的财产属于国家而不属于君主本人，君主的个人生活是国事而不仅仅是个人的私事，古共和国展现的景象是：人民既自由又被奴役。相反，因为基督教把精神权力与世俗权力分离开来，确立了独立于国家的私人领域，使得现代自由的形成成为可能。英国于 1688 年光荣革命之后在政体中实现了这一理想，对个人与公众之间的自由进行了明确的区分。

---

① Jean de Soto. Edouard de Laboulaye. *Revue internationale d'histoire politique et constitutionnelle*, 1955 (18): 114 - 150.

② Edouard Laboulaye. *L'état et ses limites. Suivi d'essais politiques.* Paris, 1868.

拉布莱同康斯坦特一样，认为对古代自由的热衷造成了法国大革命的失败。受卢梭与马布利的启发，立法议会与国会把古共和国作为自己的榜样。雅各宾派特别是罗伯斯庇尔，作为“卢梭疯狂的学生”，曾宣称为了建立国家主权有必要对个人进行奴役；对古代自由与现代自由的混淆导致大革命升级为恐怖统治并促成了第一帝国的建立。拉布莱还认为，19 世纪法国政治的动荡也是由此造成的。雅各宾派的传统被所谓的自由主义者延续下来，而自由主义者事实上对自由几乎没有尊重。这些满脑子复古思想的政客未能认识到希腊人的主权在现代社会“既错误又危险”。他们的政治理想是成立一个这样的国家：能够代表法国人民成为包揽一切的主人、教会的保护者，负责教育、控制慈善和地方政府。[①]

拉布莱与康斯坦特的论述也略有不同。康斯坦特从批判雅各宾派对古代自由与现代自由的混淆开始，最后得出古代自由与公共精神对维护自由制度来说是必不可少的结论。[②] 拉布莱并没有得出这一结论。相反，拉布莱在著作《国家及其限制》中论及古代与现代自由时宣称“国家只有在自己的法定权限范围内行事才是善事”[③]，而这些范围也的确十分有限。拉布莱引用威廉·冯·洪堡与约翰·斯图亚特·穆勒的话，称国家的角色应该局限于维护民族独立与内部和平。国家应该拥有强大的力量，但仅限于这些方面。为了维护法国的自由，没有必要制定新的宪法；相反，应当在国家与个人领域之间画出清晰的界线。

拉布莱在批判雅各宾派自由论的时候，使用了与迪努瓦耶非常相似的放任自由主义。如果认为 19 世纪 50 年代到 60 年代自由主义对共和制的批判本身导致了人们对自由的负面理解，这是不正确的。奥迪隆·巴罗在小册子《论中央集权及其影响》（1861）中从一个相似的逻辑起点得出了完全不同的结论。巴罗在复辟时期曾经是反对查理十世的自由阵线中的成员，他以塞纳河地区行政长官的身份积极参与七月革命。作为反对抵抗组织的领袖，他在 1848—1849 年的活动中再次扮演重要角色，他组织酒会呼吁选举改革并致使二月革命爆发。第二共和国建立之后，奥迪隆·巴罗被任命为最高行政法院院长与司法部长，但于 1849 年被路易斯·拿破仑

---

① Edouard Laboulaye. *L'état et ses limites. Suivi d'essais politiques.* Paris, 1868: 133. un leurre et un danger.

② Edouard Laboulaye. *L'état et ses limites. Suivi d'essais politiques.* Paris, 1868: chapter 4.

③ Edouard Laboulaye. *L'état et ses limites. Suivi d'essais politiques.* Paris, 1868: i.

免职，他因此转而成为拿破仑三世最强劲有力的政治对手。

巴罗在 1861 年小册子的导言部分广泛批评了共和式的自由概念。同拉布莱一样，他从批判古代自由对市民自由的威胁开始。古希腊和罗马居民把分享主权视为自由国家的标志，这种观点对 18 世纪的法国人有重要影响，他们把罗马和雅典视为自由的典范。因此，一些政治思想家如卢梭把自由混同于群众的统治①，尽管一些思想家如孟德斯鸠意识到如此理解自由是错误的——巴罗赞赏并引用孟德斯鸠的名言："人民的权力被混同于人民的自由而它们是两种不同的事物。"② ——在巴罗看来孟德斯鸠未能看到为了国家的自由，权力应当受到限制，因为他过于关注政府的外在形式。③ 革命党人也没有理解这一点，从而导致了致命的后果。

同拉布莱不同的是，巴罗认为，为了保护自由，仅仅区分私人领域和公共领域是不够的。他指出，建立自由国家需要设置制约中央政府的手段和措施。巴罗从这个角度出发批评了大革命，认为它虽然声称主张个人权力，实际上却消灭了所有的抵抗手段，而这些手段本可以保护他们，因此，除了反叛，自由失去了其他的保障。④ 因而，巴罗强烈批判大革命平等主义对后世的不良影响。在他看来，对社会等级的憎恨会在很大程度上破坏自由制度的稳定。他指责法国人对绝对平等的狂热，这种狂热往往会导致奴役。法国人应该明白"真正且理性的自由"并不攻击天然的不平等现象，而是利用它们、借助它们。⑤

巴罗认为，对社会等级和中间力量的憎恨比国家权力的膨胀对自由的威胁更大。在 19 世纪 50—60 年代，其他自由主义者对革命平等主义存在类似的批判，其中最著名的是托克维尔于 1856 年撰写的《旧制度与大革命》，他在书中强烈批判现代民主官僚国家。封建制度的残余——在该制度中贵族曾经是统治阶层——在法国比在周边国家消失得更彻底。在英国，普鲁士和奥地利贵族继续管理各个地区，但这种情况在 18 世纪的法国已不复存在。由此产生了一种特殊的政治制度——中央政府，它消灭了

---

① Odilon Barrot. *De la centralisation et de ses effets*. Paris, 1870: 8.

② Odilon Barrot. *De la centralisation et de ses effets*. Paris, 1870: 8. on a confondu le pouvoir du peuple avec la liberté du peuple, choses cependant bien distinctes.

③ Odilon Barrot. *De la centralisation et de ses effets*. Paris, 1870: 9 – 10.

④ Odilon Barrot. *De la centralisation et de ses effets*. Paris, 1870: 11.

⑤ Odilon Barrot. *De la centralisation et de ses effets*. Paris, 1870: 24.

所有封建中间力量的残余。与此同时，一种平等主义的意识形态逐渐形成，它支持通过对社会等级的憎恨维持这种社会政治制度。[①]

托克维尔认为，大革命甚至加剧了旧制度的中央集权和民主化趋势。尽管起初革命者似乎致力于终结中央集权并在政治制度中建立新的制衡措施与手段，但这种尝试最终失败，不论是通过特定的环境如战争，还是通过旧制度中已经确立的思想与习惯的普遍影响力，最终都未达到目的。大革命完成而非否定了专制君王所要从事的事业。它创造了“巨大的中央权力，吞噬了之前分散在一大群次级权力、等级、阶层、职业、家庭和个人中零星的权威与服从”[②]。大革命激发了法国人对平等的热情，促进了“专制统治所需要的习惯、思想和法律”[③]。在托克维尔看来，整个19世纪中央集权和平等精神糅合形成的精神遗产，导致所有在法国建立自由稳定政权努力的失败。[④]

普洛斯佩·德·巴航特也陈述过类似的观点，远在第二帝国建立之前，他就在小册子《论集体与贵族》（1821）中表达了对法国社会中平等状况的担忧。七月王朝时期，与他志同道合的理论家上台掌权，巴航特开始专注于自己作为历史学家和外交家的职业。但是在1848年二月革命之后，在19世纪50年代，他重新拾起笔杆子发表了一些政治小册子和历史文章。在文集《历史与文学研究》（1858）中，尤其是在文章《法国平等史》中，巴航特强烈批判革命平等主义，声称其为阻碍法国实现自由的因素。[⑤]

巴航特在文章开头便重复了自由主义者的理论：历史表明人类在朝着平等方向发展。他批评卢梭的观点，认为卢梭关于平等是人类的原始状态并随着文明社会和财产的建立而被破坏的观点是错误的。相反，巴航特认为，人类的天然发展趋势是从不平等的状态到越来越平等，这种趋势同样

---

① *The Old Regime and the Revolution*. ed. François Furet and Françoise Mélonio. Chicago: University of Chicago Press, 1998 - 2001 (2).

② *The Old Regime and the Revolution*. ed. François Furet and Françoise Mélonio. Chicago: University of Chicago Press, 1998 - 2001 (2): 98.

③ *The Old Regime and the Revolution*. ed. François Furet and Françoise Mélonio. Chicago: University of Chicago Press, 1998 - 2001 (2): 246.

④ *The Old Regime and the Revolution*. ed. François Furet and Françoise Mélonio. Chicago: University of Chicago Press, 1998 - 2001 (2): 245 - 246.

⑤ Prosper de Barante. Histoire de l'égalité. *Etudes*. Paris, 1858 (1): 275 - 351.

体现在法国历史的进程中。旧制度中的环境已经变得越来越平等，地产被分配给了更多的人，政治制度人为地维持了法国市民之间的某些等级，尽管他们在现实中已经没有任何特权。因此，要纠正这一问题，调整政治制度以适应社会制度革命变得必不可少。

接下来，巴航特笔锋一转，对不平等的描述完全不同于复辟时期人们对平等崛起的理解。在他看来，大革命摧毁了封建制度的残余，恶化为对所有社会等级的公然攻击。巴航特写道："在大革命伊始就可以看出，主流的声音与其说是希望自由不如说是呼吁民主，渴望建立一个新的社会而不是以自由为保障。最主要的是人们渴望消灭贵族；他们宣称第三等级就是国家。"① 随着大革命的发展，这种趋势越来越明显，直到"平等的信徒"开始进行恐怖统治。② 从这个角度上看，拿破仑独裁统治一点也不意外，"集体权利、独立机构、团队精神以及司法机构在职责范围内的独立权等所有的制衡措施和保障，都因为大革命而荡然无存"③。

巴航特认为，在此之后法国历史的一个特点便是一系列失败的尝试，尝试在法国重建新的社会等级。拿破仑是第一个尝试在法国恢复社会等级的人，他取消了普选，支持完全由地方名士组成的选举团体，建立了带有世袭头衔的皇家贵族，但是这个选举团体并没有变成真正意义上的社会精英，没有共同利益和集体精神。拿破仑的贵族并非真正的贵族，真正的贵族独立于统治者而存在。所有试图重造"某种贵族"，建立"介于统治者和民众之间的中间阶层"的尝试都以失败告终。④

后来，法国历史证明巴航特的悲观观点是有道理的。复辟之初，法国

---

① Prosper de Barante. Histoire de l'égalité. *Etudes*. Paris, 1858 (1): 301. Dès les premiers moments de la Révolution, il sembla qu'une vaste et ardente opinion, plus démocratique que libérale, désirait et espérait, non pas des libertés et garanties, mais bien plutôt la formation d'une société nouvelle. Elle voulait avant tout la disparition de l'aristocratie nobiliaire; il lui fallait proclamer que le Tiers Etat, c'était la nation.

② Prosper de Barante. Histoire de l'égalité. *Etudes*. Paris, 1858 (1): 304.

③ Prosper de Barante. Histoire de l'égalité. *Etudes*. Paris, 1858 (1): 307. car les droits collectifs, les institutions existant par elles-mêmes, l'esprit de corps, l'indépendance des magistratures dans la limite de leurs attributions, tous les contre-poids et toutes les garanties avaient été mis à néant par la Révolution'.

④ Prosper de Barante. Histoire de l'égalité. *Etudes*. Paris, 1858 (1): 315. Si donc on avait voulu faire renaître une sorte d'aristocratie, instituer une classe intermédiaire entre le pouvoir souverain et la masse nationale, l'expérience démontra qu'on n'y avait pas réussi.

仍缺少政治贵族，从这个意义上讲，社会结构还不如旧制度时期。同1821年一样，巴航特再次强调他毫不留恋革命前的贵族。在他看来，贵族未能履行自己作为君王与人民之间中间力量的角色，他们只是宫廷贵族而不像英国贵族一样是独立的统治阶层。在1789年之前，法国至少存在一些等级结构，即便这种等级已经消失。巴航特还指出1830年的七月革命使社会变得更加糟糕："社会结构合法化，事实上已经完全民主，爵位世袭被废除，贵族消失得无影无踪。"他认为这种发展使得1848年大革命和之后的拿破仑三世上台成为不可避免的结果："不然那种社会状况的结果还能是怎样？"①

在19世纪50年代到60年代，对革命平等主义的批判在自由主义者当中十分流行，这一点可以从托克维尔和巴航特的作品中看出。同（以勒内·德·夏多布里昂为代表的）复辟时期保皇派一样，自由主义者如托克维尔和巴航特认为，大革命（除了在1789年短暂的一段时期内）本质上是不自由的，它否定了传统认为1789年事件是必要的社会调整（因为等级制过时且不能反映真正实力而被废除）的自由主义观点。如巴罗的小册子所示，该观点反过来是基于这种看法——自由的维护需要存在制衡中央政府权力的措施而不是建立人民主权，它是基于一种孟德斯鸠式的自由概念。其他自由主义政论家受这种自由权概念的启发，尝试对1848年后世界所面对的挑战做出回应。

英国榜样：夏尔·德·蒙塔朗贝尔

夏尔·德·蒙塔朗贝尔是一位坚定的保皇派贵族家庭子弟，他较早在作品中提出解决现代民主问题的途径。与大部分同辈人不同的是，他于1830年投靠新政权，效忠的是天主教而不是国王。在七月王朝期间，蒙塔朗贝尔因在与费利西泰·德·拉默奈合著的《未来》一书中维护宗教自由而声名鹊起，在19世纪40年代参与维护教育自由的运动而被公众熟

① Prosper de Barante. Histoire de l'égalité. *Etudes*. Paris, 1858 (1): 325. La constitution sociale fut donc en droit et en fait complètement démocratique. L'hérédité de la pairie était abolie. Tout vestige d'aristocratie avait disparu... Quels pouvaient être les résultats de cet état social?'

知。第二帝国时期，蒙塔朗贝尔起初支持了路易斯·拿破仑的总统制政权，但在1851年政变之后他转而反对帝国，坚定支持各种形式的自由。一位历史学家曾评价道，蒙塔朗贝尔从热爱自由的天主教信徒转变成为信仰天主教的自由主义者。①

蒙塔朗贝尔在他1852年发表的首篇重要政治文章《论19世纪天主教的意义》中表达了对新政权的反对。他猛烈抨击议会政权的颠覆，因为它在七月王朝时期就已经存在。尽管他之前的许多战友支持了拿破仑的政变，确信皇权比第二帝国能更有效地保护天主教，但蒙塔朗贝尔试图努力说服教友，天主教的信仰只能在一个自由的政治制度中存在，这样才能够保障其对抗专权。蒙塔朗贝尔认为，议会制政府是在革命后法国唯一能够保障自由的制度，最符合天主教的利益。《论19世纪天主教的意义》一炮走红并被翻译成多种不同的语言，造成了支持与反对新政权的天主教派之间关系的破裂。②

尽管蒙塔朗贝尔十分强调议会制的重要性，但他也在书中表明这样的制度本身不足以维护自由。蒙塔朗贝尔读过托克维尔的《论美国的民主》，并同托克维尔一样认为法国社会的平等为建立稳定自由的政权制造了困难。③ 蒙塔朗贝尔认为，1848年对议会政权的颠覆不是偶然的，它与法国社会的根本缺陷有关。他尤其相信法国和欧洲大陆缺少传统的社会精英妨碍了自由政权的建立。他写道："民主本质上与自由不能兼容，因为它是建立在伪装成平等的嫉妒之上，而自由的本性决定了它反对专制且野蛮的平等。"1789年以来欧洲发生的一切事情都证明"民主与自由不能兼容"的合理性，它有着"几何原理般的必然性"。④

---

① *L'individu effacé ou le paradoxe du libéralisme français.* Paris: Fayard, 1997: 211; R. P. Lecanuet. *Montalembert.* Paris: Gigord, 1912 (3).

② R. P. Lecanuet. *Montalembert.* Paris: Gigord, 1912 (3): 62-85.

③ Charles de Montalembert. *Des intérêts catholiques au XIXe siècle.* Paris, 1852: 154, note 1.

④ R. P. Lecanuet. *Montalembert.* Paris: Gigord, 1912 (3): 97. la démocratie est incompatible avec la liberté, parce qu'elle a pour base l'envie sous le nom d'égalité; tandis que la liberté, par sa nature même, proteste sans cesse contre le niveau tyrannique et brutal d'égalité... la certitude d'un théorème de géométrie. 这不是蒙塔朗贝尔第一次表达出这样的观点。1839年在托克维尔的《论美国民主》第2卷发表的前一年，蒙塔朗贝尔就在与朋友及战友，开明天主教徒拉科代尔的通信中批评"民主"是专制力量。还说七月王朝时期他并不想公开维护"贵族制度"，因为他作为天主教徒有更紧迫的任务。

随着第二帝国羽翼日丰，蒙塔朗贝尔越来越担心自由与平等的冲突问题，这促使他在1856年发表了重要的政治文章《论英国的政治前景》。由蒙塔朗贝尔来讨论英国是非常合适的，因为他的母亲是英国人，他自幼也在英国长大，1830—1839年，他已经在英国游历甚广，但他在1855年又回到英国。英国在克里米亚战争中失败之后，人们开始争论英国模式是否可行，促使了他这本书的出版。亚历山大·勒德吕-罗林在《论英国的没落》（1850）中声称英国的贵族制度处在崩溃的边缘[1]，蒙塔朗贝尔对此自然感到愤怒。《论英国的政治前景》在法国非常成功且连续出了5版。在1856年4月，该书在英国甚至引起了议会的一场辩论。[2]

蒙塔朗贝尔从对欧洲国家社会状况的讨论开始。他同托克维尔一样认为“民主”（意味社会与政治平等）的持续发展和最终胜利在现代社会是不可避免的。他写道：“民主将无处不在。”[3] 民主的演化在一定程度上是积极的，这与托克维尔的观点相似。民众可以享受到之前无法享受的各种商品和权利，他对此表示欢迎。法律面前人人平等与平等纳税被蒙塔朗贝尔称为司法的胜利。同样，他认为公务员不是依据背景而是凭借才能被择优录取，这是社会的积极进步，也意味着承认特权合法。

民主的进步也包含巨大的危险。蒙塔朗贝尔支持托克维尔对民主以及民主带来的有害心态的批判，指出民主的环境会滋生对所有形式特权的憎恨和嫉妒。因此，民主对自由、稳定构成威胁。

> 民主是一切可持续事物的敌人，是一切反抗力量的敌人，是一切崇高事物的敌人。民主否定自由的逐渐进步，侮辱自己所有的天然盟友，最主要的是无情追杀自己的缔造者与推动者。民主将国民的生活变成了永久的风暴，国民疯狂地寻找避风港并将自己作为仆人或人质交给民主以期望他们避免灭亡。

蒙塔朗贝尔丝毫不怀疑这种处境的最终结果：“它只会开启一条通向

---

① Alexandre Ledru-Rollin. *De la décadence de l'Angleterre*. Brussels, 1850（2）: 171.

② Preface to the third edition of *De l'avenir politique de l'Angleterre*.

③ Charles de Montalembert. *De l'avenir politique de l'Angleterre*. Paris, 1856: 3. La démocratie gouverne partout où elle ne règne pas encore.

专制统一的道路。"① 蒙塔朗贝尔尤其担心民主的发展导致社会原子化的问题。在民主社会，对抗中央权力天然、传统的纽带被机械的、人为的联系所替代，独立受到憎恶，人的尊严和英勇被国家剥夺，勇气与正直被排斥。人们排斥精英政府，强行实施多数人的统治，通过这种方式将市民个体隔离开来，民主化的过程促进了专制的建立。尽管民主化进程是现代社会的主流，但它也是自身的最大危险："调节并约束民主而不至于伤害它，把它组织成温和的君主制或保守的共和国，这构成本世纪的重大问题，但这个问题尚未在任何地方得以解决。"②

蒙塔朗贝尔在关于欧洲国家社会状况的讨论这一部分，开始偏离托克维尔转而关注英国作为解决当代原子化社会问题的模型。与其他欧洲国家相反，英国没有经历动乱却成功保留了自由，英国制度中的诸多特点都对促进自由发挥了积极作用。蒙塔朗贝尔赞扬英国的议会传统——反对煽动性、蛊惑性的专制，支持秩序与合法权威。教育制度中的免费大学培养了市民而不是迂腐的学者，这也促进了自由。但蒙塔朗贝尔同他复辟时期的保皇派前辈一样，强调最主要的是英国的自由存在于它的社会等级结构之中。英国同欧洲其他国家一样受到民主趋势的影响，但英国是唯一让贵族保留大部分原始权力的欧洲国家，因此，它仍是自由的。③

蒙塔朗贝尔在书中大篇幅赞美英国贵族所表现出来的韧性。英国的贵族是开放的，总是乐于接纳新的人才。英国贵族履行了立法、行政和司法职能，这是旧制度中法国贵族所不屑一顾的。因此，英国极端分子提出的改革措施——如取消上议院、采取贤能统治——并没有威胁到英国贵族的存在，真正的力量存在于管理与治理国家的绅士当中。除了开放性与灵活

---

① Charles de Montalembert. *De l'avenir politique de l'Angleterre.* Paris, 1856: 35. Elle est l'ennemie de tout ce qui dure, de tout ce qui résiste, de tout ce qui grandit. Elle nie tous les progrès graduels de la liberté; elle insulte tous ses alliés naturels; elle poursuit surtout d'une implacable ingratitude les princes qui l'ont donnée ou servie. Elle fait de la vie des nations un orage perpétuel; elle les réduit à chercher éperdues un refuge dans le premier port venu, et à s'y donner pour servantes ou pour ôtage à celui qui les sauvera du naufrage… Aussi ne peut-elle servir qu'à frayer la route à l'unité du despotisme.

② Charles de Montalembert. *De l'avenir politique de l'Angleterre.* Paris, 1856: 38. Contenir et régler la démocratie sans l'avilir, l'organiser en monarchie tempérée ou en république conservatrice, tel est le problème de notre siècle: mais ce problème n'a encore été résolu nulle part.

③ Charles de Montalembert. *De l'avenir politique de l'Angleterre.* Paris, 1856: 60-99.

性，英国贵族的力量还得益于它的物质财富，而后者又依赖于英国的财产法。把土地集中在几个家族中的长子继承权与限嗣继承法是“英国贵族的真正守护神”。[1]

蒙塔朗贝尔与保皇派极其相似，认为长子继承权是英国自由的基础。在他看来，受继承法保护的财产稳定是“英国社会的守护神，继承法的堡垒一直到现在都还在保护财产稳定，避免王权泛滥和煽动家的侵犯”[2]，英国财产法既是一般自由的结果又是自由的保障。长子继承权创造出“反对席位”，因为它给英国绅士提供了经济基础，而英国绅士天生注定是被治理的对象。蒙塔朗贝尔写道，只要英国人保留长子继承权与限嗣继承权，他们就会一直自由。一旦它们被废除，“（英国）就会踏上没落的第一步，通过革命的恐怖将人民赶入独裁的深渊”[3]。

蒙塔朗贝尔相信英国社会的等级结构由继承法决定，同时又对政治有重要影响。由此看来，英国财产法是英国自由权最重要的保障。他写道：“我真心不希望把政治自由完全等同于长子继承权，也不希望把这片大陆未来的自由绑定在维持或重建这样的或类似的继承制度上，但无论如何，羡慕英国自由的人应当充分理解这种自由得以存在的条件。”[4] 相反，蒙塔朗贝尔强烈批判欧洲大陆上广泛存在的遗产分割制度，他同自己的父亲马克－赫内·蒙塔朗贝尔在1826年对继承法案的讨论中提出的观点一样，称它是“独裁政府为摧毁所有抵抗力量并粉碎所有集体或个人力量而发明

---

① Charles de Montalembert. *De l'avenir politique de l'Angleterre.* Paris, 1856: 100－116.

② Charles de Montalembert. *De l'avenir politique de l'Angleterre.* Paris, 1856: 110. le palladium de la société anglaise, le double boulevard qui l'a défendue jusqu'à présent contre l'omnipotence monarchique et contre les envahissements de la démagogie.

③ Charles de Montalembert. *De l'avenir politique de l'Angleterre.* Paris, 1856: 116. [l'Angleterre] fera le premier pas sur cette pente qui précipite les peuples, à travers les secousses des révolutions, dans les bas-fonds du despotisme.

④ Charles de Montalembert. *De l'avenir politique de l'Angleterre.* Paris, 1856: 101. A Dieu ne plaise que je veuille identifier partout la liberté politique avec le droit d'aînesse, et enchaîner l'avenir de cette liberté sur le continent au maintien ou au rétablissement de tel ou tel ordre de succession... Mais bon gré mal gré, il faut que ceux qui admirent et envient la liberté anglaise comprennent bien les conditions qui la font durer.

的最有效的工具”①。

人们很容易认为蒙塔朗贝尔极力维护英国贵族的自由权是因为他来自坚定的保皇派贵族家庭。但是，他对自由议会制度的坚定支持不允许我们将其看作对大众民主咆哮的失意贵族。蒙塔朗贝尔著作的巨大成功证明他的观点并非脱离现实的少数人的观点。他对英国贵族及其物质基础即作为自由工具的长子继承权的赞美，表明复辟时期保皇派作家阐述的观点在被19世纪大部分自由主义者批评之后，在法国自大革命以来首次尝试大众民主并失败的情形下再次受到欢迎。②

带有更加主流资产阶级背景的自由主义者同蒙塔朗贝尔一样认为贵族与长子继承权在维护自由中起到关键作用。莫里斯·布洛克的《通用政治词典》收录的奥古斯德·内夫兹尔于1863年创作的文章《自由主义》就能说明这一问题。③ 著名记者内夫兹尔曾是《新闻报》的编辑，还是第三帝国时期最受欢迎的法国日报《时报》的创始人，该报反对教权、支持共和。他在给《词典》的投稿中与拉布莱一样，将自己称为反民主的自由主义者。他强调维护个人自由是自由主义政党关心的首要问题，认为民主政治制度的花架子对自由主义者没有如此重要，甚至会对自由构成威胁。因此，自由主义者认为，选举权应该基于个人的能力而非出身，他们反对普选，希望建立尽可能多的保障自由的措施。

内夫兹尔明确表示，长子继承权是保障自由的必要措施之一。新的继承法摧毁了“既定的财富与环境”，这不利于自由。“自由主义元素从来不够连贯，不足以击败专制政权。所有的家庭、所有的市民都忙于自身事务，不能用心、独立、公正地关注公共事务，他们的努力最终只不过是重复坦塔勒斯或薛西弗斯（译者注：坦塔勒斯为宙斯之子，相传因泄露众神的秘密被罚浸在深及下颚的地狱水中，当口渴想喝水时，水就退去，伸手去摘低垂在头顶的水果，水果就升高。薛西弗斯为科林斯的国王，生性邪恶，命运注定他要在地狱中把推至山顶即滚落的石头不断地反覆推至山顶

---

① Charles de Montalembert. *De l'avenir politique de l'Angleterre*. Paris, 1856: 110. l'instrument le plus efficace que le despotisme ait jamais pu inventer pour bruyer toutes les résistances et pulvériser toutes les forces collectives ou individuelles.

② James Finlay. *The liberal who failed*. Washington: Corpus Books, 1968: 115.

③ 该文章被重印并附在该书附录部分 Lucien Jaume. *L'individu effacé ou le paradoxe du libéralisme français*. Paris: Fayard, 1997: 557 - 567.

上）的传说，专制政权仍岿然不动”，“现代自由主义学派”中的某些因素需要经过验证。[①] 财产的分配要民主得多才更加符合抽象的正义，但它与自由相冲突，“公共利益要求并非每个人都能一直发财，并要求存在独立的、强大的和稳定的个人环境，以阻挡中央权力的靠近”[②]。

19 世纪 50 年代到 60 年代的自由主义圈子在某种程度上开始认可复辟时期保皇派提出的恢复土地贵族以解决法国困境的要求，正统主义者甚至主张独裁者都为此做出了贡献。一位名为鲁伯特的天主教正统主义者于 1855 年发表了《论贵族与财产》，主张建立贵族以限制君权，并强调限嗣继承的必要性。[③] 出色的正统主义记者兼历史学家阿尔佛雷德・内特芒，在自己作品中费尽心思讨论复辟时期对长子继承权的辩论，并宣称平分法的实施在很大程度上要为复辟时期以来法国社会面临的政治动荡负责。[④] 19 世纪 50 年代到 60 年代所出版的许多著作也能说明这一点，如苏布德的《法国贵族》（1858）、《论在贵族基础上重建的必要性》（1858）；阿纳托尔・德・巴托洛缪的《论 19 世纪的贵族》（1859）和作者不详的册子《论贵族的重组》（1862）。

在自由主义阵营中也不乏批评恢复贵族的声音，即使其中有的人比较赞同蒙塔朗贝尔等作家支持的理论。如夏尔・德・雷慕莎是坚定的亲英派，他声称英国模式是“欧洲解决政治自由问题的最佳方式”[⑤]。雷慕莎

---

① Lucien Jaume. *L'individu effacé ou le paradoxe du libéralisme français*. Paris: Fayard, 1997: 564. Les éléments libéraux n'acquièrent jamais assez de consistance pour faire échecau despotisme. Toutes les familles, tous les citoyens sont trop constamment ramenés à leurs propresaffaires pour pouvoir se tourner avec soin, indépendance et désintéressement vers les affairespubliques: leurs aspirations ne peuvent que renouveler les mythes de Tantale et de Sisyphe, et ledespotisme reste maître du terrain. It should be noted that Nefftzer did not plead for the reestablishmentof primogeniture, which was still a sensitive issue in France. Rather, he demanded theliberty of the paterfamilias to dispose of his inheritance at will (liberté de tester), as opposed to theobligatory partible inheritance imposed by the Napoleonic Code.

② Lucien Jaume. *L'individu effacé ou le paradoxe du libéralisme français*. Paris: Fayard, 1997: 565. Il importe à la chose publique que tout le monde n'ait pas toujours sa fortune à faire, et qu'il y ait des situations personnelles indépendantes, fortes et stables, capables de tenir tête au pouvoir central.

③ L. Rupert. *Lettres sur l'aristocratie et la propriété*. Paris, 1855.

④ Alfred Nettement. *Histoire de la Restauration*. Paris: Jacques Lecoffre, 1869 (7): 284 – 308.

⑤ Charles de Rémusat. *L'Angleterre au dix-huitième siècle. Etudes et portraits pour servir à l'histoire du gouvernement anglais depuis la fin du règne de Guillaume III*. Paris, 1856: ix. la meilleure solution européenne du problème de la liberté politique.

认为，法国在贵族元素方面的不足促进了极权的壮大并对此深感遗憾[①]，但他也认为在法国恢复土地贵族并不可行。他与众人不同的是，并不认可民主与自由之间是对立的关系。如果像一些政客所言，贵族对于自由十分必要，这势必使民主法国和其他所有现代社会一同沦为奴役。[②]

夏尔·弗兰克特·德·弗朗克维尔，一位名不见经传的政治家同时自称为英国文明专家的人于1863年发表了《论英国的政治、司法与行政制度》，在书中他对这些观点展开了广泛的批评。弗朗克维尔指出，大部分评论英国的法国作者曾试图证明英国由于不民主而得以自由，“他们甚至认为，民主与自由势如水火”[③]。但是，弗朗克维尔本人认为，英国的自由与英国社会的贵族性质并没有什么关系。相反，他认为英国是一个真正民主的国家。[④] 他在另一本书中重申：“有人曾不厌其烦地讲述，如果英国存在自由的话，一定是以牺牲平等为代价，这句话绝对是错误的；真相是英国的平等史远比其他欧洲大陆国家更久远”。弗朗克维尔解释道，英国没有特权，贵族不是一个独立的阶层，因为任何人都可以凭功德被晋升为贵族。[⑤]

甚至蒙塔朗贝尔本人也在《论英国的政治前景》末尾处明确指出，英国的贵族自由模式并不适合法国。作为民主国家，法国消灭了一切贵族残余，也永远不可能重拾它们。从长远来看，英国的贵族制度也会消失，正如欧洲大陆上所经历的一样。[⑥] 蒙塔朗贝尔认为，这不是使我们绝望的理由。即使在贵族灭亡之后，英国贵族也会继续存在，因为贵族的独立精神已经渗透到整个英国社会。英国人比其他国家的人更尊重他人意见，多数人从不会压制少数人，个体不会屈从大众的意志。某种程度的特立独行是

---

① Charles de Rémusat. *Politique libérale ou fragments pour servir à la défense de la révolution française.* Paris, 1860: 164 - 203.

② Charles de Rémusat. Démocratie et liberté à propos de quelques ouvrages récens. *Revue des deux mondes*, 1863 (116): 634.

③ Charles de Franqueville. *Les institutions politiques, judiciaires, et administratives de l'Angleterre.* Paris, 1864: 7. ils ajoutent m ême que ces deux principes sont incompatibles.

④ Charles de Franqueville. *Les institutions politiques, judiciaires, et administratives de l'Angleterre.* Paris, 1864: 3 - 37.

⑤ Charles de Franqueville. *Le gouvernement et le parlement britanniques.* Paris, 1896: 29. On a répété à satiété que, si l'Angleterre avait possédé la liberté, c' était aux dépens de l'égalité: rien n'est plus inexact; la vérité est, au contraire, que l'Angleterre a connu l'égalité bien avant les nations du continent.

⑥ Charles de Montalembert. *De l'avenir politique de l'Angleterre.* Paris, 1856: 230 - 262.

一种贵族特质，在英国受人推崇。蒙塔朗贝尔认为，独立精神和开放性是自由权的最佳保障。因此，他在书的最后提出，大陆国家应该尝试树立贵族精神而非恢复土地贵族。①

不过，几年之后，随着第二帝国的持续存在，蒙塔朗贝尔对在民主的大陆上实现自由的可能性越来越悲观。他在1860年发表的《话语》序言中表达了法国的政治形势给他带来的绝望感。他的目标一直是限制国家对市民可行使合法的权力，阻止官僚制度和民主制度的壮大，因为它们可能使得欧洲沦落为专制国家。但在1848—1852年之后，他开始认为这些目标永远不可能实现。法国变得更加平均化而不是更加自由。社会被原子化，被民主集中制的“无情锤子”击得粉碎。大多数人都变得万能，好像自由永远失去了保障，人类智慧永远失去了尊严。②

对分权的辩论：奥迪隆·巴罗与维克多·德布罗意

19世纪50年代到60年代人们曾热烈讨论分权，在这场讨论中，有人表达了对法国社会平等状况的担忧。在1848—1849年，分权问题再次被自由主义和正统主义的分权主张者联合提到政治议程。尤其是在拿破仑三世建立政权之后，对放权的呼吁团结了第二帝国的所有敌人，放权成为重大政治议题。自由主义者与正统主义者认为，放权最重要的是提供了一种社会变革的途径。同复辟时期的许多政论家一样，他们希望分权能够恢复原子化个体之间的联系，希望它能使天然的精英阶层成长壮大，而不需要像英国一样承受土地贵族的压榨。③

从奥迪隆·巴罗的册子《论中央集权及其影响》（1861）可以清晰地看到这一点，该册子对第三共和国的缔造者有着重要的影响。④ 巴罗在册子的序言中长篇大论地抨击共和派对自由权的理解，并坚称只有恢复制衡，才能维护法国的自由权。巴罗认为，分权显然是最有效的办法，他不

① Charles de Montalembert. *De l'avenir politique de l'Angleterre*. Paris, 1856: 262 – 276.

② Charles de Montalembert. *Discours de M. le comte de Montalembert*. Paris, 1860 (I): i – xxvi.

③ Sudhir Hazareesingh. *From subject to citizen. The Second Empire and the emergence of modern French democracy*. Princeton: Princeton University Press, 1998: 222.

④ François Burdeau. *Liberté, libertés locales chéries*! Paris: Cujas, 1983: 137 – 162.

赞同自大革命以来法国建立的集权式政治制度，因为它破坏了公序良俗，产生了阶级仇恨并随着社会主义的兴起而加重，是法国社会长期动荡的祸根。

巴罗的著作对旧制度中的传统等级社会流露出怀念之情。尽管君主专制努力消除社会中的反对势力[①]，但中世纪时期一些制度的残余还是被保留下来，国民大会抹平了这些最后的障碍。神职人员的独立、贵族的特权、地方机构、辛迪加和大理院都消失不见了，而中央权力却持续膨胀。[②]拿破仑摧毁了一切带有个人独立性质的事物，将中央权力推到极致。因此，法国社会被“各个击破”，唯有国家是强大的。

巴罗并不认为回到旧制度的社会就能解决这一问题，他明确指出应由“另外一个与平等主义风俗更加和谐的组织”取代它。[③] 正如他在结论中所写：“个人要想成为国家中的一股力量，个人权力应该受到尊重同时天生的能量不受约束，个人不应当保持孤立，否则国家便会将其吸收。因此，个人的力量需要组织起来，不同的组织需要建立联系。鲁瓦耶－科拉尔认为，集结个人力量可以避免这些组织各自为政，忽略其他声音。1789年之前，我们的社会是有组织的，但这个组织已经被粉碎，当然我不是建议重建这一组织，我并不主张复古。民主社会能给我们带来比集权制度之下更密切的天然联系，这些联系理应加强。”[④]

作为每个社会基本单元的家庭首先需要加强。巴罗同内夫兹尔一样呼吁恢复立遗嘱的权利，认为父亲应该能够将自己的所有财产留给一个孩子，以保护家族财产。他强调这是维护自由与稳定的必要措施，因为财产赋予个人以独立同时激发人们对秩序的兴趣，以便于政府的治理。[⑤] 但最重要的是应恢复社区、民选市长与理事会。巴罗曾表示社区是家庭的外延，强化社区会给法国社会带来必要的改革。巴罗评论道：“我们的社会大厦如此频繁，如此轻易地被推倒，所以毫无疑问社会急需加固。建筑材料唾手可得，无需借助别的国家或别的时代，唯有需智慧去发现它们并充

---

① Odilon Barrot. *De la centralisation et de ses effets*. Paris, 1870: 47.

② Odilon Barrot. *De la centralisation et de ses effets*. Paris, 1870: 49.

③ Odilon Barrot. *De la centralisation et de ses effets*. Paris, 1870: 93.

④ Odilon Barrot. *De la centralisation et de ses effets*. Paris, 1870: 208.

⑤ Odilon Barrot. *De la centralisation et de ses effets*. Paris, 1870: 210.

分利用良好的意愿。”[①]

巴罗所阐述的观点在维克多·德布罗意的《论法国政府》（1870）中被重复提出，该书在自由主义放权派的话语中占据重要地位。同巴罗不同的是，德布罗意属于随七月革命上台的空谈派。路易-菲利浦统治初期他任首相，至七月王朝时期仍有重要的政治影响。《论法国政府》写于1860年，是他的第一部也是唯一一部政治专著，他批判了王权并呼吁恢复国会，该书一出版就被警察没收。1870年德布罗意去世几个月之后，他的儿子再次发行此书。该册子历经两次修订并同巴罗的册子一样对第三共和的缔造者们产生重大影响。[②]

德布罗意在册子中用很大篇幅讨论了在法国重建自由政治制度所需的制度改革。德布罗意支持这样的政治制度：强大的行政长官（君主或立法院选举出的总统）与两院制的立法机构分权。他并不认为一部新的宪法能解决法国的所有问题，这已被1789年以来法国政府的一系列失败经验所证明。法国社会平等状况所面临的问题一样严重，受到日益崛起的民主和中央集权的威胁。德布罗意这样描述法国社会：“一平到地，皆堕尘埃的一群人。”[③] 分权而非体制改革才是应对该问题的唯一途径。的确，德布罗意认为这一问题至关重要，所以利用该书一半以上的篇幅讨论行政改革。

德布罗意同巴罗一样，认为分权可以重建人与人之间的联系，缓解法国社会的原子化状况。他写道：“法国社会将不会像现在这样被撕裂为互不联系、互不团结的个体，就像一根根被风吹起的稻草，而是应该形成富有集体精神的存在，尽管规模不同、力量悬殊但个个充满活力。小到侏儒大到巨人，小到公社大到首都巴黎，只要关乎到国家权力与公众利益的地方，他们都不容中央忽视，即使他们不对市民产生直接影响。法国社会要么衰落，要么改变。”[④]

---

① Odilon Barrot. *De la centralisation et de ses effets*. Paris, 1870: 225.

② Jean-Pierre Machelon. Victor de Broglie et les Vues sur le gouvernement de la France. *Coppet, creuset de l'esprit libéral. Les idées politiques et constitutionnelles du groupe deMadame de Staël. Colloque de Coppet, 15 et 16 mai 1998*. ed. Lucien Jaume. Economica, 2000: 187 – 198.

③ Victor de Broglie. *Vues sur le gouvernement de la France*. Paris, 1870: v. une population nivelée jusqu'au sol, et réduite en poussière individuelle.

④ Victor de Broglie. *Vues sur le gouvernement de la France*. Paris, 1870: 61.

德布罗意同巴航特一样希望分权能够在法国重塑地方精英。在现有的中央化行政体系下地方名流被排除在政府之外，他对此提出了强烈批评。各地方受制于巴黎的精英而非本土官员，地方公共职务不是由一代人传给另一代，而是由与当地毫无干系的野心家担任。为了解决这一问题，公务员如地方行政首长应由地方名士选举产生。通过将他们置于同僚的监督之下，他们会变成精英，还能终结“官僚均等”，使公务员不再是专制下的温顺统治手段，也不再是无序下的暴力工具。① 放权能够形成政府与个体市民之间的平等，抑制政府“水肿般的无限权力”。②

巴航特和德布罗意强烈支持将分权作为社会改革的手段，这种现象广泛存在于19世纪50年代到60年代的自由主义者群体中，还流行于正统主义者当中③。对放权的呼吁成为自由主义者和正统主义者活动纲领的共同重心，名流贵族们努力消灭帝国制度中剥夺他们政治自由的因素和剥夺他们积极参政权力的因素。1865年一群以奥尔良派的亚历山大·德·梅斯－纳布拉为首的东部地区地方官员起草了一份谨慎的放权纲领《南希纲领》。该纲领由19位代表当地整个精英阶层的地方名人签名，由此引发了全国范围内对放权的关注。该纲领的终稿连同58封来自全国具有重大影响和知名度的反对派成员的信件一同出版，其中既有奥尔良派又有正统主义者。④

放权能够修复法国社会所有问题的乐观设想，在1870—1871年期间彻底破灭。当时发生的剧变是法国在普法战争中惨败，还有巴黎公社的灾难性变化。⑤ 维克多·德·德布罗意的儿子阿尔伯特，与他的父亲一样曾经是放权的积极拥护者，但在1895年于自己的回忆录里表示放弃之前的信仰。他写道：“我们从来没有真正搞清楚当一场大革命把各种制度扫除之后它们是否可以随意使用一些新的、毫无基础的制度来取代。正如我们

---

① Victor de Broglie. *Vues sur le gouvernement de la France*. Paris, 1870: 180 - 181.

② Victor de Broglie. *Vues sur le gouvernement de la France*. Paris, 1870: 180 - 181.

③ François Burdeau. *Liberté, libertés locales chéries!* Paris: Cujas, 1983: 137 - 162; Steven D. Kale. *Legitimism and the reconstruction of French society* 1852 - 1883. Baton Rouge and London: Louisiana State University Press, 1992: 89 - 134.

④ Steven D. Kale. *Legitimism and the reconstruction of French society* 1852 - 1883. Baton Rouge and London: Louisiana State University Press, 1992: 113 - 114.

⑤ Sudhir Hazareesingh. *From subject to citizen. The Second Empire and the emergence of modern French democracy*. Princeton: Princeton University Press, 1998: 227 - 232.

从未真正想清楚当一个人失去关节和肌肉力量之后，外力是否是保持身体直立的唯一方式。不幸的是，这正是经验教会我的。"[①]

查尔斯·杜邦－怀特的批评

我们可以清晰地看出，第二帝国时期自由主义者的思想深受贵族自由主义的影响。诸如托克维尔和巴航特等作家表示平等主义的革命遗产与自由不能兼容；对法国社会平等状况的担心让蒙塔朗贝尔这样的思想家像曾经的保皇党人一样把英国强大的土地贵族描述成为法国的榜样；德布罗意同巴罗这样的自由主义者和复辟时期的自由主义者都希望放权能够缓解法国社会的原子化状况。这种话语之下所隐藏的是对现代性崛起的高度批判，认为它导致原子化和中央化官僚国家的产生。这种批判很容易使人无奈地认为现代社会尤其是法国社会本质上是不自由的。

正如复辟时期一样，贵族自由主义的理想被有些人批评为包藏祸心、开历史倒车。如在 1865 年，主张独裁者与共和主义者声称《南希纲领》实为重建旧制度。尽管《南希纲领》中所提出的改革措施根本算不上激进，但却引起了当局的警觉，他们怀疑那些大名士、贵族试图重新获取在拿破仑三世时期失去的特权。忠于当局的报纸极力贬损《南希纲领》，认为其富有君主主义色彩，试图恢复贵族的势力，把法国交到稳坐在众议会里的地方政治寡头集团手中。《世纪报》认为《南希纲领》是贵族试图重新控制公共生活的障眼法，而共和派的《国民观点》认为奥尔良派自由主义者是在帮保皇派复辟天主教、社团式的法国。[②]

查尔斯·杜邦－怀特在他 19 世纪 60 年代的政治论文中，特别是在《政治自由与地方政府》（1864）中给反贵族话语增添了新的元素。杜邦－怀特的父亲是一位坚定却有些古怪的正统主义者，但早年他并不认同父亲的政治信念。杜邦－怀特积极参与了 1830 年的七月革命与 1848 年革命，当时他曾是路易斯·布朗工人政府委员会的成员。杜邦－怀特的政治生涯

---

① Sudhir Hazareesingh. *From subject to citizen. The Second Empire and the emergence of modern French democracy*. Princeton: Princeton University Press, 1998: 232.

② Steven D. Kale. *Legitimism and the reconstruction of French society 1852 – 1883*. Baton Rouge and London: Louisiana State University Press, 1992: 113 – 115.

随着拿破仑的政变而终结，因此他强烈反对帝国政权。直到 19 世纪 60 年代末，当帝国政权恢复了新闻自由，他仍然以不能针砭时弊为由拒绝评论第二帝国的优点。[①] 杜邦 - 怀特可以说是拿破仑三世的典型反对者，不过他论述了一些相当新颖的政治观，积极维护当代、原子化、中央化的社会，回击自由放任主义和贵族自由主义的批评。

杜邦 - 怀特最初的两本书《个人与国家》（1857）与《中央集权》（1860）的初衷是回应诸如拉布莱等政论家的放任自由主义理想，这两本书均因大受欢迎而得以两次重印。杜邦 - 怀特尤其关注大政府危及经济与社会的发展的观点。支持放任自由主义的人（杜邦 - 怀特称其为“个人主义者”）认为来自国家的任何干预都不利于发展，甚至认为努力争取废除国家对所有民族来说都是极好的事情，不过这种观点实在荒唐。历史告诉我们，国家的成长是所有发展社会的正常特征，国家通常是社会发展的发起者。如果国家的职权不能成为公共权力，那么它通常是停滞不前的，即强大的中央政府对法国的发展来说必不可少。[②]

杜邦 - 怀特在《论地方政府与政治自由的关系》（1864）中改变了攻击的焦点，批判了放权论的话语。他开篇便讨论了 19 世纪 50 年代到 60 年代主张分权的思想基础。他称同时代的许多人坚信在原子化的国家中是不可能有自由的，有的只不过是面对国家的一群个体。他们认为有必要在国家与个体之间创造“中间团体”以制衡前者的权力。杜邦 - 怀特认为该观点是法国君主制历史的延续，仍支持行政权占主导地位。“我们仍然在寻找途径，以便在当下的社会中建立立宪的、半君主的机构以及重要的实体，以便削弱国家政权与保障国民的权力，而实体分散在民众个体之中显得如此弱小，如此岌岌可危。”[③]

在旧制度中这样的中坚力量曾以众多自治团体和个人所享有的特权形式大量存在，却在 1789 年被破坏殆尽。杜邦 - 怀特评论认为，一些同时

---

① Sudhir Hazareesingh. A Jacobin, liberal, socialist, and republican synthesis: the original political thought of Charles Dupont-White (1807 – 1878). *History of European Ideas*1997 (23), 145 – 171.

② Charles Dupont-White. *L'individu et l'état*. Paris, 1865: i – lxiii.

③ Charles Dupont-White. *De la liberté politique considérée dans ses rapports avec l'administration locale*. Paris, 1864: 4. ‘Nous en sommes encore à chercher ce que nous pourrons bien mettre, dans la société actuelle, de corps constitués et quasi souverains, d'êtres collectifs et imposants, pour diminuer l'Etat, pour assurer le droit national qui paraît si chétif, si menacé dans la personne de l'individu.’

代的人承认在“追求平等、人们陶醉于所生活的新时代”的社会中这些特权难以恢复。[①] 然而，这条规则似乎有重要的例外：地方社区、部门与公社。与特权阶层不同的是，这些自治团体不会伤害平等并符合革命后的社会环境。杜邦 - 怀特解释道，所有为对抗独裁而寻找“支持”的尝试都集中在地方社区上，“即便中间力量似乎已经远离现代社会”，我们应该相信中间力量的优势与实质。[②]

但是，杜邦 - 怀特认为这种解决问题的办法是错误的。他在书中驳斥放权是维护法国社会自由必不可少的观点。他不仅批判放权论，还批判由孟德斯鸠《论法的精神》所引发的思想传统的变化。

针对放权论的话语，杜邦 - 怀特阐述了三个论点。第一，主张放权的人所举出的例子如英国并不能证明自由与放权之间的关系；第二，法国的集权对自由是有利而非有害的；第三，当代原子化的社会不是没有预防专制的保护措施，而是创造了自己的反制手段来保护个体市民的自由。

杜邦 - 怀特认为，放权论者经常引用的英国例子并不能证明放权有利于自由。[③] 尽管他勉强承认英国一些地方社区享有法国地方社区所没有的独立，但他认为这种区别是依赖于英国人的“种族性”。从本质上讲，盎格鲁 - 撒克逊人是个人主义者，而拉丁人是中央主义者。如果法国的地方社区被赋予更多的独立权，他们很可能会在自身狭小的势力范围过度管理。进一步而言，地方的自治依赖于强大贵族的存在。法国已经永远失去了贵族，贵族曾受到君主制和第三阶级的打压，均分财产的法律也推动了贵族的灭亡。追求自由的法国人民是不会允许让一小部分最有钱的人来治理自己的。

杜邦 - 怀特并不认为英国的自治市是对抗中央政府的力量，他认为统治地方的贵族也统治着国家。不论是在国家层面还是在地方层面，对英国的管理都掌握在少部分人手中，这部分人甚至比君主专制更能有效地控制

---

① Charles Dupont-White. *De la liberté politique considérée dans ses rapports avec l'administration locale*. Paris, 1864: 5. 'l'égalité, cette ivresse des temps où nous vivons'.

② Charles Dupont-White. *De la liberté politique considérée dans ses rapports avec l'administration locale*. Paris, 1864: 5. 'où l'on a cru apercevoir la substance, la vertu de ces pouvoirs intermédiaires qui semblent absents de la société moderne'.

③ Charles Dupont-White. *De la liberté politique considérée dans ses rapports avec l'administration locale*. Paris, 1864: 7 - 74.

对英国的管理。君主的仆人可能背叛他或者同他离心离德，但是贵族集团却会因为门第观念抱成一团。英国政府的组织原则是“成为人类能够设想的最具深远影响的中央集团”①，根本称不上放权国家的典型。杜邦－怀特据此批判诸如蒙塔朗贝尔等贵族自由主义者的论点，却又同时承认英国和英国贵族着实是令人羡慕的榜样。

杜邦－怀特还试图从理论层面驳倒放权派关于集权促进而不是伤害自由权的论调。在旧制度时期，地方贵族享有的特权伤害了自由，因为他们会用手中的权力和自身的独立地位为自己及自己的利益集团服务。取消这些特权和自治团体之后，君主专制与大革命都促进了更平等、自由国家的形成，而不是独裁制的形成。② 中央权力在大革命中得以强化，个人自由同样从中受益良多。后革命时期，国家中的个体市民在面对中央力量时不再孤立无助，因为大革命造就了君主立宪国家以保护个人的权利。相比旧制度，法国的状况得到了改善而不是恶化：“一个人应该希望社会是怎样的？权利属于这样或那样的团体，权利被组织并被武装为公共力量还是众人均享权利？国家作为权利的代理和保障有着至高无上的地位，国家也以代理人的形式呈现。”③

杜邦－怀特表示，现代政府有可能滥用国家赋予的权力，但这并非说明自由在中央集权国家中没有保障。国人在必要的时候总是能够起来反抗，就像1830年一样，相比特权精英阶层，这是保护自由更有效的手段。在原子化、个人化的社会中存在对抗政府滥用权力的有力障碍——民意。④作为“人民对一切所关心事物达成的一致意见”，民意有着强大的力量鼓励人们采取行动⑤。杜邦－怀特重申夏尔·德·雷慕莎和皮埃尔－保罗·

① Charles Dupont-White. *De la liberté politique considérée dans ses rapports avec l'administration locale.* Paris, 1864: 68. 'centralisation le plus accompli que l'on puisse concevoir'.

② Charles Dupont-White. *De la liberté politique considérée dans ses rapports avec l'administration locale.* Paris, 1864: 192.

③ Charles Dupont-White. *De la liberté politique considérée dans ses rapports avec l'administration locale.* Paris, 1864: 275. 'Que faut-il souhaiter à une société? Des droits ça et là parmi des corps, des localités; droits organisés et armés en pouvoirs publics? Ou bien le droit partout, droit égal pour chacun, avec un organe et une garantie telle que la nation elle-même, souveraine et représentée?'

④ Charles Dupont-White. *De la liberté politique considérée dans ses rapports avec l'administration locale.* Paris, 1864: 279－306.

⑤ Charles Dupont-White. *De la liberté politique considérée dans ses rapports avec l'administration locale.* Paris, 1864: 279. 'l'accord des esprits sur toute chose qui intéresse les hommes'.

鲁瓦耶－科拉尔等复辟时期政论家的观点[1]，指出在现代平等社会中，民意是唯一对抗国家权力的反力。如果英国女王有朝一日想做沙皇，反对她的将是民意而不是地方上的市政机关。

在杜邦－怀特看来，民意在法国是一种重要的力量。法国比其他社会更加公平，人与人之间的交流交往也比其他国家更加普遍。法国的政治自由不依赖于特权阶层和各种实体力量，而是取决于民意即“普遍的道德力量”。他强调说：“如果自由在我们当中有什么基础的话那就是道德”[2]。正如他曾写道：

> 构成古代社会或者说守护古代特权的特殊力量已经从四处消失，在法国更甚，几乎已经荡然无存。为了取代这些力量和他们所做的工作，导致了民意出现并取代了团队精神，就像公法取代了特权、公共服务取代了士族阶层。[3]

杜邦－怀特认为，随着当代中央集权国家的壮大，这种反制的力量得到增强而不是削弱。他早于尤尔根·哈贝马斯阐述了关于公共领域崛起的理论。[4] 他认为，在一个中央集权国家，发生在首都的文化及社会活动会产生不同于政府的民间权威，它会对民意产生重要影响：“民间力量顶着首都的光环显现出来，它不是官方机构，没有官方授权去统管人们的思

---

① 见上文第五章.

② Charles Dupont-White. *De la liberté politique considérée dans ses rapports avec l'administration locale.* Paris, 1864: 298. ‘à telle force particulière et physique… une force générale et morale… Ou la liberté a cette base parmi nous, ou elle n'en a aucune’.

③ Charles Dupont-White. *De la liberté politique considérée dans ses rapports avec l'administration locale.* Paris, 1864: 301. ‘Ainsi les forces particulières qui composaient l'ancienne société ou plutôt qui gardaient les priviléges d'autrefois ont péri partout; elles ont péri en France plus expressément, plus visiblement que partout ailleurs: voilà toute la différence; les débris mêmes en ont disparu parmi nous. A la place de ces forces et pour l'oeuvre qu'elles faisaient a paru l'opinion publique, remplaçant l'esprit de corps au même titre que le droit commun remplaçait le privilège, et que les services publics succédaient aux castes’.

④ Jürgen Habermas. *The structural transformation of the public sphere. An inquiry into a category of bourgeois society.* trans. Thomas Burger with the assistance of Frederick Lawrence. Cambridge, MA: The MIT Press, 1991.

想、品位、时尚、政治等，但它却表现得霸气十足且有不少人买账。”[1]通过促进民意力量的集中，中央集权创造了自身的反制力量来制约中央政府。

杜邦-怀特的《论地方政府与政治自由的关系》从各个角度猛烈抨击源自孟德斯鸠的贵族自由主义。在他看来，贵族自由主义者对法国社会平等状况的批评是不恰当的。相比存在自治和特权团体以制衡政府的社会，当代原子化社会所面临的独裁危险并不会更大。相反，尽管这些团体经常限制个人的自由，但现代国家却能保障所有人的权利。毫无疑问，中央集权国家比旧制度中的国家前身要强大得多，这并不意味中央集权国家缺少制衡措施。现代官僚国家受制于民意的力量即来自每个个体自身的力量，“人是社会人，享受着社会进步带来的各种好处和荣耀，继承了本属于旧势力的权力……同时还是这些新事物的拥护者和支持者”[2]。

杜邦-怀特的著作表明，自由主义者可以对孟德斯鸠的思想遗产持批判态度。尽管在他的一生中，其作品因具有原创性而受到广泛认可，但在自由主义运动中他仍然遭遇孤立。用哈扎里辛格的话说，尽管杜邦-怀特的作品是“对当时雅各宾主义遗留思想没落的温和警告”[3]，但他并未说服世人认识到该思想的价值。现在看来，当时一些人似乎认为他的著作是社会主义及其对国家肯定评价的先兆，而不是19世纪50年代到60年代自由主义的代表。[4]

---

① Charles Dupont-White. *De la liberté politique considérée dans ses rapports avec l'administration locale*. Paris, 1864: 252-253. ‘Ici le privé se montre, sous forme de capitale, une autorité qui n'est pas publique, qui n'a pas titre d'office pour gouverner les idées, le goût, la mode, le sens politique, mais qui gouverne tout cela, impérieuse et obéie’.

② Charles Dupont-White. *De la liberté politique considérée dans ses rapports avec l'administration locale*. Paris, 1864: 336-354.

③ Sudhir Hazareesingh. ‘A Jacobin, liberal, socialist, and republican synthesis: the original political thought of Charles Dupont-White (1807-1878)’. *History of European Ideas*, 1997 (23), 163.

④ Sudhir Hazareesingh. ‘A Jacobin, liberal, socialist, and republican synthesis: the original political thought of Charles Dupont-White (1807-1878)’. *History of European Ideas*, 1997 (23), 145.

结 语

1870 年，第二帝国的军队在法国东北部城市色当被普鲁士军队打败。在拿破仑三世被普鲁士关押期间，法国成立了临时政府。1871 年，巴黎还被普鲁士围攻的时候，法国爆发巴黎公社内战，后来被新政府暴力镇压。在如此内忧外患之时，国民大会被选举出来制定新宪法，以取代帝国制度，而国民大会面临的首要问题就是在君主制和共和制之间做出选择。起初，复辟君主制似乎就是不可避免的，尚博尔伯爵自 1830 年开始就觊觎法国皇权，忠诚于他的保皇党人在议会中占据上风。但尚博尔伯爵拒绝在三色旗的问题上做出妥协，这使得他的优势转移到共和派手中，后者在递补选举中也占据上风，最终导致君主制复辟失败。1875 年宪法缔造了第三共和并幸存至 1940 年。①

第三共和的宪法表明其制定者对人民民主的不信任。尽管众议院由普选产生，但它受到参议院的制约，参议院手握实权，管理行政却行为保守。连续 7 年，第三共和的总统由两院任命，以确保行政权力的连续性和稳定性，同时为了保障保守势力任期的连贯和在宪法中的地位，参议院在每个地区以同等名额、不计人口总数的方式进行间接选举。如参议院所愿，把压倒性的权力优势赋予小村庄而不是大城镇，参议院的保守还体现在每个参议院的任期为 9 年。

随着共和派日益强大，第三共和国的民主化程度超出 1875 年宪法制定者的预期。1884 年共和派对选举的规定进行了重大修改，打破了城市

---

① David Thomson. *Democracy in France. The Third Republic.* Oxford: Oxford University Press, 1946: 75 - 115; Daniel Halévy. *La fin des notables.* Paris, 1937.

和乡村势力的平衡，选举团中的大社区比小社区获得了更多的权重。如果说参议院对更激进的众议院所通过的决议是一种制衡的话，它却并未像第三共和的缔造者所希望的那样有力、有效。行政部门在众议院面前显得越来越无力，因为它开始依赖议会中的多数派，而这些多数派通常由不稳定的同盟组成。1875—1879 年间，第三共和国变成了议会共和国，权力在被重新选举出来的国民议会中而不是在行政部门。相反，人民对立法机构的控制却十分有效，因为越来越多的议员代表的是他们选区的选民和某些利益团体而不是为了维护国家利益。

当第三共和国变成“政治民主的顶峰”之时[①]，法国统治阶层的意识形态发生了类似的变化。1875 年，第三共和国的缔造者曾坚定认为代议政府是不同于真正民主的模式。他们把国家主权同人民主权区分开来，开启了国会统治的精英论。[②] 但随着政权的民主化进程，一代新的政治领导人上台，他们坚信最纯粹的共和主义理想。1884 年之后，共和派主张的均民权及政治权成为关于法国市民权的主流观点，国家主权让位给人民主权。虽然新的共和派政治文化保留了第三共和缔造者所拥护的精英主义中的某些元素，但它远比 1814 年、1830 年的君主立宪和第二帝国更为民主。[③]

似乎可以说，民主制政治和意识形态的胜利意味着法国贵族自由主义的终结，这种思想流派在第三帝国时期被完全抛弃。第二帝国时期，贵族自由主义在政治辩论中常常被用来支持批判皇权的观点。相比之下，在 1875 年之后，这种思维方式越来越被边缘化。不过在第三帝国时期，贵族自由主义也没有完全消失。第二帝国时期的专制在 19 世纪最后几十年仍然让人记忆犹新，而巴黎公社导致的动乱也被许多人归咎于“民主制”社会和政治弊端。与此同时，在色当的惨败让法国人倍感羞辱，对方的军队主要由普鲁士贵族领导，这更让法国人对国家的未来感到悲观，也加深了人们对民主制的批判。

---

① Steven Englund. Le théatre de la Démocratie française. *Une histoire de la démocratie en Europe*. ed. Antoine de Baecque. Paris: Le Monde, 1991: 125.

② Pierre Rosanvallon. *La démocratie inachevée: histoire de la souveraineté du peuple en France*. Paris: Gallimard, 2000: 243 – 270.

③ Serge Berstein. Le modèle républicain: une culture politique syncrétique. *Les cultures politiques en France*. ed. Serge Berstein. Paris: Seuil, 1999: 113 – 143.

对民主制的批判在依波利特·丹纳的作品中尤为明显。丹纳是19世纪末期最有影响力的法国思想家，他因经历过拿破仑的民粹独裁（因拒绝公开向皇帝致谢被解除大学教授的职位）和法国军队在1870年的失败而坚决反对民主。1872年在《英国笔记》中，他表达了对英国贵族社会的憧憬。[①] 在1875—1893年间他的代表作《论现代法国的起源》中，丹纳认真探讨贵族自由主义[②]，他解释了法国现有的宪法，从旧制度的最后几年开始研究导致国家现状的直接原因。《论现代法国的起源》被称作“法国复古的巨著”[③]，尽管它对右翼思想家如莫里斯·巴雷斯有巨大影响，但丹纳自由主义的灵感是毋庸置疑的。

丹纳的著作深受托克维尔《旧制度与大革命》的影响。同托克维尔的著作一样，《论现代法国的起源》对中央集权的政治制度给予了有力批判，它使个人独自面对强大的国家。[④] 正如路易斯·菲悦勒所说，丹纳相信社会不应当是一群孤立个体的简单集合，而应当是“一群中间力量团体的叠加”。从这个意义上讲，《论现代法国的起源》可以看作是呼吁对法国平等社会进行改革的政治宣言。[⑤] 不过，丹纳的著作所表达的对贵族自由主义的悲观比著作本身所隐含的改革信息更加明显。丹纳在该书中表示，法国历史上社会的平等与中央权力的壮大齐头并进，对平等的热爱导致法国人“喜欢所有人的奴役和贫困，而不是一部分人的自由与特权”[⑥]。

丹纳的著作再次说明孟德斯鸠的贵族自由主义在革命后的法国仍有重要影响。在19世纪末大众民主伊始之时，尽管共和主义在政治上占领上风，但对法国贵族自由主义历史的研究却更加深入。孟德斯鸠的政治理念似乎在20世纪中晚期还被人采纳、调整。本研究的目的是重新审视19世纪的自由主义，所以若对此展开会离题太远。此时不妨回顾我们已知的对贵族自由主义本质，特别是对19世纪的法国政治思想的认识来结束本

---

① Hippolyte Taine. *Notes sur l'Angleterre*. Paris, 1923.

② Hippolyte Taine. *Les origines de la France contemporaine*. Paris, 1876 - 1893.

③ Albert Thibaudet. *Histoire de la littérature française de* 1789 *à nos jours*. Paris: Stock, 1936: 374.

④ Mélonio Françoise. *Tocqueville et les Français*. Paris: Aubier, 1993: 215ff.

⑤ Louis Fayolle. 'L'aristocratie, le suffrage universel et la décentralisation dans l'oeuvre de Taine'. *Libéralisme, traditionalisme et décentralisation. Contribution à l'histoire des idées politiques*. ed. Robert Pelloux (Paris: Armand Colin, 1952: 48.

⑥ Hippolyte Taine. *Origins of contemporary France. The Modern Regime*. trans. John Durand. London, 1891 (1): 243.

研究。

贵族自由主义是由保皇派在反革命运动中引入到革命后的法国的。保皇派声称，可以用孟德斯鸠的政治理念取代革命者宣扬的共和式自由权概念。自由派人士认为这种做法不合时宜，认为保皇派所宣扬的社会政治模式并不适合现代民主社会。一些复辟自由主义者搬出修订过的共和主义（笔者称之为“新共和主义”），认为可以用它来取代保皇派的贵族自由主义或者宣传放任自由主义。其他人如巴航特同孟德斯鸠及其保皇派追随者关系较近，尽管巴航特等人试图篡改孟德斯鸠的理念以适应他们对民主本质这一当代世界的新理解。复辟自由主义者阐述的修订版贵族自由主义对1830年后自由主义有重要影响，它深深影响了托克维尔的《论美国的民主》和自由派对拿破仑三世的反对。

通过对这些政论家和政治思想家的研究可以看出，孟德斯鸠的理念激发了19世纪法国多元、自由的话语，强烈批判了现代社会的平等。人们认为该过程应当为革命后国家的中央化和官僚化负责。为了回应这些问题，本书中所探讨的政论家与政治思想家提出进行社会政治重组来重塑中间力量，避免法国滑向独裁。虽然被称为贵族自由主义，但重塑中间力量并不仅仅代表少数人的立场，相反，重塑中间力量是19世纪法国最重要的看待自由权的方式之一。中间力量的价值受到一系列有才华政论家的宣扬，其中包括孟德斯鸠和法国最著名的政治理论家亚历克西·德·托克维尔。中间力量保护自由权的作用在不同的政治辩论中被再三强调，这种想法也得到了同时代批判者如杜邦-怀特的认可。

本研究所呈现的证据质疑了一直以来人们认为的盎格鲁-美国政治思想（基于权力必须被制衡与分享的原则）和法国思想传统（认为要么国王要么人民意志会绝对统治）之间的不同。[①] 许多法国政治思想家根本不坚持专制思想，反而相信权力应当受到制衡。也许有人会说盎格鲁-美国和法国政治思想的区别在于，法国人更关心在社会内部创造壁垒而不是像美国和英国一样用宪法来制衡。诸如托克维尔这样的政治思想家强调政治多元化，主张在社会内部实现政治权利的分割与碎片化，这并非个别人的观点，也并非有违他们国家的政治文化，而是借鉴了法国政治思想内部已

① Nannerl O' Keohane. *Philosophy and the State in France. The Renaissance to the Enlightenment.* Princeton: Princeton University Press, 1980: ix.

经固定的做法。孟德斯鸠的教训并未被民众忽略，相反，法国自由主义在很大程度上属于孟德斯鸠式的自由主义。

19 世纪的自由主义者在采用孟德斯鸠理论的同时也进行了大量改编，其中之一便是他们对现代性的重新理解。在孟德斯鸠看来，贵族自由主义之所以曾经吸引人是由于它被认为比共和主义更适合现代社会——“没有公德的社会”，但在 19 世纪已经不可能以同样的方式看待贵族自由主义。经历了复辟时期的政治辩论，民主与平等开始被认为是现代性的本质特点。在该过程中贵族自由主义变成了反现代的意识形态，相比如何维护自由权，它更适合用来批判新的民主世界。正如我们所见，对 19 世纪自由主义者来说，要克服现代性在崛起的过程中所隐含的独裁倾向愈加困难。革命后的世界似乎变得对自由很不友好——在法国建立自由政权的尝试多次失败似乎也证明了这一观点。

在对民主的现代性进行批判的背后是对自由的特殊理解方式。对比贵族自由主义与 19 世纪法国自由主义之中的两种其他重要思想流派（放任自由主义与新共和模式）便可理解。尽管这三种自由主义的变体都源自同一问题——如何在现代后革命的世界保存自由权——但他们都给出了不同的答案。甚至可以说，这些差距如此之大，以至于凭借一个“自由主义”不仅不能澄清 19 世纪的政治思想，反而会使它更加模糊。①

放任自由主义者和贵族自由主义者对自由社会中国家的作用有不同的看法。前者认为自由的本质在于把国家的角色限制到它的基本功能上（经常被认为是维持内外秩序）。国家任何超越这些功能的干预都是对私人领域的侵犯，是对自由权的攻击。而贵族自由主义者并不相信靠限制国家权力就足以保证自由权。扩张权力是政府的天性，所以只有当国家有足够的力量防止这种扩张时，国家才是自由的。这种力量应当从社会中寻找而不是靠宪法规定的分权来实现。

这种对放任自由主义与贵族自由主义的区分是基于对自由权的不同理解。对尔斯·迪诺耶尔或爱德华·拉布拉耶这样的放任自由主义者来说，自由在于存在私人领域，在该领域中，人们可以各尽其才，即自由就是对个人的行为与可能性不加限制。贵族自由主义从根本上否定了这种类型的

① Siep Stuurman. Le libéralisme comme invention historique. *Les libéralismes, la théorie politique et l'histoire*. Amsterdam: Amsterdam University Press, 1994: 17 - 32.

自由权。在孟德斯鸠式的定义中，自由权在于市民会遵守某些规定与法律。自由的市民最主要的不是随心所欲，而是能够生活在一个法治国家中。用政治术语来讲，自由不是没有限制而是可以免受独裁统治。这种对自由权的理解得到了新共和主义者如本杰明·康斯坦特的认同，他同样把自由权等同于安全。

就如何维护市民的自由权和如何保障安全的问题，新共和主义者与贵族自由主义者各执一词。19 世纪政治思想家如康斯坦特从 18 世纪共和主义那里继承了这一思想：只有在自治的情况下才能保证安全。他认为，只有代议政府才是取代独裁专制的唯一可能。康斯坦特同古典共和主义者一样，相信民族的秉性对维护自由权有重要影响。没有公共精神——市民关心公共利益而非个人利益的精神——自由权不会长久。

孟德斯鸠的《论法的精神》产生了自由主义思想内部的全新流派。贵族自由主义的拥护者认为，关于如何在当代世界维护自由的问题，答案在于孟德斯鸠的中间力量而非直接或间接形式的自治。在 19 世纪人们对孟德斯鸠模式解读的核心是：社会组织应该允许存在壁垒（如天然贵族）或相对独立的机构（如地方社区）来防范中央政府。同孟德斯鸠一样，后革命时期的政论家认为，如果要提供非制度化对抗权力侵蚀的措施，这些中间机构是必需的。因为他们十分重视中间力量的存在，孟德斯鸠 19 世纪的追随者对自由社会与道德先决条件的评估与（新）共和主义者相当不同，他们担心的主要不是民族的道德秉性而是社会的结构是否存在中间力量。在拥护贵族自由主义的人们看来，自由的最大威胁不是市民缺少公共精神而是社会的原子化状况。

人们似乎会觉得奇怪，形成于 18 世纪上半叶，用以批判君主专制的孟德斯鸠的思想竟然能继续存在于 19 世纪时期全然不同的政治环境中，这在很大程度上是因为后革命国家的确表现出与专制国家重大相似的地方。尽管中央权力合法化的意识形态基础或许已发生了巨变，但这并不意味着现实中的权力操作会发生同等程度的变化，19 世纪的政论家们也深刻意识到了这一点。如托克维尔在《旧制度与大革命》中指出，在革命后国家延续了旧制度中君主制的重大特征。

也许还有更重要的理由来解释为什么 19 世纪自由主义者继续认为孟德斯鸠的政治理念适用后革命的世界。孟德斯鸠阐述贵族自由主义的初衷是反对 18 世纪的共和主义。19 世纪的自由主义者也阐述了自己的理论来反对共和主义思想体系——大革命和雅各宾主义的理论基础。自由主义思想一直反对雅各宾派宣扬的社会与政治平等和人民主权（尽管一个新共和主义者如康斯坦特试图巧妙地塞进政治自由权）。因此，法国的自由主义者重拾贵族自由主义不足为奇，毕竟与共和派的话语相比，重拾贵族自由主义是一种完全不同的看待自由权的方式。

法国政治文化向民主的转变并不像法国名史家弗朗索瓦·弗雷和皮埃尔·罗桑瓦龙所说的那样成功。孟德斯鸠的贵族自由主义并没有因为大革命而变得多余；相反，它由于共和派实验失败反而变得更加深沉。恐怖统治不仅没有建立基于人民意志的政治模式反而使人们对共和主义产生了深深怀疑，直到19世纪末期才有所缓和。对19世纪的思想家来说，大革命仅仅是确认了18世纪前辈们早有的观点：共和主义模式既过时又危险。从这个意义上看，18世纪和后革命时期政治思想之间的连续性远远大于裂缝，19世纪法国自由主义还保留着旧制度的味道。

对参与当今政治辩论的人来说，把贵族政治同贵族自由主义者宣扬的自由权等同起来似乎是荒唐的。本研究说明了适当的思想史研究方法可以挖掘过往历史角色的信念和观点，即便今天我们对这些观点并不认同。本研究通过挖掘那些在今天似乎已经无籍可考的话语，致力于丰富我们对当代政治思想多样性的理解。19世纪的政治思想较之更早更易于被我们了解，但它经常是基于假设和对我们来说已经陌生的思想。①

对贵族自由主义的研究不仅满足了我们对历史的好奇心，还能帮我们更好地理解今天出现在政治辩论中的一些措辞的渊源。尽管一些关键信条如把贵族政治等同于自由权已不再是我们政治文化的一部分，但贵族自由主义者宣扬的其他主题仍存在于今天的政治辩论中。因而，也许有人会悲观地在现代民主与富有19世纪贵族自由主义特点的专制之间划上等号，这种行为在20世纪80年代的法国曾改头换面以历史修正主义的形式卷土重来。

弗朗索瓦·傅勒1978年出版的《思考法国大革命》标志着修正主义著作已带着政治动机加入到公共辩论中。迈克尔·克里斯托弗森千辛万苦重构了战后法国发生的政治辩论，重振了弗雷在其中的地位，说明法国大革命修正主义历史观的目的之一是抨击1972年的左翼联盟——该联盟以

---

① Quentin Skinner. *Liberty before liberalism*. Cambridge: Cambridge University Press, 1998: 101 – 120.

共同纲领联合社会主义与共产主义政党。由于担心法国左派经受不住共产主义的诱惑，傅勒等知识分子强调法国大革命，并暗指其20世纪的后来者俄国共产主义革命有极权的倾向。①

了解20世纪70年代早期的政治环境对理解修正主义学派有着至关重要的作用。然而，一些历史学家如傅勒为了自圆其说，借助远早于左翼联盟、远在极权主义崛起之前形成的理论，这些理论便是本研究中谈到的，最早由19世纪贵族自由主义者所阐述的理论。他们声称，法国大革命本质上是不自由的，不仅托克维尔和丹纳这样认为，保皇派思想家夏多布里昂也如此认为。民主与独裁之间的联系作为19世纪贵族自由主义的固定主题在修正主义历史编纂中登上席位，如出现在《法国大革命批判词典》中。② 贵族自由主义的其他重要主题，如自由主义与社会的原子化，也重新活跃于修正主义史学家的作品中。③

追随弗朗索瓦·傅勒的历史学家与政治思想家不仅可以被视为托克维尔的继承者，还可被视为复辟时期温和保皇派作家以及他们的大英雄孟德斯鸠的继承者——孟德斯鸠虽死犹生。

---

① Michael Scott Christofferson. *French intellectuals against the Left*: *the antitotalitarian moment of the 1970s*. New York: Berghahn Books, 2004; Isser Woloch. *Review of A critical dictionary of the French Revolution*. - edited by François Furet and Mona Ozouf, translated by Arthur Goldhammer. Cambridge, MA: The Belknap Press of Harvard University Press, 1989; On the latent illiberalism of the French Revolution. *The American Historical Review*, 1990 (95): 1452 - 1470. Andrew Jainchill and Samuel Moyn. French democracy between totalitarianism and solidarity: Pierre Rosanvallon and revisionist historiography. *The Journal of Modern History*, 2004 (76): 107 - 154.

② Furet François, and Mona Ozouf. ed. *A critical dictionary of the French Revolution*. trans. Arthur Goldhammer. Cambridge, MA: The Belknap Press of Harvard University Press, 1989: xix.

③ Furet François. *Interpreting the French Revolution*. trans. Elborg Forster. Cambridge: Cambridge University Press, 1981: 174.